나는 이렇게
거듭 났습니다

세창문화사

나에게 보이신 성경말씀

성경책을 곧이곧대로 보는 것이 아니라 했는가,,, ?
성경책을 씌어 있는 그대로 믿어서도 안 되는 것이라 했는가,,, ?

수 십 년 동안 교회를 다녔으나...
안개 속에 감춰진 듯 도무지 알 수 없었던 성경말씀에 대하여...
성령의 힘으로 전하는 복음 말씀을 듣고, 비로소 말씀의 핵심인 구원의 역사가 무엇인가를 깨닫게 되었고, 성령에 의해 저에게도 그 역사가 이루어졌습니다.

또한, 보고 들어도 알 수 없어 비유라고 만 생각하며 넘겼던 성경의 각 구절들을 투명하게 알 수 있는 눈과 귀가 되었으며, 따라서 악령과 성령의 소리도 구분할 수 있게 되었습니다.
이 기적 같은 일들이 세상 안에서 일어나고 있음을 알리고자 펜을 들었습니다.

2010. 4. 20.

문 둥 병

누가 성경책을 곧이곧대로 보는 것이 아니라 했는가,,, ?
누가 성경책을 씌어 있는 그대로 믿어서도 안 되는 것이라 했는가,,, ?
모두가 사람이 그렇게 가르친 것입니다. 왜 일까... ?

그러나 말씀을 살펴보면...
성경은 사실이며 현실이며 미래라...
말씀대로 이루어졌으며, 이루어지고 있고, 또 이루어질 것이라 합니다.
하여... '성경을 깊이 상고하라' 하셨습니다.

다만,
보아도 보이지 않고 들어도 들리지 않아, 진리를 알 길 없어 말조차 할 수 없는...
장님이며 귀머거리이며 벙어리가 되어 살다보니 이제는 아예 감각 없는 문둥병자가 되어...
무엇을 알아 무엇을 말하겠는가... ?
이 병자들을 위해 하나님 생명 예수께서 오셨으며, 예수의 몸이었던 사람이 십자가에서 죽어 새로운 몸의 그리스도가 되신 것입니다.

그 일 이후,
부활하신 그리스도는 승천하셨고...
하나님께서 보내주신 보혜사 성령께서는 세상에 계시며...
그리스도예수를 통하여 이룩된 성경의 모든 진리를 알게 하셔서...
새로운 생명으로 보게도... 듣게도... 말하게도 하십니다.

성경책은 '은혜의 법전'입니다.
성령의 말씀을 의심 없이 그런가~ 하고 들으면... 알게 하십니다.
'먹으면 정녕 죽으리라' 경고하셨던 **'선악과의 법'**으로부터 벗어나게 하여...
그리스도의 '새 생명'으로 자유를 찾게 하시는 하나님 **'은혜의 법'**입니다. 아멘 !!

"누가 철학과 헛된 속임수로 너희를 노략할까 주의하라 이것이 **사람의 유전과 세상의 초등 학문**을 좇음이요 그리스도를 좇음이 아니니라"(골 2:8)

그러므로 성경책은,
오랜 세월 유전과 초등학문의 종교심으로 인한 **'문둥병'**에서 벗어나야...
비로소 새로운 생명인 하나님 영으로 인해, 제대로 볼 수 있게 되어 참 믿음을 알게 되실 것입니다.

이 '은혜의 복음'을 읽으시는 분들께 부탁드리고 싶은 말씀은...
부디 심판하고자 하는 마음을 버리시고...
"이 말씀이 참으로 진리의 말씀이라면 저에게도 알게 하소서 ! "

하는 마음으로 대해주십사 하는 것입니다. 끝.

*** 쉽게 풀어본 은혜의 복음 ***

천지와 온 우주와 인류를 비롯한 생명체들의 생사화복에 대하여... 인류는 오늘날까지 쌓아올린 최고의 문명 바벨탑인 과학과 철학을 들이대며 밝혀내려 하지만... 하면 할수록 깨닫는 것은 신의 존재에 대한 확신과 인류의 어리석음일 뿐입니다.
또한 인간은 피조물이므로 자기의 주인이 있음을 알고 그를 찾아 의지하려는 본능이 주어졌습니다. 하여... 태초부터 주인을 찾아 많이도 떠돌아 오늘에 까지 이르게 된 것입니다.

나는 나의 신(주인)을 제대로 찾은 것일까... ?

성경에 기록되기를 "세상에는 많은 신들이 있다" 하시며... '참 하나님'을 언급하셨음은 '참되지 않은 하나님'이 있음을 암시하시는 것입니다.
즉 진짜와 가짜가 있다는 것입니다. 또한... 가짜가 더욱 진짜 같다는 것은 세상의 상식입니다.

성경은 하나님의 천지창조부터 기록이 시작되어 계시록으로 끝을 맺습니다. 세상존재의 시작부터 파멸까지입니다.
주시하실 것은... 세상의 파멸 후에는 영원한 하나님의 나라 '새 하늘과 새 땅'에 대하여 약속 하셨다는 것입니다.

세상은 왜 파멸되는가... ? 파멸된 다음은 어찌 되는가 ... ?

***

아담이 선악과를 먹었을 때를 기점으로 하나님이 아담에게 주신 모든 창조물들이 사탄의 손으로 넘어갔습니다. 당연히... 지금 세상 역시 사탄의 손아귀에 있는 것입니다. 당신 역시 사탄의 세상 안에서 살고 있음을 알아야합니다.
이러니... 창조주께서 당연히 세상을 멸하지 않으시겠습니까? 왜 당장 멸하지 않으시냐구요?

생각해 봅시다.
창조주께서 자신과 같은 존재를 염두에 두고 시작하신 인간의 창조가... 사탄의 속임수로 하여 죄의 형상을 입고 엉뚱하게 다른 존재가 되어가고 있으니... 하나님의 원래 계획에 차질이 생긴 것입니다.
그러나 이미 계획하셨고 하나님의 역사는 이미 시작되었습니다.
"우리의 형상을 따라 우리의 모양대로 사람을 만들자..." 하나님이 자기 형상 곧 하나님의 형상대로 사람을 창조하시되...(창1:26~27)
창조주의 창조에 힘입어 여호와는 흙으로 하나님형상을 따라 사람을 만들었으나 모양이 형성되기 전에 사탄의 미혹에 빠졌습니다. 하여, 사탄의 속임수에 빠진 그 사람을 사탄에게서 빼 내어 원래 계획대로 완성하시기 위해... 끝내는 하나님의 생명과 보혜사를 보내어 구원의 역사를 하고 계시는 것입니다.

한편 때가 차면... 하나님께서는 세상의 운행을 멈춰 버리시고... 준비된 '새 하늘과 새 땅'으로... 구원된 새 생명들을 모아들이십니다. 그 곳이 바로 하나님의 생명들 만 살 수 있는 영원한 하나님의 나라가 될 것입니다.

처음 땅과 처음 하늘이 없어지기 전에 그리스도의 때가 되면...
창세기부터 지금까지 세상을 미혹하고 있는 용을 잡아 무저갱에 천년동안 가두고... 천년이 지난 후에는 반드시 잠깐 놓인다 하셨습니다.(계시록 20:1-3)
세상에서 백성으로 구원된 사람들을 위해 그리스도께서 재림하여 천년 동안 이 땅을 통치하시기 위함입니다.(천년왕국)

세상을 미혹하는 용이 없어지면 바로 천국이겠지요. 그러나 천년이 지나면 무저갱에 갇혀있던 용이 다시 잠깐 출몰하여, 사람들은 또다시 미혹으로 실족케 된다 하셨으며...
천년왕국의 백성들은 그 미혹에서 살아나야 비로소 '새 하늘과 새 땅'으로 갈 수 있는 자격이 되는 것입니다.

그러나 한 편으론,
천년왕국이 오기 전에 복음을 깨달아 하나님의 '새 생명'으로 부활을 온전하게 이룬 하나님의 아들들은... 백성이 아닌 그리스도와 같은 아들 자격으로 천년왕국을 통치하게 되며...
당연히 '새 하늘과 새 땅'의 주인이 됩니다.

***

태초부터 하나님께서는 아담에게 선악과의 위험성을 알려주시며 사탄으로부터 보호하고자 하셨으나... 아담과 하와의 타락으로 모든 창조물들이 사탄의 손에 넘겨져 버렸습니다.
그 결과,
사탄의 손아귀에 놓여 진 아담은 죄의 몸을 입게 되었으며... 그의 후손들 역시 대를 이어 선악과의 피를 받은 죄의 몸에서 해방될 수 없게 되었습니다.
그런 관계로 인류는,
사탄의 소유로 부터 빼 내고자 하시는 하나님의 역사 안에 거하게 되었으며... 시대에 따라 뜻에 따라 하나님의 역사도 방법을 달리하시게 되었습니다.

노아의 홍수로 의로운 생명을 제외한 모든 생명을 멸하려 하셨고...
바벨탑으로 하나님께 무리지어 대적하는 것을 막기 위해 언어를 분리시키셨고...
모세를 통하여 율법으로 백성들을 구원하려 하시는 등등...

그러나 인간들의 죄 성은 더욱 더 강해질 뿐 근본적인 변화가 없었습니다.
인간의 죄는 몸의 욕구에서 비롯되는 것이니... 선악과로 인해 변질된 그 몸이 있는 한... 죄에서 자유로울 수가 없는 것이었습니다. 하여...

마침내 하나님께서는 획기적인 새로운 방법으로 구원의 역사를 실행하십니다.
하나님 자신의 생명을 세상에 내려 보내 그 생명으로 사람을 거듭 태어나게 하심으로써...
인간의 형상인 짐승의 가죽으로부터 벗어나 하나님의 형상으로 부활하게 하신 것입니다.

"예수와 합하여 나의 옛 몸이 십자가에서 죽고 그리스도와 합하여 새 생명과 몸으로 다시 살았도다" 이것이 저의 간증입니다. 아멘.

***

남자의 생명은 그 존재의 영과 생기를 만들어내며 여자는 몸을 만들어 냅니다.
당연히... 하나님의 생명은 하나님의 영과 생기를 만드셨고 마리아는 사람몸을 만들었습니다. 하여...
예수는 하나님의 생명이지만 몸은 마리아가 만들어낸 사람의 몸입니다.
그러므로 예수는 사람의 몸 유전자를 품고 계셨습니다.
하여... 예수가 십자가에서 몸이 죽으실 때 사람의 유전자가 죽은 것이며... 그리스도로 다시 사실 때... 죽었던 사람유전자가 그리스도의 것으로 다시 살아난 것입니다.

그리스도의 몸은 마리아가 아닌 성령께서 만드셨기에 하나님의 형상이었습니다.
그 역사를 통해...
예수가 가졌던 사람의 몸 그 유전자는 죽고...
하나님의 생명과 하나님의 몸... 그리스도로 다시 살아난 것입니다.

사람의 몸이었던 예수 몸이 그리스도 몸이 되셨으니... 사람의 유전자가 그리스도 유전자로 된 것입니다. 아멘.

이런 과정을 거쳐 사람의 씨가 하나님 씨로 바뀌게 되었으니...
그 일 이후 태어난 사람은 모두가 하나님 생명과 몸으로 태어나게 된 것입니다.
사람종자가 하나님종자로 거듭났기 때문입니다. 아멘.

이것이 하나님께서 인류에게 은혜로 거저 주신 구원의 역사이며...
"들을 귀 있는 자는 들으라."하고 말씀하신 '은혜의 복음'입니다.

이 사실을 깨달아 참으로 믿게 되는 자들은 모두가 '하나님 아들'이라 칭함을 얻게 됩니다.

"너희가 아담 한 사람으로 인해 죽은 것 같이 예수 한 사람으로 인해 다시 산 것을 알지 못하느뇨... ?"
아담과 하와로 인해 죄인 되었던 몸이... 죽고... 하나님의 생명과 성령으로 다시 살아난 것입니다. 거듭난 것입니다. 아멘.

***

사람이라는 종자가,
예수의 몸으로 태어나 그와 합하여 고난을 받고 십자가에 못 박혀 죽었으며... 또한 그와 합하여 그리스도로 부활의 경지에 이르게 된 것입니다.

태초에 아담과 하와 안에서 유전자의 존재로 그들과 함께 선악과를 먹었듯이...
예수그리스도 안에서 함께 죽음의 세례와 부활의 세례를 받은 것입니다. 아멘.

하여... 그리스도로의 부활이 우리에게는 얼마나 중요한 것인가를 아시겠습니까... ?
예수가 십자가에서 못 박혀 죽는 것으로 끝났다면 그야말로 우리와 무슨 상관이 있겠습니까... ?
그 당시 유대인들에게는 예수가 하나님의 아들이라는 사실만 믿어도 구원된다 하셨으나...

그것은 오직 죄의 사함으로 그들의 영에 대한 구원이며 구약의 역사로써...
율법이 주어진 당시의 하나님 백성들에게 해당되는 그리스도의 천년왕국 백성이 되는 길입니다.
우리 이방인에겐 다릅니다.

우리를 위해서는 거듭나는 역사 즉... 하나님생명과 몸으로 '아들'이 되는 구원입니다.
'임마누엘'이라는 이름으로 예수를 통한 하나님의 역사가 따로 있었다는 것을 이제는 인지하셔야 합니다.

***

예수의 이름은 두 가지가 있습니다. '예수'와 '임마누엘'입니다.
'예수'의 사명은,
그 당시 하나님백성들에 대한 그리스도의 천년왕국백성으로 구원키 위한 사명이요...
'임마누엘'은,
하나님의 아들로 구원키 위한 이방인들에 대한 사명을 뜻합니다.
우리 이방인들에게는 '임마누엘'의 역사에 합하여 참여되었을 때에 '새생명'을 찾게 되는 것입니다.

"처녀가 아들을 낳으리니 임마누엘이라 하라 이는 하나님이 우리와 함께 계시다 함이라."
하나님의 생명이 마리아 안에 오셨을 때 사람의 유전자는 이미 그 안에 있어서 하나님 생명과 만났던 것입니다.
하여, 그 때부터 우리는 항상 하나님생명과 함께하며... 몸이 되어 태어났고 고통받고 죽었던 것이며 그리스도 안에서 부활된 것입니다.
이렇게 하나님은 마리아에게 오셨을 때부터 **우리와 함께 계셨던 것입니다.**

***

교회라 하는 곳을 20여년 넘게 다니면서 배운 것은...
예수님의 희생에 대한 감사와 그의 뒤를 따라 의인이 되려 노력하는 일... 그리고 율법과 같은 교리와 회칙을 따르는 일이었습니다. 모든 것들이 막연한 상태에서 **'의문에 순종'**하는 것이었습니다.
하나님의 존재와 그 분의 역사에 대한 실상이 나에게 어떤 영향이 있는가 하는 ...
"천사도 흠모하나 그들에게는 허락되지 않았도다."라고도 하신 '하나님의 아들'이 되는 길을... 세상은 알려주지 못했습니다.

유대인도 아닌 이방인으로써... 아직도 예수님이 인류의 죄를 위해 희생 제물이 되셨다고 믿는 사람들은... 자신의 죄를 사함받기 위해 하나님 아들을 죽여 제물로 바쳤다는 것을 시인하는 꼴이 됩니다.
예수를 누가 죽였는가... ? 율법사와 바리새인을 비롯한 하나님을 믿는다 하는 그 당시 종교인들이 아니었던가... ? 가히 살인자 가인의 후손답습니다.

얼마 전에 성지순례를 다녀왔습니다.
에집트에서 출발하여 광야를 거쳐 이스라엘과 요르단을 둘러보며... 모세를 선두로 하는 백성들의 출애굽 과정을 가늠해 보고 예수의 주 활동지역의 여러 여건들을 살펴본 것입니다.

폐 일언하고...

예수나 하물며 모세의 흔적이 있는 곳마다 기념교회나 기념비를 세워놓고 (사실상 짐작으로 정한 장소들이 더 많다고 합니다)... 오가는 사람들로부터 숭배하게 하는 것을 보았습니다.
예수가 태어난 자리라며 어루만지고 눈물을 흘리는가 하면...
하물며 베드로의 변심을 일깨워 주었다는 새벽닭의 모습까지 만들어놓고 숭배하며...
그곳 기물들을 어루만지며 눈물과 감격으로 스스로 도취되는 모습을 보이는 세상 사람들의 실상이...
과연 그런 것이 하나님께서 원하시는 모습일까요... ?

하나님의 첫 번째 금기사항인 '우상숭배'라는 것을... 그들은 깨닫지 못합니다.
무형의 우상심리가 유형의 우상을 빚어놓고... 그 숭배의 척도를 믿음으로 착각하게 만드는 사탄의 속임수라는 것을... 인지하셔야 합니다.

저의 일행은 다만...
역사의 현지들을 둘러보며 그 당시 그 사람들의 상황을 가늠해 봄으로써 성령의 가르침에 대하여 상고하고...
세상 사람들의 왜곡되어 잘못된 믿음을 확인하면서... 거저주신 '새 생명'에 대한 감사와 함께
또한, 앞으로의 다가올 상황에 대한 예측과 대비를 위한 마음으로 갖게 된 시간이었습니다.

***

그리스도께서 승천하시기 직전에 제자들에게 하신 말씀이 있습니다.
"내가 아버지께 구하겠으니... 내가 가면... 그가 또 다른 보혜사를 너희에게 주사 영원토록 너희와 함께 하시리니...
저는 너희와 함께 거하심이요 또 너희 속에 계시겠음이라 보혜사 곧 아버지께서 내 이름으로 보내실 성령 그가 너희에게 모든 것을 가르치시고 내가 너희에게 말한 모든 것을 생각나게 하시리라."

'오순절 날이 이르매 저희가 다 같이 한 곳에 모였더니 홀연히 하늘로부터 급하고 강한 바람같은 소리가 있어 저희 앉은 온 집에 가득하며 불의 혀같이 갈라지는 것이 저희에게 보여 각 사람위에 임하여 있더니 저희가 다 성령의 충만함을 받고 성령이 말하게 하심 따라...'

오늘날에도 이 보혜사 성령의 역사로 참 그리스도인이 태어나며 양육되고 보호되면서 성령의 참교회가 형성되어가고 있는 것입니다.
"하나님의 신은 사람의 손으로 지은 전에 계시지 아니하고..."

예수께서 그리스도의 몸을 획득하시고 승천하신 후, 세상에는 그리스도께서 약속하신 보혜사 성령이 오셔서 하나님의 생명을 전하고. 양육하고 계십니다.
현 시대는 그리스도의 시대도 아니며 예수의 시대는 더 더욱 아니고...
하나님의 아들을 생산하는 보혜사 성령의 시대입니다.
예수가 그의 백성들을 구원하던 시대는 이미 지나갔으며...
그리스도의 천년왕국 시대는 아직 오지 않았습니다.
사탄이 주인노릇 하는 이 세상에 아직도 계시며 역사하시는 분은...
보혜사 성령이십니다.

하나님의 생명이 세상에 오셔서... 사람이란 종자를 죽고... 거듭남에 동참시키고 승천하신 후...
보혜사 성령께서 바톤을 이어받아 사람들에게 '불과 성령세례'의 진리를 알리시고...
죽고 살아남의 비밀을 깨닫게 하여 '새 생명'을 찾아 거듭나게 하시며...
또한 거듭난 생명들을 양육하여 '씨에서 알곡'을 만들어 가고 계십니다.
이렇게 한 생명으로 연결되어 부활되었기에 하나님의 아들이요 형제자매들이요 그리스도를 머리로 한 교회의 모습인 것입니다. 아멘.

***

태초로 거슬러 올라가면,
가인은 여호와를 떠나 생명 없는 놋 땅에 거하며 아들을 낳아 성을 쌓고... 아들의 이름을 붙여 '에녹(교회)'**이라 이름 하여 제를 올리기 시작했습니다.** 생명 없는 놋 땅이라 함은 빛이 없는(하나님의 안보가 없는) 흑암을 말합니다.
사람은 성을 쌓으면 먼저 제단을 만들어 그의 신께 예배드리는 것이 본능처럼 행해집니다. '에녹'을 번역하면 '교회'라고 한답니다.
하여... **가인의 에녹성에서 시작된 제사가 세상예배의 시작으로 유추됩니다.**

애초에 온통 흑암뿐인 곳에서 빛이신 하나님형상으로 사람을 만들어 에덴동산에 두었으나... "먹지말라 먹으면 정녕 죽으리라" 하신 선악과를 먹고 하나님형상이 짐승형상으로 변한 것입니다. 그 상태에서 다시 생명과를 먹고 짐승으로 영원한 존재가 될까 염려하신 여호와께서... 그들을 에덴에서 쫒아내신 것입니다. (빛=하나님, 흑암=놋=사탄)

가인은 동생 아벨을 때려죽인 살인자지만... 그 후손들은 엄청나게 번성하여 지금까지 세상의 번영을 주도해 왔습니다.(창4:16-22)
그러나 인류의 번영을 주도하게 되는 자 임에도 가인은 아담의 계보에 들어가지 않습니다. (창5)　왜 일까요... ?

(1) 어느 교회장로이자 성경을 삼십 번 읽고 쓰고 했다는 분께 물었습니다.
"동생을 죽인 가인을 여호와하나님이 에덴에서 쫒아내시자 가인이 억울함을 호소했습니다.　그러자 다시 여호와가 나타나서 달래주고 안심시키며 안전을 보장하는 표까지 주면서 보호하심이 어쩜입니까...
성경의 일자일획도 반드시 이루리라 하신분이 어찌 가인에게는 이랬다 저랬다 하신 것인지요... ?"
그분이 대답했습니다.　“가인이 회개를 했기 때문입니다.” 라고.

그러나 여러분도 성경을 한 번 살펴보십시오. 어느 구절에 가인의 회개가 있는지...
회개는커녕 울며불며 항의와 원망뿐입니다.　그런 살인자를 여호와는 보호하고 번성하게 한 것입니다.

(2) 창세기 5장 아담의 계보를 살펴보십시오.
첫째아들 가인과 둘째 아벨의 이름은 빠지고 셋부터 계보가 이어집니다.
둘째 아벨은 가인에게 죽임을 당했기에 계보에 들지 못했다 치더라도...
장남인 가인은 번성한 후손들이 줄을 잇는데 왜 아담의 계보에서 빠졌을까요... ?
하나님께서 인정하지 않으신 것입니다.

'하나님이 아담에게 다른 씨를 주셔서... 다시 아담이 자기의 형상대로 아들을 낳으니 셋이라 이름하고 셋이 에노스를 낳으니... 그 때에야 사람들이 비로소 여호와의 이름을 불렀더라.'(창4:25~26)
'셋'은 아벨과 '다른 씨'라고 하십니다.

잠깐 생각해 보겠습니다.
하와는 아담과 동침후에 가인을 낳았음에도 여호와로 말마암아 아들을 낳았다 했고...
수태하지 못하는 아브라함의 아내 사라에게 하나님께서 '이삭'을 낳게 하셨고...
역시 수태나이가 지난 제사장 사가랴의 아내 '엘리사벳'이 '세례요한'을 낳았고...
동정녀 마리아에게는 하나님의 생명이 임하셔서 '예수'가 태어나셨습니다.

이렇게 태어난 '가인'이나 '이삭'과 '세례요한' 그리고 '예수'는 '아담'의 씨가 아닌 것을 유추하게 됩니다.
'셋'도 아담(사람)의 씨가 아닌 '다른 씨'라는 것을 이해할 수 있습니다.
그렇다면 어떤 존재의 씨일까요... ?

뱀의 씨 '가인'에게 힘없이 죽임을 당한 아담의 씨 '아벨'은...
세상을 거머쥔 사악한 존재를 감당할 능력이 없음을 아신 하나님께서 뱀을 상대할 만한 다른 존재의 '씨'를 주셔서 하나님의 역사를 이어가신 것이라고 유추됩니다.
'셋'은 하나님 아들과 방불하다는 멜기세덱(히 5장~7장)을 떠 올리게 하며...
'세례요한'은 '엘리야'의 성정이라 하셨으니 그와 관계됨이 유추되며...

'이삭' 또한 장차 오실 '예수'의 예표로 하나님의 약속된 자녀였습니다.

단지, '가인'의 경우에는 뱀과 밀접한 관계임을 이미 알고계실 것입니다.

'셋'에 이어 셋의 아들 '이노스'가 태어나니 그제야 사람들이 여호와를 찾았다고 하니... 그 이전에는 그들이 섬겨야할 여호와를 알지 못했으므로 찾지 않았다는 얘기가 됩니다.

그렇다면 셋보다 먼저 태어난 가인이 아들 에녹을 낳고 성을 쌓아 드린 예배는 어떤 존재에게 드린 것일까요... ?
그 존재는 바로... 에덴에서 쫓겨나는 가인에게 표를 주고 보호하겠다던 여호와가 받았음을 유추할 수 있습니다.

이처럼 우선 (1)과 (2)의 내용만 살펴보더라도,
가인의 여호와하나님과 셋의 여호와하나님은 같은 존재가 아님을 알 수 있습니다.

'셋의 후손 '에녹'이 하나님과 동행하더니 하나님의 아들들을 낳고 하나님이 그를 데려가시니 그가 세상에 있지 아니하더라.' (창5:21~25)
오늘날에도 '에녹'과 같이... 성령에 의해 말하시는 복음으로 하나님의 생명을 낳는 역사를... '보혜사 성령'께서 하고 계십니다.

가인의 아들 '에녹'의... **성에서 비롯된 교회**와...
셋의 후손 '에녹'의... **하나님과 동행하는 교회**의 실상이... 비교될 것입니다.

즉, 가인의 성에서 시작된 손으로 지은 교회와...
손으로 지은전도 아니며 보이지도 않는... 성령이 이루고 계신 참교회가 있음을 인지하셔야 합니다.
허나 두 '에녹'의 이름이 같듯이 두 '교회'라는 이름도 같습니다.
그렇다면...
이 두 교회는 믿는 존재가 서로 다르다는 결론이 나옵니다.
성령의 지혜가 임하시기 바랍니다.

***

태초부터 창조주 옆에 찰싹 붙어서 창조주의 일을 방해하고 있는 존재... 그 이름은 용이요 옛 뱀이요 마귀요 사탄이요 가인의 애비입니다. 그러나 그는 하나님으로 가장하고 사람들을 미혹하여 오늘날까지 역사하고 있습니다.
'공중권세잡은자' 라고 합니다. 세상을 손아귀에 넣은 자입니다.
"... 저 불법의 사람 곧 멸망의 아들이 나타나기 전에는 이르지 아니하리니 저는 대적하는 자라 범사에 일컫는 하나님이나... 숭배함을 받는 자위에 뛰어나 자존하여 하나님 성전에 앉아 자기를 보여 하나님이라 하느니라."(데후2:4)

예수님께선,
하나님 섬기기를 율법과 조상의 전통대로 숭배하는 아브라함의 후손들에게...
"너희가 아브라함의 후손이라면 그렇게 하지 않을 것이다."
'너희 애비는 마귀...'(요8:44) 라는 말씀으로...
그들이 숭배하는 하나님과 아브라함의 하나님을 구별하셨습니다.
그들이 믿는 하나님은 아브라함의 하나님이 아니라는 것을 알 수 있습니다.

여기에서 우리는,
"나는 아브라함과 이삭과 야곱의 하나님이다." 라고 몇 번이고 강조하신 여호와하나님 말씀을 상고해야 합니다. 왜 그 세 사람의 이름만을 강조하셨을까… ?

이 같은 말씀은,
하나님께서 아브라함을 선택하신 이후 약속의 자녀 이삭을 지나 야곱까지 보호하셨으나… 야곱 이후 언제부턴가 다른 존재가 끼어든다는 것을 알게 하십니다. 그러면서 야곱의 이름도 이스라엘로 바뀌었습니다.

그 후 이스라엘인들은 혈통으로 틀림없는 아브라함의 후손으로써,,, 그들이 섬기는 존재가 아브라함의 하나님으로 알고 있었으나… 아닌 것입니다.
야곱이후에는 하나님의 각별한 보호가 떠나고…
아브라함의 하나님이 아닌 다른 하나님에게 속고 있는 것이었습니다.

상황이 그러하니 그 후손이라 하는 이스라엘인들은…
참 하나님아들 예수는 보이지도 않았고 그의 가르침은 듣지도 깨닫지도 못하여… **결국 예수 죽이는데 앞장서게까지 되었던 것입니다.**
오늘날의 세상에서,
영적 아브라함의 후손이라고 자칭하는 사람들이 부르는 '아버지하나님'은 과연 어떤 존재인지… 이제는 짐작이 되실 것입니다.

이것이 사탄의 미혹이며… 오늘날까지 참 교회를 분별하지 못하는 원인이 되고 있습니다.

***

예수께서 그리스도가 되어 승천하시고...
보혜사 성령께서 오셔서 하나님의 진리를 알게 하십니다.
그러나... 하나님을 인정하지 않는 로마의 통치하에서 그리스도인들의 삶은 숨어 지내야하는 고달픈 생활이었습니다.

수세기를 숨어 지내던 그리스도인들에게 변화의 바람이 불기 시작하였습니다.
통치에 어려움을 겪던 콘스탄티누스 로마황제의 정치적 목적에 의해서... 기독교가 로마의 국교로 인정된 것입니다.
그 때부터 지하에 숨어있던 그리스도인들이 표면화되기 시작했고 대우받기 시작했습니다.
결국 이렇게 로마황제의 정치적 목적으로 이용되던 기독교는...
원래의 진리를 잃어버리고 변질되기 시작하여 오늘에까지 오염과 변질을 반복하고 있습니다.

로마교회(카톨릭)의 부패와 타락을 비판하던 마르틴 루터는... 약 500여 년 전에 종교개혁을 일으켜 지금의 개신교를 분리 시켰습니다.
한편... 로마의 카톨릭은 동방 정교회로 분리되고... 또다시 지역적 문화적 정치적 민족적 배경에 의해서 여러 정교회로 분리됩니다. 러시아 정교와 그리스 정교가 그것들 중 일부입니다. (저의 세상역사에 대한 지식이 부족하여 생긴 오류가 있다면 양해 바랍니다.)

결국 하나님을 믿는다는 종교는...
유대교 이슬람교 천주교 정교 그리고 개신교 등으로 나뉘어 각자 자신들의 방법으로 하나님을 만들어 섬기고 있는 것입니다.
그러나 모두가 오십보백보... 같은 애비 밑에서 엎치락뒤치락 하고 있는 것입니다.

이 모두가 '공중권세잡은자'에 의해 일어나고 있는 간계이며 미혹이라는 것을...
성령이 아니시면 누가 알려줄 수 있겠습니까... !

저는...
유대교도 아니요 천주교도 이슬람도 정교도 개신교도 아닙니다. 세상이 만들어낸 그러한 종교집단에 속하지 않았습니다.
'은혜의 복음'을 통하여 하나님의 생명으로 부활된 씨에서... 알곡을 이루고 있는 참 그리스도인이며... 성령의 인도하심을 받고 있습니다.

하나님이 태초부터 오늘까지...
구원을 위해서 여러 번에 걸쳐 많은 선지자들을 보냈으나 성공하지 못하셨으므로...
자신의 생명으로 구원하는 새로운 법을 주셨던 것입니다. 그것이 '신약'입니다.

"예수의 몸으로 사람을 멸하시고, 새 생명으로 그리스도가 되게 하셨으니...
이를 믿는 자 마다 하나님의 아들이 되는 권세를 주려 하심이라"
이것이 하나님께서 인간들에게 보내시는 메시지이며 복음입니다.

이제껏 살펴본 대로...
가인의 성 에녹에서의 제사로 이어오는 교회와...
셋의 후손 에녹의, 하나님과 동행하여 하나님 아들들을 낳다가 들림 받는 참 교회…
이 두 교회의 모습에서 차이점을 발견 하실 것입니다.

지금도 가인의 예배처럼,
소망과 위로 그리고 보호받기를 청하며… 세상의 보암직 먹음직 탐스러운 선악과들을 소원하는 예배가 성행하고 있습니다.
그러나 우리의 참 교회는,
새 생명의 비밀과 부활을 알게 됨으로써 씨에서 알곡의 생활을 추구하며 온전한 하나님의 모양을 소원하고 있습니다.

이처럼, 태초부터 참 하나님과 거짓 하나님의 역사가 동시에 있었고…
현재까지도 거짓하나님인 사탄의 세상으로 세상 끝 날에 즈음하였으므로 그의 활동이 더욱 극에 달해 있습니다.
하여 성령께서는,
조심조심 한사람한사람 빼 내시고 안보하시며 키워가고 계십니다.

세상의 학문 중 단연 높은 학문은 철학입니다.
그러나 하나님께서는, '사람에 의해 유전되는 초등학문'이라 하시며 '헛된 속임수'라고 하셨습니다.
"하나님께서 역사하신 구원의 방법이… 사람의 학문으로는 미련하게 들리겠으나… 듣고 깨달아 생명을 얻는 자에게는 하나님의 능력이 나타나신 것이라."(고전1:17~18)

***

이제까지의 말씀을 간추려보면,
하나님께서는 자신과 같은 존재를 만드시려고 사람을 지으셨으나...
미완성인 상태에서 사탄에게 빼앗겨 버렸습니다.
결국, 예수를 보내셔서 짐승형상이 된 사람을 죽이시고... 처음에 주셨던 하나님형상으로 하나님생명을 더하여 다시 살려내신 것입니다.

처음 아담이 (생기+하나님형상)으로 만들어졌으나 선악과로 인해 형상이 짐승이 되었습니다.
하여 하나님께서는 (하나님생명+사람형상)의 두 번째 아담 예수를 세상에 보내신 것입니다. 사람이 예수의 몸으로... 예수의 일부분이 되었던 것입니다.
이때부터...
사람은 예수와 함께 그리스도와 함께... 이 하나님의 역사에 동참되어 거저 새 생명과 새 몸을 얻게 되었고... 하나님 아들이 된 것입니다.

예수와 함께 죽이시고 그리스도와 함께 살리신 하나님의 이 역사를 깨달아 참으로 믿게 되는 사람은...
자신도 옛 생명이 아닌 새롭게 된 하나님생명으로 태어났다는 것을 알게 되므로...
하나님의 아들이라 인 치심을 받게 되는 것입니다.
사탄의 세상이지만 보혜사 성령께서 와 계시므로...
그분의 안위하심 속에서 복음을 깨달아 찾은 새 생명들이...
태어나고 보살핌을 받으며 진리의 길로 인도되고 있으며...
'새 하늘과 새 땅'까지도 성령께선 영원히 우리와 함께 하실 것입니다.(요 14:16~17, 26)

이처럼 지금은 그분이 역사하고 계신 성령의 시대이며...
손으로 짓지 않고 눈에 보이지 않는 성령의 교회는, 그 분에 의해 알게 모르게 완성되어 가고 있는 것입니다.

하나님께서는 이렇게, 하나님의 생명과 형상과 모양으로 완성될 당신의 아들들을 위해...'새 하늘과 새 땅'을 준비하고 계신다 하셨습니다. (이사야65:17, 계22:1~5)

'예수와 합하여 함께 죽고 그리스도와 합하여 다시 사는 거듭남의 비밀' 이것이 하나님이 인간들에게 전하고자 하시는 신.구약을 통한 진리로써 성경말씀의 핵심이며 또한 저의 간증이었습니다.

***

여기서 제가 드리는 복음말씀은 절대로 세상적인 보편적 복음이 아닙니다.
이미 세상은 사탄에 의해 미혹의 수준이 완전에 가깝습니다.
사람들은, 성경지식으로 하여 세상이 사탄의 세상인 줄은 알면서도...
세상이 인정하지 않는 복음에는 살펴볼 여지도 없이 이단이니 삼단이니 하며 눈에 불을 켭니다.
"해 아래 것은 모두가 헛되다."라는 말씀을 상고해 보면...
결국 세상이 헛되다는 말씀으로... 하나님의 일에는 세상의 승인이 필요 없다는 말씀 아닌지요...?

사탄이 예수님을 시험할 때 성전 꼭대기까지 끌고 올라갔습니다.
성전이 진짜로 하나님의 성전이었다면... 감히 하나님 꼭대기에 오를 수 있었을까요?

자기가 주인이니까 꼭대기든 어디든 마음대로 갈 수 있는 것이죠.

하나님은 사탄의 세상에 그 분의 성전을 손으로 지으실 이유가 없습니다.
하나님의 생명이 있는 곳이 바로 성전이기 때문입니다.
복음으로 새 생명을 찾게 되면 바로 그 사람이 성전이 되는 것이죠.
"그 분이 내 안에 내가 그 안에..."
그 생명이 있는 성전은 사탄이 얼씬도 못하도록 성령께서 겹겹이 천사들로 보호하신다 하셨습니다.

이처럼... 세상 속에서 하나님 생명으로 빼 내어...
보혜사를 통한 양육으로 하나님 모양을 만들어... 하나님 계신 곳으로 데려가는 방법을 택하셨습니다. 그래서 '빼낸 무리'라는 표현을 쓰십니다.

하나님의 교회는 손으로 지은전도 아니요 눈으로 보이는 것도 아닌 유기체이며, 더 더구나 하나님께선 무엇이 부족하여 사람들로부터 제물이나 섬김을 받는 분이 아닙니다.
오히려... 이미 태어났거나 혹 여라도 태어날 새 생명의 아들들을 위하여...
오늘도, 생명과 호흡과 만물을 친히 주시며 오히려 사람들을 섬기고 계시는 분입니다.

성령이 만들어 가시는 교회는...
예수라는 한 알의 밀알을 심어 알곡들을 거두시는...
새 생명과 형상으로 모양을 만드시는... '씨에서 알곡' 그 자체입니다.

이렇게 탄생된 귀한 생명들 중 어린생명들을 세상에 내어 놓으면 사탄이 가만 두겠습니까?
어떻게 해서든 넘어뜨리려 안간힘을 쓰겠죠.
그래서 성령의 교회는 웬만하면 세상에 공개적으로 들어내지 않으십니다.

이미 유전과 관습에 매인 자신들의 생각과 조금만 다르면...
들어보지도 않고 판단력도 없이 이단이네 삼단이네 비난으로 일관하며...
여전히 의문에 순종하며 감각 없는 문둥병자로 살고 있는 것은 아닌지... 한 번쯤 돌아보아야 하겠습니다.

***

같은 성경책을 갖고도 왜 이렇게 해석이 달라 이단 삼단 파를 나누는 것일까... ?

"성경은 성령에 의해 쓰였으므로 신령한 것이 아니면 알 수 없다" 하셨습니다.
전문적인 학교라 하더라도 세상 학교에서 배운 사람의 지식과 지혜로 알 수 있는 것이 아니며... 천하에 둘도 없는 지식과 지혜의 바벨탑이라 할지라도 하나님의 생명이 없으면 모두가 천하에 속한 헛것이며 속임수로써... 사탄의 것입니다.

신령한 것 즉, '새 생명'입니다.
성령으로 말씀하시나... 새 생명이 없으면 들을 귀도 눈도 입도 작동을 못하는 것입니다. **선악과로 해서 이미 하나님 앞에 죽은 몸이기 때문**

입니다.
사탄의 형상들은 사탄의 말에 익숙하며... 따라서 그들의 말을 듣기 좋아합니다.
반면, 그들은 성령의 말씀은 알아들을 수 없습니다. 사람의 말을 개나 소가 들을 수 없는 것과 같습니다.
"진주를 돼지에게 던지지 마라" 하나님께서는 그런 사람을 '돼지'로 표현하셨지요.

그러나... '은혜의 복음'에 대하여 그런가 ~ 하는 진리를 추구하는 마음이 있다면...
자신의 생명이 그리스도 예수를 통하여 거듭난 '새 생명'이었음을 깨닫게 되어 참으로 믿어지게 되는 기적을 주시며...
성경을 볼 수도 들을 수도 입을 벌려 성령의 말을 할 수도 있게 된다고 감히 말씀드립니다. 모두가 보혜사성령의 역사하심이지요. 아멘.

아담이...
태초에 선악과로 하나님의 형상이 죽고 짐승의 형상이 되어버린 관계로...
그의 후손이었던 저도 전에는 짐승의 소리밖에 몰랐었으나... 지금은 아닙니다.

'옛 생명'이 죽고 '새 생명'이 된... '거듭난 씨'로 내가 태어났음을 깨닫게 되니...
새로운 귀와 눈과 입으로 짐승의 소리와 성령의 소리를 분별하며...
성경말씀을 듣고 보고 그에 대해 말로써 증거하게 됩니다.

"... 육(새 생명이 없는)에 속한 사람은 하나님 성령의 일을 받지 아니하나니 저희에게는 미련하게 보임이요... 깨닫지도 못하나니 이런 일은 영적(새 생명=하나님의 영)으로라야 분변함이니라."(고전2:13~16)

성령의 존재를 인정한다면 악령 귀신의 존재도 인정할 것입니다.
귀신의 능력을 입어 일하는 무당들이 있는가 하면... 무당학교를 거쳐 나오는 무당들이 있으며... 판단은 각 자의 몫이라고... TV에서 어느 종교학 박사가 하는 말을 들었습니다.

"성령의 능력으로 말하게 하심 따라 말하며... ... 하여 성경은 연구하는 것이 아니며 무슨 자격증이 필요한 것이 아니다" 라고 성경엔 기록되었습니다.
이제 이쯤해서는... 성령의 '참교회'에 대한 인식이 성립되셨기 바랍니다.

세상 안에 발을 붙이고 살아가면서 세상에 이미 만연된 인식을 부정한다는 것이 결코 자의로 할 수 있는 일이 아니며 그렇게 되지도 않습니다.
그러나 사탄의 손아귀에서 빠져 나오면 즉, '새 생명'으로 세상에서 빼냄을 받게 되면... 자연히 그렇게 됩니다.

하나님께서는 사탄의 영역과 자신의 영역을 철저히 구분하시며... 세상 속에 있는 자신의 생명들을 보호하십니다.
그러시기에...
아직도 세상에 생명과 호흡과 만물을 친히 주시고 보혜사까지 머물게 하시며...

'새 생명의 씨'에서 알곡을 이루게 하신다는 것을 상고 하십시오.

당신이…
지금의 가는 길에서 무엇인가 잘못된 길이란 것을 눈치 챘다면…
즉, 길인 줄 알고 무리를 따라 가고 있으나… 혹 길이 아님을 의심하게 되었다면…
'길 잃은 한 마리의 양'이 되어 진정으로 참 길을 찾으십시요.
예수께서는 그 양을 손수 찾아 어깨에 메고 집으로 데려가신다 하셨습니다. 나머지 양들은 그냥 들에 버려둔 채….
늑대 밥이 될지도 모르는데…   왜일까요 ?

**자신의 의를 믿는 의인 아흔아홉보다 한 아들이 더욱 귀하십니다.
즉, 회개하기 전의 욥과 같은 의로운 백성들 아흔아홉보다 '새 생명'을 찾은 한 아들이 더욱 귀하신 것입니다.**

당신도 혹 회개에 이르러 길을 잃고 참 길을 찾고 있다면…
현 시대의 목자이신 보혜사성령께서 직접 찾아 가실 것입니다.

이 같은 글을 올릴 수 있게 허락하신 성령님께 감사드립니다. 끝.

상 고 합 니 다

(1). 하나님의 형상에서 짐승의 형상으로...

태초에 시간 안에서 창조된 세상의 사람남녀는,
"우리의 형상을 따라 우리의 모양대로 우리가 사람을 만들고..."(창1:26) 하신 하나님 창조말씀에 힘입어...
하나님형상과 모양대로 만들려는 여호와에 의해 우선 형상대로 만들어졌습니다.
차차 모양도 만들어져야 할 텐데... 미처 완성되기도 전에 여호와가 만든 들짐승 중 가장 간교한 뱀에 의해 먹지 말라 명하신 선악과를 먹고 말았습니다.
뱀의 유혹에 넘어간 하와는 보암직 먹음직 탐스러운 선악과를 따 먹고... 아담에게도 먹게 했던 것입니다.

그 때의 뱀은 기어 다니는 지금의 뱀과는 다른 모습이었고...
하와는 '정녕 죽으리라' 하신 여호와의 엄중한 경고가 있었음을 잊을 만큼 뱀에게 미혹되었던 것입니다.
선악과를 먹은 하와가 아담과 동침하여 가인을 낳았음에도...
"여호와로 말미암아 내가 아들을 낳았도다."라고 말한 것으로 보아...
하와는 아담과 동침 전에 이미 그 뱀에게 흠뻑 빠져서 역사는 이루어졌고, 그 뱀을 여호와로 알았나봅니다.

하여, 아담과 하와가 선악과를 먹은 후 몸이 벗은 줄을 알고 무화과 잎으로 몸을 숨기자...
여호와께서 그들에게 가죽옷을 입히셨습니다.(창1~3장)

여호와께서 "정녕 죽으리라" 하신 말씀대로... 사람남녀에게 주신 하나님의 형상이 없어진 것입니다.
정녕 하나님 앞에 죽은 자가 된 것입니다.
여호와 하나님은 그러한 그들에게 가죽옷을 입히셨습니다.

뱀이 여자를 꾀어 하나님의 형상을 잃게 하였으므로... 괘씸한 뱀의 가죽을 벗겨 사람에게 입히셨을 것입니다.
하여... 선악과를 먹은 즉시부터 사람남녀는...
안으로 겉으로 하나님의 형상이나 모양과는 관계없이 뱀과 투합한 짐승이 된 것입니다.

사람들은 말하기를...
구약시대에 사람의 죄 사함을 위해 죄인 대신에 양을 잡아서 대신하였던 것으로 보아... 선악과를 먹은 아담을 위해 양의 가죽으로 옷을 입히셨을 것이라 합니다 만...
생각해 보십시오 그 자리에는 여호와하나님과 사람남녀 그리고 뱀이 있었을 뿐이며...
양이란 짐승은 '순종'의 의미로 사람들에게 본이 되게 하신 짐승입니다.
선악과로 유혹하는 뱀 앞에서 하나님의 당부를 외면한 그들에게 양의 가죽이 가당키나 하겠습니까... ?

뱀의 유혹을 받아드린 사람남녀는 내적으로 뱀의 모양이 되어갈 것을 아셨기에... 뱀의 가죽을 입혀 스스로 자신의 존재를 깨닫게 하시고자 하는 하나님의 뜻이 내포되어 있었던 것 같습니다.

모세가 백성들을 이끌고 애굽을 탈출하여 가나안을 향해 가던 중... 광야에서 불 뱀을 만들어 장대에 매달아 세워놓고 불 뱀에 물린 백성들

로 하여금 그 것을 바라보면 살고 보지 않으면 죽는 일이 있었습니다. (민21:8~9)
장대에 매달린 죽은 뱀은... 훗날 예수가 십자가에 매달려 죽을 일의 예표였던 것입니다.
"모세가 광야에서 뱀을 든 것같이 인자도 들려야 하리니..."(요3:14) 예수께서 하셨던 말씀입니다.

왜 하필 자신을 뱀에게 비유하셨을까 그럼 예수가 뱀이란 말인가... ?
그렇습니다. 하나님의 생명이셨지만 몸은 마리아에게서 받은 사람의 몸으로 뱀의 몸이었으니 까요.

그러므로...
아담과 하와의 후손인 사람은 모두가 뱀의 형상을 입고... 뱀의 모양까지 만들어가며 살고 있는 것입니다.
해서 훗날 예수께서 그리고 세례요한까지도,
그 당시 율법사나 바리새인처럼 예수를 인정도 하지 않고 참된 회개도 없는 사람들을 향하여 "이 뱀들아 독사의 자식들아..."라고 하셨던 것입니다.

이처럼 우리는...
하나님이 주셨던 그 분의 형상을 잃어버려 하나님 앞에 죽은 형상을 하고...
역시나 하나님 앞에 죽은 모양을 만들어가며 시간과 함께 인생을 소비하고 있습니다.

***

"선악과를 먹어도 결코 죽지 않는다 하나님처럼 되어 선악을 알게 되리라."(창 3:4~5) 뱀이 하와를 유혹하며 한 말입니다

그렇죠 절대 죽지 않죠. 생기는 끊어진다 해도 그것은 세상시간 안에서의 일이고... 결코 죽지 않는 영원한 세계의 영과 형상과 모양이 있으니까요.
뱀의 결코 죽지 않는다는 말은...
또 다른 존재의 형상과 모양이 되어 영원하리라고 말했던 것입니다.
"용을 잡으니 옛 뱀이요 마귀요 사탄이라..."(계20:2)

선과 악으로 갈등하는 세상 삶 속에서 갖추어 가는... 자신의 형상과 모양에 따라...
신령한 것과 악령한 것으로 다시 입게 되는 것입니다.

"땅의 형체가 있듯이 하늘의 형체가 있느니..." 라고 말씀하셨으니...
사탄의 형상이든 하나님의 형상이든... 이 생에서 만들어진 형상과 모양에 속한 나라에서 살게 될 것입니다.
만약 아담이 선악과가 아닌 생명과를 먼저 먹었다면 절대로 하나님의 형상이 죽지 않았을 것이고... 하여 하나님의 모양을 만들어 갈 수 있었을 것입니다.

하나님의 것을 잃어버리고 뱀의 것을 갖게 되었으니 영원하다는 후생은 어디에서 이어질까요... ? 뱀의 나라가 아니겠습니까... ?

자못 심각한 일이 아닐 수 없습니다. 끝.

(2) 괴 씸 죄... ?

에덴동산에서, 여호와 하나님은 왜 아담을 쫓아내신 것인가... ?
전해지는 말대로, 하나님말씀을 어긴 것이 괘씸해서였을까... ?

여호와 하나님은 아담에게,
"선악과를 먹지마라 먹을 시에는 정녕 죽으리라." 하시며 그 위험성을 미리 알려 주셨으나... 뱀의 유혹에 넘어간 하와와 함께 먹고 말았습니다.
그 결과, 아담과 하와는 주어졌던 하나님의 형상이 변하여 부끄러운 모습이 되었습니다.
아담이 선악과를 먹지 않고 생명나무 열매를 먼저 먹었다면... 하나님의 형상이 결코 죽지 않고... 모양(격)까지도 이루어 하나님이 원하시는 형상과 모양의 존재가 될 수 있었을 것입니다.

***

"여호와 하나님이 그 땅에서 보기에 아름답고 먹기에 좋은 나무가 나게 하시니 동산 가운데에는 생명나무와 선악을 알게 하는 나무도 있더라." (창2:9)

하나님이 세상을 창조하시기 전에 이미 빛과 어둠이란 존재는 있었습니다.
여호와하나님이 동방의 에덴에 동산을 만드시고 각 종 아름답고 먹기에 좋은 나무를 나게 하시니 동산 중앙에는 생명나무와 선악나무가 있었습니다.
하나님께서는 아담에게...
"동산 각종나무의 실과는 임의로 먹되 선악을 알게 하는 나무의 실과는 먹지 말라 네가 먹는 날에는 정녕 죽으리라" 하시며...

선악의 열매를 먹으면 정녕 죽을 수밖에 없다는 사실을 알려... 주의를 주신 것입니다.

왜 여호와는 동산에 선악을 알게 하는 나무를 나게 하여 사람을 죄에 빠지게 하셨는가... 애초에 생명나무만 있었다면 좋았을 것을... ?? 혹자들은 비판의 말들을 하곤 합니다.
그러나 이것은...
여호와께서 사람을 우선 하나님형상을 주어 만드셨으니 이제 모양을 만들어 가는 과정에 선악과가 필요했을 수도 있고...
혹은, 어둠의 존재 역시 사람을 통해 자신의 형상과 모양을 만들기 위해 그 곳에 선악나무를 심어놓았을 수도 있습니다.

사탄은 하나님의 모든 흉내는 낼 수 있어도 빛의 '생명창조' 만은 할 수 없는 '사망의 존재'이기 때문에 여호와께서 만드신 사람을 이용하려 한 것으로 유추됩니다.

처음에는 아담을 각종짐승으로 유혹하여 짝짓게 하려했고...
그것이 실패하자 이번에는 하와에게 뱀을 접근시켜 선악과를 먹게 만든 것입니다.
여하튼 사람남녀는 '먹지말라' 하신 선악과를 먹음으로써 하나님형상을 잃어버리고 뱀의 형상이 되었습니다.

여호와께서는 그들을 그대로 에덴에 둘 수 없었습니다.
"우리의 형상을 따라 우리의 모양대로..." 라는 하나님의 계획으로 만들어진 사람남녀이기 때문입니다.
그러므로, 아담이 짐승의 형상이 된 상태에서 또다시 생명나무 열매를 먹고 영원한 존재가 되는 것은 결코 사람남녀를 만드신 여호와의 뜻이 아닙니다.

하나님의 형상과 모양으로 만들고자 하신 사람을...
이처럼 짐승에게 빼앗겨 그대로 짐승의 존재가 되도록 놔둘 수는 없습니다. 하여...
아담을 에덴동산에서 쫓아내시고 생명나무와 가까이 할 수 없게 하신 것입니다.
비록 선악과로 짐승의 형상이 되었으나 더하여 생명과까지 먹는다면...
영원한 존재로 모양까지도 짐승으로 이루어져...
온전한 짐승이 될 것이기 때문입니다.
하여 여호와께서는 이들을 생명나무와 차단시키기 위해 에덴에서 쫓아내셨던 것입니다.

여호와의 말씀을 거역한 괘씸죄로 그리하셨다고 말하는 것은... 하나님의 뜻을 너무도 모르는 인간들의 짐승 같은 생각입니다. 끝.

(3). 놋 뱀

모세가 하나님의 명으로 백성들을 이끌어 가나안으로 가는 중에... 백성들이 불 뱀에 물려 죽어가므로 모세는 여호와께 처방을 구했습니다. 그 때 주신 처방인 즉, 놋 뱀을 만들어 장대에 매달아 세워놓고... 그것을 쳐다보라 하시고... 보는 자마다 병을 낫게 하셨습니다. (민21:4~9)
그 일은 훗날 예수님이 십자가에 달리실 것과... 예수님께 향하면 구원받게 된다는 예표였다고 합니다. 그런데 왜 하필 뱀이었을까... ?

예수님은 하나님의 생명과 인간의 몸을 가지신 분입니다.
인간의 몸은 선악과로 인해 하나님형상이 사라지고 부끄러운 모습이 되었으므로, 여호와께서 짐승인 뱀의 가죽으로 입히셨습니다.
그러므로 인간은 뱀의 형상을 하고 있는 것입니다.
따라서 인간의 몸을 갖고 계셨던 예수님의 몸 역시 뱀이었던 것입니다.

장대에 달린 놋 뱀을 바라보면 병이 낫는다고 하신 것은,
장차 있을... 십자가에 달리신 예수님의 죽음을 통하여... 그를 따르던 사람들이 구원을 얻게 된다는 예표입니다.
'놋'은 생명이 살 수 없는 물질로 하나님께서 보시기에 죽은 존재란 뜻입니다.
그 죽은 존재로 장대에 달린 것이... 예수님이 입고계신 '사람'이란 존재라는 것을 깨닫게 하려하신 것입니다.

그 당시에는 율법이 주어진 하나님의 백성들을 상대로 하여... 예수가 하나님아들이라는 것을 믿고 따르며 회개하는 자들을... 그들의 죄에서 구하여 그리스도가 통치하실 천년왕국의 백성으로 구원하시는 역사가

있었음은... 이미 아실 것입니다.
"처녀가 아들을 낳으리니 이름을 예수라 하라. 이는 그가 '그의 백성을 죄에서 구원하신다' 함이라."

그러나 현시대에 우리 이방인들에게 중요한 것은,
예수의 또 다른 이름 '임마누엘'이 있었으니...
이 분이 십자가에 매달려 죽으셨을 뿐 아니라 그리스도로 부활하셨다는 사실입니다.

우리 이방인에게는 백성으로의 구원과는 관계없이...
부활하신 그리스도로 하여 우리 또한 하나님의 생명을 갖게 되는 아들로써의 구원이 있는 것입니다. 실로 백성의 구원과는 비교도 할 수 없는 영광입니다.

유대인이나 헬라인이나 종이나 자주자나 남녀노소 없이 다 그리스도예수 안에서 하나가 되어... 하나님의 새 생명이 주어진 것입니다. (갈3:27~28)

***

"... 아들을 낳으리니 임마누엘이라 하라 번역한즉, 하나님이 우리와 함께 계시다 함이라."

하나님의 생명이 마리아 안으로 오셨을 때... 그 태 안에 있던 사람의 유전자 즉 우리와 만나... 그 때부터 쭈우욱~ 함께하게 되었습니다.
우리의 유전자는 예수의 몸이 되어 그의 살과 피를 먹고 살았던 것입니다.
(요6:53~58)

이렇게 우리는 예수의 몸이 되어 태어났고...
고난의 골고다언덕에서도 십자가에서도 무덤에서도 그리고 그리스도로 부활되셨을 때에도...
우리는 그와 함께... 합하여... 고통으로 죽고 다시 '새 생명'으로 부활되었던 것입니다.
이렇게 우리의 옛 유전자는 죽고 '새 생명'의 씨가 되었습니다. 사람의 유전자가 죽고 하나님의 유전자가 된 것입니다. 아멘.

하여...
부활의 역사가 있은 지 2000여년 후에 태어난 나는... 이미 새롭게 부활된 씨로 태어났다는 사실입니다.
사람의 옛 유전자는 예수의 몸으로 죽어서 없어졌고...
현재의 나를 그리고 당신을 태어나게 한 생명은... 하나님의 생명이며...
그리스도의 유전자 '새 생명'인 것입니다.

"그런즉 누구든 그리스도 안에 있으면 새로운 피조물이라 예전 것은 지나갔으니 보라 새것이 되었도다."(고후5:17)
우리가 어떻게 예수그리스도 안에 있었는가를 깨달았다면... 나의 생명이 '새 것' 이라는 것도 깨달아질 것입니다. 아멘.

이것이 참으로 깨달아져 믿어지는 날...
내 안에 계신 '새 생명'이 깨어나는 것이며 하나님의 '아들'이라고 인치심을 받게 되는 것입니다. 오직 주어지는 믿음으로... 아멘.

예수 그리스도의 '죽음과부활(불과성령의세례)'의 과정으로 사람의 유전자가 그리스도의 유전자로 새롭게 되었습니다. 하여...

예수의 십자가 사건 이후 태어난 사람은 모두가 그리스도 유전자로 태어난 것입니다.
참으로 획기적이며 어느 누구도 파괴할 수 없는 참으로 은혜로운 일이 아닐 수 없습니다.

하나님께서는, 이러한 하나님의 역사를 통해 하나님의 생명이 우리 안에 계신다는 것을 믿으라 하십니다.
'내가 그분 안에 그분이 내 안에... ' 이것이 성경말씀의 핵심이며 진리이며 은혜입니다.

이 진리가 참으로 믿어진다면... 자신이 하나님 아들이라는 것을 알게 될 것이며...
그 참 믿음을 하나님께서 인정하십니다. 아멘.

주가 그 십자가에 달릴 때 거기 너 있었는가 그 때에...
주가 그 나무 위에 달릴 때... 해가 그 밝은 빛을 잃을 때... 주를 그 무덤 속에 뉘일 때...
주가 그 무덤에서 나올 때... (찬송136)

당신은 거기 계셨습니까... ? 네, 나의 옛 유전자가 예수님 안에 있었습니다.
그가 무덤에서 나올 때는...? 네, 그 때 나의 새 생명도 그의 안에 있었습니다.

그렇다면 당신은 예수안에서 죽었고 그리스도안에서 부활했고 지금은 그리스도가... 당신안에 계십니다. 아멘.

***

하여 이제는...
예수를 십자가에 못 박아 피 흘리게 한 살인자 가인의 후손인지...
예수 안에서 그와 함께 못 박혀 죽고 그리스도 안에서 그와 함께 부활된 하나님아들이 되는 존재인지...
확실한 입장정리를 해야 할 것입니다.

여호와께서 그로 상함을 받게 하시기를 원 하사 질고를 당케 하셨은 즉 그 영혼을 속건 제물로 드리기에 이르면 그가 그 씨를 보게 되며(새로운 유전자)... 그 날은 길 것이요 또 그의 손으로 여호와의 뜻을 성취하리로다. (이 53:10)

하나님의 이 같은 역사의 궁극적 목적은...
짐승이 된 인간의 몸을 죽이기 위하여 예수에게 인간의 몸을 입히셨고... 그의 몸을 사탄(주인)에게 내어주신 것입니다.
그리고, 예수님이 갖고 계신 하나님의 생명과 성령의 능력으로 장사된 지 삼일 만에 그리스도의 몸으로 부활하게 하셨으며...
이 모든 역사의 진리를 우리에게 알려주시기 위해 '보혜사'를 세상에 보내셨고...
"우리의 형상과 모양을 따라..." 라고 하신 창조주의 뜻을 '보혜사'를 통해 이루어가고 계시는 중입니다.

이와 같이,
옛 몸이 죽고 새 생명과 새 몸으로 부활되는 하나님의 역사를 통하여...
사람이 하나님이 될 수 있는 길을 마련하셨습니다. 끝.

(4). 마리아에게 잉태된 아들의 '두 이름'

'예수 그리스도의 나심은 이러하니라. 그 모친 마리아가 요셉과 정혼하고 동거하기 전에 성령으로 잉태된 것이 나타났더니... ... 주의 사자가 현몽하여 가로되... .'

(a) "아들을 낳으리니 이름을 예수라 하라 이는 그가 자기 백성을 저희 죄에서 구원할 자이심이라" 하니라.
(b) "보라 처녀가 잉태하여 아들을 낳을 것이요 그 이름은 임마누엘이라 하리라" 하셨으니 이를 번역한 즉, 하나님이 우리와 함께 계시다 함이라. (마태 1:21-23)

'예수'와 '임마누엘'
하나님의 독생자로 세상에 오신 그 분의 이름은 두 가지 입니다.

(a) 예수라는 이름을 번역한즉,
'그에게 오는 그의 백성을 죄에서 구원할 자' 라고 하십니다.
예수가 하나님아들 임을 믿고 따르는 백성들을 그의 나라 천년왕국 백성으로 데려 가신다는 것입니다.

'천사가 무저갱 열쇠와 큰 쇠사슬을 그 손에 가지고 하늘로서 내려와서 용을 잡으니 곧 옛 뱀이요 마귀요 사탄이라 잡아 일천 년 동안 결박하여 무저갱에 던져 잠그고 그 위에 인봉하여 천년이 차도록 다시는 만국을 미혹하지 못하게 하였다가 그 후에는 반드시 잠깐 놓이리라' (계20:1~3)
태초부터 세상을 지배하여 미혹의 역사를 펼치고 있는 사탄을 잡아서 무저갱에 일천 년간 가두어 두면... 사탄 없는 그 세상이 바로 천년왕국이며... 글자 그대로 천 년 간 지속되는 나라로써... 하나님 아들인 그리스도가 다스리실 나라입니다. 천 년 후에는 무저갱 속에 갇혀있던 마귀가 반드시 잠깐 다시 나타나 또 다시 백성들을 미혹하게 됩니다.

백성으로 구원받아 천년왕국에서 살던 그리스도의 백성들은... 이 때 다시금 사탄에게 미혹을 당하는 수난을 겪게 되며... 그 미혹에서 승리한 자들만이 영원한 하나님나라로 건설되고 있는 '새 하늘과 새 땅'에 들어갈 수가 있는 것입니다.
즉, 온전한(영.혼.육.) 구원을 받지 못한 그의 백성은 천년왕국이 지난 후 반드시 또 한 번 사탄의 미혹으로 정리되어야 '새 하늘과 새 땅' 에 들어갈 수 있는 것입니다.

(b) 임마누엘이라는 이름을 번역한 즉, 하나님이 우리와 함께 계시다 함이라...
마리아 안으로 오신 하나님의 생명과... 이미 마리아 안에 있었던 인류의 유전자가 서로 만난 그 때부터... 우리는 함께 하였기에 함께 아기예수의 몸이 되어 태어나고... 함께 성장하고... 함께 고난을 받아 그의 몸으로 죽고... 장사지내졌습니다.
잠깐 낙원에 가 계시던 예수의 영혼(마태27:50)이... 무덤 속으로 오셔서 삼일 만에 다시 그 죽었던 몸이 그리스도의 몸으로 살아 나셨습니다.

이렇게 해서 예수그리스도와 더불어 다시 살아난 우리의 유전자는... 하나님의 생명과 하나님의 몸을 이룰 수 있는 온전한 '하나님의 씨'라는 존재로 거듭날 수 있게 된 것입니다. 이것은 영혼육의 온전한 거듭남의 기초가 마련된 것입니다.
이렇게 하여 그리스도 안에서 사람이 하나님의 씨가 된 것입니다.

'마리아의 잉태'에서...
아들의 백성을 얻기 위한 '예수의 복음'과...
하나님의 아들을 얻기 위한 '임마누엘의 복음'을 동시에 볼 수 있도록 예시 하셨습니다. 끝.

(5). 예수님의 피와 살

세상교회에서는,
주기적으로 떡과 포도주를 먹고 마시며 의식을 치룹니다. 그것이 예수님의 피와 살이며... 그것들을 먹으면 마치 구원을 얻는 것처럼 위안을 받습니다. 그 의식의 의미는 무엇일까요...?

1) "받아 먹으라 이것이 내 몸이니라. 너희가 다 이것을 마시라 이것은 죄 사함을 얻게 하려고 많은 사람을 위하여 흘리는 바 나의 피 곧 언약의 피니라."
2) "그러나 너희에게 이르노니 내가 포도나무에서 난 것을 이제부터 내 아버지의 나라에서 새 것으로 너희와 함께 마시는 날까지 마시지 아니하리라." (마 26:26-29)
3) "이것은 너희를 위하는 내 몸이니 이것을 행하여 나를 기념하라. 이 잔은 내 피로 세운 새 언약이니 이것을 행하여 마실 때마다 나를 기념하라."(고 11:24-29)
예수님이 돌아가시기 직전 제자들과 마지막 성찬을 나누시고, 떡과 포도주를 주시며 하신 말씀입니다. 이 말씀을 알기 쉽게 설명하자면,

1) 예수의 피와 살을 사람의 것과 섞어... **같은 몸 즉, 한 몸이 된다는 의미**의 형식입니다.
'십자가에 달려서 내가 피를 흘리는 것은 곧 너희가 피를 흘리는 것 즉... 내가 죽는 것은 너희가 죽는 것이며... 사는 것 또한 너희가 사는 것이다' 하는 깊은 의미가 있는 형식이었습니다.
예수께서 못 박혀 피 흘리고 죽은 것은 두 가지의 의미가 있습니다. 첫째는, 그의 천년왕국백성을 위한 피 흘림으로 그 당시의 풍습대로 그들의 죄를 대신한 것이며... 하여 그 당시 하나님백성이라는 이스라엘 백성들은 예수를 믿으므로써 죄를 사함 받아... 천년왕국의 백성이 될

자격이 주어집니다.
두 번째는, '임마누엘'이라는 이름으로 죽었다가 '그리스도'라는 이름으로 다시 사심으로써 그의 몸으로 함께한 '사람'이 죽었다가 '새 생명'으로 다시 부활되어 '하나님아들'이 되는 것입니다.
첫째는 오직 죄사함으로 백성의 자격이 주어지지만...
두 번째는 새 생명으로 거듭나는 것입니다.

2) 예수님 자신은, 몸이 죽고 다시 부활되는 그리스도라는 **새로운 몸으로...**
사람은, 예수의 몸으로 죽고 그리스도 몸으로 부활되는 **하나님의 새 생명으로...'**
예수와 사람 모두가 새롭게 되어 아버지 나라에서 함께 하시겠다는 예언이며 언약인 것입니다. **이것은 모든 인류를 위한 하나님의 약속입니다.**

3) 예수께서 십자가에 못 박혀 피 흘리고 죽는 것은 모두가 그의 백성과 이방인인 우리를 위함이니...
즉, 그의 백성들에게는 '죄 사함'을 얻게 하려함이며... (예수의 사명)
인류에게는 함께 죽고 함께 '새 생명'으로 살려내기 위함입니다. (임마누엘의 사명)

하여 이 의식을 행하며... 예수와 임마누엘께서 이룩하신 역사의 깊은 의미를 상고하여 깨달음을 얻으라는 말씀입니다.

예수님이 겟세마네 동산에서 죽음을 앞두고 심히 고민하여 죽게 된 마음으로 땅에 엎드려 기도하시기를 세 번씩이나 하셨음에도... 하나님은 그 일을 면하게 하지 않으셨고... 예수님 또한 그 분에게 양처럼 순종하셨습니다.

이는, 예수님은 죽기 위하여 이 땅에 오셨으며... 그 후에 하나님의 몸으로 다시 사시기 위해서입니다. 그러나 예수께서도 인간의 몸을 입으셨기에 고통을 앞두고 심히 괴로우셨던 것입니다.
이러한 예수의 괴로움을 외면하신 하나님의 큰 뜻은... 사람을 죽이고 '새 생명'으로 거듭 살리시기 위함이었습니다. **아멘.**

이렇게 예수님은 몸이 죽어 그리스도로 부활하셨고... 그 때에 예수 몸이었던 인류의 생명도 덩달아 새 생명으로 부활되어 그리스도의 몸이 된 것입니다. **인류의 유전자가 새롭게 된 것입니다. 아멘.**

예수님이 그리스도로 부활하신 것은 영의 부활이 아닌 몸의 부활입니다. 예수님의 영은 원래가 하나님의 영원한 생명이었으므로 죽을 수도 없고 거듭 날 필요도 없습니다. 단지... 사람이란 몸이 죽고 그리스도의 몸이 된 것입니다.
그 때 그분 안에 있던 사람의 유전자가... 성령에 의해... 새 생명과 새 형상으로 거듭나게 되어 그리스도 안에서 그리스도의 씨가 된 것입니다.
이것이 '주의 죽으심과 부활' **의 이유이며... 하나님이 사람에게 거저** '아들'이 되게 하신 '은혜'**입니다.**

"내가 진실로 이르노니 인자의 살을 먹지 아니하고 인자의 피를 마시지 아니하면 너희 속에 생명이 없느니라. 내 살을 먹고 내 피를 마시는 자는 영생을 가졌고 마지막 날에 내가 그를 다시 살리리니 내 살을 먹고 내 피를 마시는 자는 내 안에 거하고 나도 그 안에 거하리니 ... 내가 아버지로 인하여 사는 것같이 나를 먹는 그 사람도 나로 인하여 살리라. 이것은 하늘로서 내려온 떡이니 조상들이 먹고도 죽은 그것(만나:출16:31)과 같지 아니하여 이 떡을 먹는 자는 영원히 살리라." (요6:48-58) **라는 말씀을 상고해 봅시다.**

경건한 형식을 갖춰 밀가루 떡과 포도주를 마신다고 해서 예수의 안에 거하게 되겠습니까... ? 상징적인 말씀이죠.
이는,
하나님 생명이 마리아 안에 오셨을 때 그 태 안에서... 사람유전자로 있던 우리는 하나님을 만났으며... 우리는 예수의 몸이 되어 태어났습니다. 이것이... 사람이 예수의 안에 거하게 된 것입니다.
이렇게 그 안에서 그의 피와 살을 먹으며 살았던 존재가... 사람입니다.
이렇게 예수와 사람은 한 몸이 되어... 고난과 죽음과 부활을 함께 합하여 겪게 된 것입니다. 아멘.

예수께서 죽기 직전에 떡과 포도주를 자신의 피와 살로 비유하시며 마시게 한 것은...
그 분과 한 몸이라는 사실을 깨닫게하기 위한 것이었습니다.
떡이라 비유하신 것은 몸이며 피는 그 몸을 유지시키는 절대요소가 되겠죠. 선악과로 만들어진 것입니다. 그래서 사탄이 가져간 것이구요.
십자가에서 예수가 숨을 거두신 후 군병이 옆구리를 찔러 가져갔습니다.
정말 다행이지요. 피와 물을 모두 가져갔기에 비어있는 몸을 빛으로 채워 하나님의 몸으로 다시 살리실 수 있었습니다.(창2:21~23)
이렇게 해서, 사람이 하나님의 생명으로 형상을 다시 찾게 되었습니다.

세상속의 내가 나의 아버지로부터 나왔으니, 그 안에 내가 있었습니다. 그 안에서 아버지의 살을 먹고 피를 마시지 않았겠습니까... ?
이처럼, 사람이 하나님의 아들이 되기 위해서는 예수 안에 사람이 있었어야 하는 것입니다.
그래야 예수께서 그리스도로 부활하셨을 때... 사람도 새롭게 부활될 수 있었겠죠.
이렇게 나의 옛 유전자인 사람은 2000여 년 전에 그리스도예수 안에서 죽고 부활되었던 것이며... 그 이후 태어난 사람들은 나 뿐 아니라 모두가 '부활된 새 생명'으로 태어난 것입니다. 단지 사람들이 모르고 있을 뿐입니다.
하여 하나님께서는...
이 사실을 세상에 알리고자 보혜사를 보내셨고 '은혜의 복음'을 주셔서...
이러한 사실 앞에 양과 같은 순종하는 마음으로 '믿으라' 하시는 것이며...
이것을 믿게 되는 자들을 '아들'이라고 인정하시는 것입니다.

하여... 불과 수 십 년 전에 태어난 나는... 2000여 년 전에 이미 부활된 그 '새 생명' 으로 태어났다는 것을... 그래서 '하나님의 아들'이라는 것을 깨닫게 되어...
당당하게 '하나님아버지' 라고 부를 수가 있게 되었습니다. 아멘.

하나님과 그리스도예수 그리고 나... 모두가 같은 생명... 같은 몸이 되어야하는 것입니다.
이것이 '그리스도 안에 내가... 내 안에 그리스도가 라는 말씀으로...' 한 생명 한 몸이라는 뜻입니다. **(하나님=그리스도=나)**

세상에서는,
거룩(?)한 형식에 따라 예식을 치루며... 밀가루 떡과 포도주를 먹고 마치 생명을 얻는 것처럼 생각하며... 그런 행위로 위안을 얻고 있습니다 만...
이것으로 끝이라면... 사탄의 미혹일 뿐입니다.
'거룩을 가장하나 거룩의 능력은 외면하는 자들...' 이라 말씀하셨습니다.
반드시 그 형식에 숨겨져 있는 하나님의 깊은 뜻을 알아야 할 것입니다.

이러한 하나님의 역사를 통해... 태초에 선악과로 잃었던 하나님의 형상을 다시 찾게 된 것이며, 하나님의 생명까지도 갖게 된 것입니다. 사람이... !!!   아멘.

이 참 진리의 길을 인도하는 것이 바로... 임마누엘의 복음이며 그리스도의 복음이며 은혜의 복음인 '하나님의 복음'입니다. 끝.

(6). 예수에서 그리스도로... (다리뼈가 꺾기우지 않은 이유)

하나님의 생명으로 세상에 오신 예수께서,
천국복음이나 하나님나라에 대하여 하시는 말씀을 2000여 년 전 그 당시 종교인들은 도무지 받아드리지 못했습니다.
오직 율법에서 비롯된 오랜 관습과 유전에 의한 종교심만을 내세우며 백성들 위에 군림하던 종교인들은... 예수 따르는 백성들이 점차로 늘어나게 되자... 자신들의 영화와 권위에 압박과 위협을 느끼게 되고...
결국은 백성들을 충동질하여 예수를 죽게 만들었습니다.

"...인자가 장차 사람들의 손에 넘기어 죽임을 당하고 제 삼일에 살아나리라... (마태18:22~23)
"보라 우리가 예루살렘으로 올라가노니 인자가 대제사장들과 서기관들에게 넘기우매 저희가 죽이기로 결안하고 이방인들에게 넘겨주어 그를 능욕하며 채찍질하며 십자가에 못 박게 하리니 제 삼일에 살아나리라" (마태20:18~19)
직설적으로 말씀드리자면...
예수께서 죽게 되신 것은, 하나님의 생명이 세상에 오신 이유, 목적, 사명이였으며...
그것은 그리스도가 되시기 위한 필수과정 이었습니다.

몰 약을 탄 포도주도 받지 않으시고 제 삼시에 못 박혀 제 육시가 되매 어두움이 임하여 제 구시까지 계속하더니... 제 구시에 크게 소리 지르시되 "나의 하나님 나의 하나님 어찌하여 나를 버리셨나이까" 큰 소리를 지르시고 운명하시니...
성소 휘장이 위로부터 아래까지 찢어져 둘이 되었습니다. (마가15:23~38)
영과 형상이 나뉘어 영은 잠시 낙원으로 가시고 형상은 죽은 것입니다.

예수의 죽은 것을 보고 다리를 꺾지 아니하고 창으로 옆구리를 찌르니 곧 피와 물이 나오더라.' (마태27:45-50) (요19:30-34)
마취를 거부하고 못 박히신 예수께서는 고통이 심하심으로 같이 못 박힌 두 강도들 보다 먼저 운명하셨습니다. 그 당시에는 죽었는지 확인하기 위하여 다리를 꺾었으나, 예수는 이미 죽은 것이 확인되어 다리가 꺾이는 일을 당하지 않으신 것입니다.

"그 뼈가 하나도 꺾기우지 아니하리라" 하는 선지자의 예언이 있었던 이것은...
사람의 유전자가 골수와 함께 새어나가는 것을 막아, 다시 새롭게 살려내시기 위한 하나님의 지혜였던 것입니다.
그렇게 해서 예수의 몸은 죽었습니다. 더불어 예수 안에 있던 사람의 유전자도 죽었습니다.

예수의 죽은 몸은 제자였던 부자 요셉에 의해 바위 속에 판 무덤에 장사지내졌으며...
안식일이 다하여 가고... 안식 후 첫날 미명에 여자들이 무덤을 보려고 왔더니... 주의 천사가 여자들에게 일러 가로되...
"너희는 무서워 말라 십자가에 못 박히신 예수를 너희가 찾는 줄을 내가 아노라 그가 여기 계시지 않고 그의 말씀하시던 대로 살아나셨느니라... "(마태28:5-6)
"너희가 십자가에 못 박은 이 예수를 하나님이 주와 그리스도가 되게 하셨느니라" (행2:36)
죽었던 예수의 몸이... 하나님의 몸으로 다시 살아나셔서 '그리스도'가 되신 것입니다.

하나님의 생명으로 오신 그분의 아들 예수를 알아보지 못하고 죽이는데 앞장선 무리는... 하나님을 섬긴다 하는 그 당시 종교인들이었으며...
오늘날에 와서는,
새 생명으로 새 몸을 찾아주신 그리스도 그 분의 '은혜의 복음'을 도무지 깨닫지 못하고 알지 못하는 것도... 같은 부류의 종교인들입니다.

예수께서는 돌아가셨고 그리스도는 승천하셨으며... 현 사탄세상에 머무르며 역사하시는 분은 '보혜사'이심에도... 보혜사의 전하고저 하시는 진리에 크게 신경 쓰지 않습니다. 오로지, 돌아가신 예수님의 희생에 굴복하여 오직 그 일에만 전념으로 사모하는 것도... 같은 부류입니다.

***

"평안하뇨 ... 무서워 말라 가서 내 형제들에게 갈릴리로 가라하라 거기서 나를 보리라"(마태28:9-10)
그리스도께선 부활 후 40일간 사람의 몸으로 제자들 앞에 나타나시기도 하셨으나...
그것은... 보지 못하고 만져보지 못하면 알지 못하는 제자들에게...
죽었다가 다시 살아난 자신의 존재를 알리기 위함이셨습니다.

"혈과 육은 하나님 나라에 갈 수 없고... " 하신대로...
40일 후... 그 분의 몸은 하나님의 몸으로 완성되어 승천하실 수 있었던 것입니다.

예수는, 사람의 몸으로 이 땅에 계시다가 돌아가신 분이지만...
그리스도는, 하나님의 몸을 취득하셔서 승천하신 분입니다.

"주는 그리스도시요 살아계신 하나님의 아들이시니이다." 라고 성령의 쓰심으로 정확하게 예수님을 증거 했던 베드로조차도...
예수께서 죽으신 후 다시 부활하심으로, 사람이란 존재가 그리스도예수 역사에 동참되는 뜻깊은 의미를 깨닫지 못했습니다.
하여 단지... '예수는 곧 그리스도다' 하는 것으로 그치게 된 베드로의 믿음이 그대로 오늘날까지 이어집니다. 백성의 믿음이요 종의 믿음입니다.

아직도 세상은 '예수와 그리스도의 차이점'을 깊이 있게 알지 못하는 것을 봅니다.
그들이 '예수와 임마누엘의 차이점'을 구분치 못하기 때문입니다.

예수께서 십자가에서 죽었으나 다른 두 강도들과는 다르게 다리가 꺾이지 않았습니다.(요19:31~36)
이를 두고 세상은 말 합니다 구약에서 예언된 성경이 성취된 것이라고...
글쎄요... 고작 예언이 성취된다는 것뿐일까요... ?
좀 더 깊은 의미가 있지 않을까요... ?

예수께선 사람의 몸을 가지셨습니다.
그 몸은 우리의 몸처럼 여자(마리아)가 만들어낸 몸입니다.
여자(하와)는... 선악과를 먹은 후 하나님의 형상이 죽었으며 그래서 죽은 형상을 만듭니다.
우리의 몸도 그 몸의 유전자로 만들어졌고 예수의 몸도 그 유전자로 만들어졌습니다.

그래서 하나님께선 예수 몸의 유전자를 죽게 하시고 새 몸 즉 그리스도의 유전자로 살려내신 것입니다.
그 이후로 사람의 유전자가 달라졌습니다. 옛것이 죽고 새것이 되었습니다. 하나님생명과 하나님형상이 된 것입니다.
하와가 선악과로 잃어버렸던 하나님형상을 되찾았을 뿐 아니라... 하나님생명까지 얻게 된 것입니다. 아멘.

하여 예수는 십자가에서 다리가 꺾여선 안 되었던 것입니다.
다리가 꺾여 골수가 빠지게 되면 사람의 유전자가 모두 빠져버리게 되니까요
그 골수 안에 있었기에 그리스도와 함께 새롭게 살아난 것이지요. 아멘.

또한 예수는 다른 두 강도들과 달리 옆구리를 창으로 찔려 피와 물이 모두 쏟아졌습니다.
피는 선악과를 먹고 만들어진 것으로 죄의 원천입니다 사탄의 것이구요.
그러니 당연히 사탄이 가져간 것입니다.
하여... 깨끗해진 예수의 몸을 빛으로 채워 하나님의 형상으로 살려내신 것입니다.

이 같은 이유로 하여 예수의 다리가 꺾이지 않는 것이 중요했고... 피와 물을 쏟아버려야 했던 것이며...
'다리가 꺾이지 않으리라' 하고 옛날 옛적부터 예언되었고 또한 이루어졌던 것입니다.

보혜사의 지혜가 아니고서는 이러한 사실을 어찌 짐작이나 할 수 있을런지요... ! 끝.

(7). 세례 A

세례에 관하여 세상에서는...
몇 가지 간단한 문답을 통과하고 나면 머리에 물을 뿌리거나 몇 가지 형식에 따라 의식을 치루고 그것을 세례라 하며... **"하나님을 내가 아버지로 받아들였으니 나는 그의 아들이 됨으로써 구원 받을 것이다(?)"** 라고 합니다. 그 때부터 **'하나님아버지'** 라는 호칭을 쓰지요.

이러한 간단한 형식으로 사람이 하나님 아들이 될 수 있고 구원을 받을 수 있는 것인가... ?
내가 하나님을 아버지로 받아들이고 말고 할 자격이 있는가... ?
하나님이 언제 나를 아들이라 허락하셨는가... ?
그 분을 '하나님아버지'라 부른다면... 과연 당신은 어떤 이유로 '아버지' 라고 당당히 부를 수 있는 것인가... 생각해 봐야 합니다.

위와 같은 세례의 형식은,
'세례요한'의 세례가 왜곡 유전되어 내려오는 예식이라고 볼 수 있습니다.
이것은 하나님의 아들이 되는 세례가 아니라...
'자신의 죄를 회개하여 예수님의 가르침을 따르겠습니다' 하는... **그 당시 백성들의 약속 혹은 다짐이라 할 수 있습니다.**

예수께서도 이 요한의 세례를 받으셨으나... 이는 예수께서 **앞으로 있을 행보에 대하여 하나님 뜻에 복종하겠다는 서약이 되겠습니다.**

"나는 너희로 회개케 하기 위하여 물로 세례를 주거니와 내 뒤에 오시는 이는 나보다 능력이 많으니 나는 그의 신을 들기도 감당치 못하겠노라 그는 불과성령으로 너희에게 세례를 주실 것이요..." (마태3:11)

이 요한의 '물세례'와, 예수님이 받으신 '불과 성령세례'를 간단히 설명해 보겠습니다.

1) 물세례: 자신이 죄인임을 회개하고 예수님을 따르겠다는 맹세의 의미. 물속에서 뒤로 넘어갔다가 일어난다. 즉 죽었다 살아난다는 의미로써... 예수님도 이 세례를 받으시고 하나님 뜻에 순종하여 죽었다 살아나셨습니다.
예수님도 죄인의 몸을 입었기에 몸이 죽어야 했으며... 또한 다시 살아나신 것입니다.
그러나 세례요한이 물세례 행위를 할 그 당시는.
그리스도예수의 부활역사가 있기 전이었으므로 이 세례의 깊은 의미를 알 수 없었습니다. 단지...
자신의 죄를 회개하여 물로써 깨끗이 씻어낸다는 의미로 추정되고... 예수의 존재를 인정하여 그의 가르침을 따르면 천년왕국백성으로 인정되는 구원이 있었을 뿐입니다.

2) 불세례: 죽음의 세례로써 십자가에서 죽으신 예수님이 받은 세례입니다. 인류 또한 예수 안에서 예수와 함께 불세례를 받아 한 날 한 시에 합하여 죽었습니다. 인류는 예수(임마누엘)의 몸으로 예수와 함께였기에 가능했습니다.

3) 성령세례: 예수님의 몸이 죽고 삼일 만에... 성령의 능력으로 그리스도의 몸으로 다시 살아나신 부활의 세례입니다....
그 때에 사람도 그의 안에서 함께 죽고 함께 부활했으며... 이를 '거듭났다'라고 하며 새 생명으로 다시 살아났음을 뜻합니다.
오늘날에는 보혜사가 계시기에 이 모든 역사의 사실 안에 인류가 동참되었다는 것을 알게 하십니다. (요14:16~17, 26)

***

그 이전에 하나님의 법(율법)이 주어졌던 유대인들에게는 '할례를 받고 율법을 지키라' 하셨으나 (구약)... 오히려 죄에서 더 한 죄를 쌓는 것을 보신 것입니다.
하여 이번에는 획기적인 방법으로 새로운 약속을 하셨으니, 이는 '불과 성령세례'입니다.(신약)

예수께서 '불과 성령세례'를 받으신 이후에는 어느 누구라도,
"거듭나라. 사람이 거듭나지 않으면 하늘나라를 볼 수 없다." 라는 말씀에 구속됩니다.
이것이 하나님의 새로운 '은혜의 법'입니다.
애초에 하나님이 주신 형상을 잃어버려 악의 형상으로 살고 있는 사람이... 원래의 형상으로 거듭나지 않으면 하나님께 갈 수 없다는 말씀입니다.

회개하고 순종할 것을 뜻하는 '물세례'를 받으신 예수님은,
거듭나게 하기 위한 하나님의 역사 앞에 순종하셔서... '불과 성령의 세례' 받아 거듭나신 것입니다.
하나님의 생명과 사람의 몸으로 태어나신 예수님이 십자가에서 몸이 죽고... 성령께서 다시 하나님의 몸으로 살려내셔서... 그리스도가 되셨습니다.
예수의 몸이었던 '사람'이 예수와 함께 거듭나서 그리스도가 된 것입니다.
세례요한이 말한 불과 성령의 세례입니다.
예수의 몸은 마리아에 의해 만들어졌으나, 예수의 거듭난 새 몸은 성령께서 만드셨습니다. 그리하여 하나님의 몸이 되신 것입니다.

예수 몸으로 있었던 사람의 유전자는 예수몸으로 죽고... 그리스도 안에서 그리스도의 유전자로 다시 살았습니다.

이렇듯 태초의 사람은...
하나님의 형상만 받았을 뿐 하나님의 생명은 받지 못한 존재였으며...
그나마 그 형상도 잃어버렸으나... 성령의 세례를 통하여 비로소 하나님의 생명과 몸으로 그 분의 아들이 된 것입니다.
"또 그 안에서 너희가 손으로 하지 아니한 할례를 받았으니 곧 육적 몸을 벗는 것이요 그리스도의 할례니라."(골2:11)

인간의 상식으로 생각해도... 사람의 육적 몸으로 어찌 하늘나라에 가겠는가? 예수님도 사람의 혈과 육으로는 승천할 수 없기에 그리스도의 몸으로 거듭나신 것이 아닌가... !!!
혹, 하늘나라는 영혼이 가는 것이지 무슨 몸이 가느냐... 라고 물으신다면... 그것은 사람의 생각입니다.
그렇지 않다면 예수님은 왜 다시 살아나셨을까요 왜 바울은 몸의 부활(행17:18)을 강조했을까요...? 그냥 영혼만 가시면 될텐데... ?
예수님의 영혼은 하나님의 생명에서 비롯되었으므로 애초에 죽을 수가 없으니, **무엇이 다시 살아나셨다는 말인가요...?**

예수님은 몸이 죽고 몸이 다시 살아나신 것입니다.
하나님의 몸은 빛이시니 빛으로 거듭나야 그의 나라에 갈 수 있는 것이 아닌지요.
"땅에 속한 형체가 있듯이 하늘에 속한 형체도 있느니라." 라고 말씀하셨지요.

"우리 옛사람이 예수와 함께 십자가에 못 박힌 것은, 죄의 몸이 멸하여 다시는 우리가 죄에게 종노릇하지 아니하려 함이니... ... 만일 우리가 그리스도와 함께 죽었으면 또한 그와 함께 살 줄을 믿노니..."(로6:6-8)

이 말씀에서 '함께' 라는 말씀을 주의 하십시요. **'예수와 함께' 와 '예수처럼'은... 분명 다른 의미를 갖고 있습니다.**
세상에서는 예수처럼 자신을 십자가에 못 박으라고 합니다. 그러나, 이처럼 상징적으로 흉내내는 것으로 해석해서는 안 됩니다. 어디까지나 실상으로 예수그리스도와 함께... 같은 날 같은 순간에... 이루어졌어야 합니다.
성경말씀에는 분명, 예수와 함께 합하여... 그리스도와 함께 합하여... 라고 하셨으며, 그 함께할 수 있는 것은 공개된 비밀이라 하셨습니다.
사사로이는 알 수 없는 신령한 힘이 필요한 것입니다. 바로 '유전자'를 떠올리면 되겠습니다.

"이 복음의 비밀은 만세와 만대로부터 옴으로 감취었던 것인데 이제는 그의 성도들에게 나타났고..."(골1:26)
이처럼, 현 '은혜의 시대'에 와서야 비로소 그 비밀을 알게 하시는 '보혜사 성령'이 계시므로 이제는 복음을 깨달아 성도들이 나타나는 것입니다.
그리스도께서 승천하시기 직전에 하신 말씀입니다.
"내가 가야하리라 내가 가면 아버지께서 보혜사를 보내시리니 그가 모든 것을 알게 하시리라."(요14~16장)

사람이 살아생전에 이 복음을 깨달아 새 생명(하나님생명)을 찾아야... 즉, 거듭나야 만이 하나님께 갈 수가 있는 것이며... 그 (길)을 안내하는 내용이 성경말씀이며 그 진리의 핵심이 '하나님의 복음(새 생명)' 인 것입니다.

"... 너희가 듣기는 들어도 도무지 깨닫지 못하며 보기는 보아도 도무지 알지 못하는 도다."(행28:26)
"형제들아 내가 너희에게 알게 하노니 내가 전한 복음이 사람의 뜻을 따라 된 것이 아니라, 이는 내가 사람에게서 받은 것도 아니요 배운 것도 아니요 오직 예수 그리스도의 계시로 말미암은 것이라..." (갈1:11-12)
"경건의 모양(형식)은 있으나 경건의 능력(결과)은 부인하는 자니 이 같은 자들에게서 네가 돌아서라." (디후3:5)

세상에서의 하나님 섬기는 모습을 보면 모든 경건의 모양이 총 집합되어 있습니다.
그러나 '복음'의 경건한 능력에 관해서는,
깨닫지 못하니 이해할 수도 인정할 수도 없고... 믿지 못하니 부인할 수밖에 없습니다.
이것이 현 시대의 세상 모습입니다.
"(이들에게서는) 항상 배우나 마침내 진리의 지식에 이를 수 없느니라." (디후3:7)

"아무도 자기를 속이지 말라 너희 중에 누구든지 이 세상에서 지혜 있는 줄로 생각하거든 미련한 자가 되어라 그리하여야 지혜로운 자가 되리라. 이 세상 지혜는 하나님께 미련한 것이니 기록된바 지혜 있는 자들로 하여금 자기 궤휼에 빠지게 하시는 이라 하였고, 또 주께서 지혜 있는 자들의 생각을 헛것으로 아신다 하셨느니라." (고전4:18-20) 끝.

(8). 세례 B

세상 종교에서는 몇 가지 형식에 의해 물로 세례를 주며 곧바로 구원에 이른 것으로까지 생각하는 자들이 있으나...
이 같은 세례의 형식은 어디까지나 실제상황에 대비한 다짐 혹은 예표라고 말씀 드릴 수 있겠습니다.

"... 내 형제들아... 너희 가운데 분쟁이 있다는 것이라 이는 다름 아니라 너희가 각각 이르되 나는 바울에게, 나는 아볼로에게, 나는 게바에게, 나는 그리스도에게 속한 자라 하는 것이니 그리스도께서 어찌 나뉘었느뇨..."(고전 1:10~12)

"그리스도께서 어찌 나뉘었느뇨..."

그리스도는 하나님 생명이 이 땅에 오셔서 하나님의 몸을 이루고 승천하신 하나님 아들이십니다. 우리 또한 그리스도와 함께 하나님생명으로 하나님몸을 이루어야 하나님나라에 갈 수 있게 되거늘... 어찌 오늘날까지도 이처럼 분쟁과 나뉨이 실존하는 것입니까... ?
나는 천주교라... 나는 정교라... 나는 개신교라... 이슬람교라... 유대교라...

이 같은 의문을 해소하기 위해서 처음 세례를 베풀었던 세례요한의 행적을 살펴보겠습니다.

세례를 크게 나눈다면... **'요한의 세례'와 '성령의 세례'**가 있습니다.
요한의 세례는 언약의 세례로써 언약을 잘 지키면 천년왕국의 백성이 될 것이요...
성령의 세례는 거듭남의 세례로써 믿음으로 하나님 아들이 되는 세례가 되겠습니다.

(1) 요한의 세례 (백성으로...)

'유대 왕 헤롯 때에 제사장 사가랴의 아들 요한이 있었으니 그는 예수보다 여섯 달 먼저 나고 엘리야의 심령과 능력으로 주 앞에 앞서 와서 주의 길을 예비하고 그의 첩경을 평탄케 하기 위하여 사람들에게 물로 세례를 주었습니다.'(마가1:1~6)(누:15~17)

요한이 요단 강 부근 각 처에 와서 죄 사함을 얻게 하는 회개의 세례를 전파하니...
* 때에 자복하는 많은 아브라함의 후손들이 회개의 물세례를 받고... 곧 이어 오신 예수의 천국복음에 귀 기울이며 따르게 되었습니다. (천년 왕국백성으로 예비 되는 세례)

* 요한이 "독사의 자식들아 누가 너희를 가르쳐 장차 올 진노를 피하라 하더냐"라고 꾸짖으며 세례를 주지 않았던 무리가 있었으니... 아브람의 자손이며 제사장의 후손이란 명분으로... 진정한 회개 없이 회개의 징표로써 세례를 받기 위해 나온 바리새인과 사두개인들입니다.
이들은 율법과 가식으로 무장되어 세례요한의 세례도 거부당하고, 결국 예수를 못 박아 죽이는데 앞장섰으며... 여전히 대대손손 유전과 관습으로 하나님을 섬깁니다.
그들의 영은 오늘날 이방에도 영향을 미쳐... 아브람이 믿음의 조상이라 굳게 믿으며 간단한 형식을 갖춰 물로써 세례를 주고 있으니... 이 같은 세례를... 구원을 위한 절차로 굳게 만들어... **앞서 요한이 예언했던 '불과 성령의 세례'를 잊은 채...**
위로와 위안으로 안주하게 하고 있습니다.

(2) 성령의 세례 (하나님 아들로...)

'예수가 요단강에서 요한에게 세례를 받으시고 곧 물에서 올라오실 새... 하늘이 갈라짐과 성령이 비둘기같이 자기에게 내려오심을 보시더니 하늘로서 소리가 나기를 "너는 내 사랑하는 아들이라 내가 너를 기뻐하노라" 하시니라' (마가1:9~11)

이때에 예수 안에서 함께 이 소리를 들으며... 요한의 세례를 받아 하나님의 뜻에 순종할 것을 맹세한 이들이 있었으니... 바로 예수의 몸이 된 사람의 유전자입니다.

그 당시 그 유전자가 예수와 함께 십자가에서 죽고 무덤에서 다시 부활되어 새로운 유전자가 되었으며... 그 새롭게 된 사람유전자로... 오늘날 당신이 태어나게 된 것입니다.

오늘날엔, 이 엄청난 사실을 단지...
하나님의 소리 즉 '복음'을 듣고 깨닫게 되면...
내 안에서 잠자고 있던 '새 생명'이 비로소 깨어나게 되어 '참 그리스도인'이 됩니다.
(아들이 되는 세례)

"나는 너희로 회개케 하기위하여 물로 세례를 주거니와 내 뒤에 오시는 이는 나보다 능력이 많으니 나는 그의 신을 들기도 감당치 못하겠노라 그는 '불과 성령'으로 너희에게 세례를 주실 것이요..." (마태3:11)

그 때에 요단강 요한으로부터 예수 안에서 합하여 물세례를 받았던 예수의 몸(사람)은...
"너는 내 사랑하는 아들이라 내가 너를 기뻐하노라"하시는 하나님 말씀을 예수 안에서 들었고...

요한의 물세례로 예수 안에서 하나님께 순종을 맹세했던 바와 같이...
예수와 함께 합하여 십자가에 못 박혀 사탄의 권세에 의한 죽음의 불세례를 받아 죽었고... 장사 된지 사흘 만에 그리스도와 합하여 부활 되었습니다.
이 모두가 성령의 세례로 이루어진 사실입니다.

이렇게 사람은 죽고 다시 부활되었습니다. 거듭난 것입니다. 아멘.
사람은 아무런 수고도 없이 거저 예수와 더불어 이루어졌기에 '은혜'라고 말합니다.

요한에게 물세례를 받으신 임마누엘(예수)은 3여 년간 백성들을 위한 천국복음을 전하시고...
거듭내시기 위한 필수적인 과정이었기에 하나님께서 잠시 외면하셨던 사탄의 행각 '불세례'로 인하여...
영과 몸이 나뉘어 영은 낙원으로 잠시 피하시고 몸은 십자가에서 숨이 멎은 것입니다.
... 해가 빛을 잃고 온 땅에 어두움이 임하여... 성소의 휘장이 한가운데가 찢어지더라. (누23:44~45)
영과 몸이 둘로 나뉘는 예수의 고통을 하나님께서 차마 볼 수가 없으셨기에 어둠을 내리셨던 가 봅니다.

마리아 안에서... 처음부터 사람과 함께하신 하나님생명 임마누엘이... 십자가에서 몸이 죽고... 그리스도로 거듭나셔서... 그 몸이 새 생명으로 거듭나게 된 것입니다. 하나님생명과 하나님 몸으로... !!!
이것이 바로 사람이 거듭 난다는 것이며... 성령의 세례입니다.

사람이 하나님생명과 몸으로 그리스도가 된 것입니다. 아멘.
예수의 몸은 마리아에 의해 만들어졌으나, 거듭나신 그리스도의 몸은 성령께서 만드셨습니다. 그리하여 새 몸이 되신 것입니다 하나님형상으로... !

현시대의 우리는...
부활된 새 생명을 복음의 깨달음으로 찾아서... 신앙생활을 통하여 하나님의 모양까지 성취하게 되면... **하나님생명과 형상과 모양으로 온전한 하나님의 아들이 되는 것입니다.**
이렇게 될 수 있도록 이끌어 주시는 분이 지금도 그리고 영원히 우리와 함께 하실 '보혜사성령'이십니다. 아멘.

***
"... 내 종 아브라함을 위하여 내가 너와 함께 있어 네게 복을 주어 네 자손으로 번성케 하리라..." (창26:24)
약속하신대로 아브라함은 여호와의 인도하심을 받아 많은 후손들로 백성의 무리를 이루게 되었고...

"하나님께로서 보내심을 받은 사람이 났으니 이름은 요한이라 저가 증거하러 왔으니 곧 빛에 대하여 증거하고 모든 사람으로 자기를 인하여 믿게 하려 함이라 그는 이 빛이 아니요 이 빛에 대하여 증거하러 온 자라... " (요1:6~8)
아브라함의 열 두 아들중 하나인 레위의 자손으로 예수보다 6개월 먼저 세상에 온 '세례요한'은... 제사장의 직분을 맡은 레위지파 대제사장 스가랴의 아들입니다.
그들은 자자손손 오직 제사장의 직분을 맡아 백성들을 이끌어오는 계열이었습니다.

스가랴 대제사장의 아들로 태어났으나, 유전과 관습에 따른 아버지나 그 외 조상들과는 전혀 다르게 행동하고 말하는, 요한에 대해서... 그 당시의 종교지도자들 간에 갈등이 많았을 것이며... 요한은 이단으로 취급 받았을 것으로 예상됩니다.

그 때에 세례요한은 유대광야에서 듣도 보도 못한 천국복음의 길로 백성들을 인도합니다. (마태3:1~7)
가로되... "회개하라 천국이 가까웠느니라 ... ... 나는 너희로 회개케 하기위하여 물로 세례를 주거니와 내 뒤에 오시는 이는 나보다 능력이 많으시니 나는 그의 신을 들기도 감당치 못하겠노라 그는 성령과 불로 너희에게 세례를 주실 것이요... " 하며...
예루살렘과 온 유대와 강 사방에서 자기들의 죄를 자복하고 나아오는 사람들에게... 장차 오실 예수를 따르겠노라 다짐하는 물세례를 주면서...
예수의 길을 곧게 합니다.
예수께서 인도하시고 그리스도께서 통치하실 '천년왕국의 백성'이 되기 위함입니다.

한 편,
요한은, 많은 바리새인과 사두개인이 세례 베푸는 데 오는 것을 보고는 이르되...
"독사의 자식들아 누가 너희를 가르쳐 임박한 진노를 피하라 하더냐... " 하면서 세례를 주지 않았고...
예수께선,
'유전과 관습으로 내려오는 율법 지상주의자들로써 짐을 묶어 사람의 어깨에 지우되 자기는 한 손가락도 움직이려 하지 않는 자들로... 외식하는 자요... 소경된 인도자며... 양의 탈을 쓴 이리며... 뱀들이며 독사의 새끼들' (마태

23:1~35) 이라 말씀하셨습니다.

예수님 말씀과 세례요한의 표현대로...
그들은 예수그리스도와는 상관없는 자들로써... 지옥으로 직행할 어둠의 자식들입니다.
아브라함의 후손이라고는 하나 참 회개를 모르는, 영적으로 용이요 뱀이요 마귀요 사탄의 후손이고 가인의 후손입니다.
아마도, 태초부터 가인과 아벨과 셋의 후손 (즉, 뱀과 사람과 신에 버금가는 존재) 들이 살아오면서 뒤범벅이 되었고... 어느 영에 더 가까운가에 따라 이렇게 나눠는가 싶습니다.
형상은 모두가 하와로부터 이어받았기에... 같은 뱀의 형상이지만... 뱀과 사람과 신에 버금가는 존재(멜기세덱?)의 영은 각 각 다를 테니까요.

요한은 물로 세례를 주며 말하기를... **"너희는 몇 날이 못 되어 성령으로 세례를 받으리라."**
과연 몇 날이 못 되어 사람은 예수와 함께 그의 안에서 죽고 그리스도와 함께 부활되는 성령의 세례를 받았습니다.

그러나 그 당시 사람들은 성령으로 세례를 받는다는 의미를 이해할 수도 깨달을 수도 없었으며... 성령이 임한다는 의미도 알지 못했습니다.
부활하신 그리스도께서 약속하신 보혜사 성령이 오셔서 모든 것을 알게 하시기 전이기도 했지만... 부활의 대 역사가 있기 전이었으므로... 그들에게는 아들이 될 수 있는 기회란 주어지지도 않았음을 알 수 있습니다.
오직 백성으로 택함을 받을 수 있었던 것입니다.

예수께서 그렇게 그리스도가 되신 후 하늘로 승천하시기 직전에 베드로와 사도들에게 말씀하셨습니다.
"너에게 천국열쇠를 주리니 너는 내 양을 지키라"
"... 오직 너희에게 성령이 임하시면 너희가 권능을 받고 예루살렘과 온 유대와 사마리아 땅 끝까지 이르러 내 증인이 되리라" (행1:8)
'예루살렘과 온 유대와 사마리아 땅 끝' 이라고 하신 것으로 보아...
예수 따르는 자들을 인도하여 천년왕국으로 안내하라는 뜻으로...
아브라함 후손들로 이스라엘백성들을 염두에 두고 하신 말씀인 것을 알 수 있습니다.

이러한 상황이 오늘날 사마리아 땅 끝이 아닌 이방에 까지 전해져온 결과...
아브라함의 후손도 백성도 아닌 사람들의 희망이... 오직 백성으로 천년왕국에 가겠다고 하는 오판의 결과를 초래하였습니다.

천년왕국은 말 그대로 천년동안의 그리스도 왕국으로... 백성의 위치가 있고 왕으로 통치하실 그리스도의 위치가 있습니다.
그리스도가 재림하실 때 들림 받은 하나님의 아들들은 그리스도 자격으로 '천년왕국'을 통치할 뿐 아니라... 천년이 지나면 '새 하늘과 새 땅'의 주인이 될 것입니다.

그러나 백성의 위치에 있는 아브라함의 후손들은... 천년이 지나 무저갱에 갇혀있던 용이 다시 출현하여 잠시지만 또 다시 미혹으로 혼돈되는 시간을 갖게 됩니다.
그들은... 혹, 다시 용으로 부터 살아남으면... '새 하늘과 새 땅'에 참여하게 될지도 모르겠습니다. 아멘.

***

'성령세례'와 '성령임함'의 차이는 엄청난 차이가 있습니다.

예수께서 베드로에게 "너는 나를 누구라 하느냐?" 물으셨을 때… "주는 그리스도시오 살아계신 하나님의 아들이시니 이다"라고 대답하였고… "이를 네게 알게 한 이는 혈육이 아니요 하늘에 계신 내 아버지시니라." 예수께서 말씀하셨습니다.

이러한 대화를 통하여 우리는,
베드로에게 성령의 잠깐 임하심이 있었기에 예수님을 올바르게 증거할 수 있었다는 것을 알 수 있습니다. 이처럼 성령의 임하심은, 어떤 이에게 성령의 지식과 지혜를 알게 하시고 말하게 하시고 행동하게 하시는 등등의 잠시잠깐의 도우심으로 역사를 이루어 가시는 것이며…
성령의 세례라 함은,
부활의 과정으로 하나님의 아들이 되게 하는 역사를 말합니다.

예수님 곁에 있던 많은 사도들은 성령세례의 역사가 있기 전에 태어났기에… 죽었다가 새롭게 거듭난 '새 생명'과는 관계가 없습니다.
하여 그들에게는 '순교'라는 기회가 주어져서 죄의 형상을 죽게 하셨으며…
순교된 자들에게는 또 다른 역사가 준비되어 있습니다. (계시록)

한 편,
부활하신 그리스도로부터 직접 택하심을 입은 사도 바울은,
처음에는 '사울'이란 이름으로 예수의 사도들과 같은 증거자로써 백성의 복음을 전파하기 시작하였으나… 보혜사께서 임하신바 되어 '성령세례'를 깨닫게 된 후…

예수라는 이름이 부활하시며 그리스도가 되신 것처럼... 사울의 이름도 '바울'이라 바뀌었습니다.
예수 증거자에 그치는 예수의 사도들과도 헤어져 다른 길을 가게 되며...
유대인들을 떠나 이방인의 사도로써 '새 생명의 복음'을 전파하게 되었습니다.
이 복음은 임마누엘의... 그리스도의... 성령의... 하나님의... '은혜의 복음' **입니다.**

이는... "임마누엘"이란 이름으로 알려주신 것처럼...
하나님의 생명이 마리아에게 오시기 전부터 마리아 안에 있던 사람유전자는...
처음부터 하나님생명과 함께 하며 예수의 몸이 되어 세상에 태어났고...
십자가에서 예수와 함께 불세례를 받아 죽었다가 그리스도와 함께 성령세례로 부활된 사실을 알리는... 성령의 말씀입니다. 아멘.

이처럼...
사람이 예수와 합하여 불세례를 그리스도와 합하여 성령세례를 받아 하나님의 생명과 몸으로 다시 살았으니... **사람이 하나님의 아들이 된 것**이 아니겠습니까... ? 아멘.

이 사실을 깨달아 참으로 믿게 되었으니... 믿음으로 이루어진 참 그리스도인입니다.
"너희가 아담 한사람으로 모두 죄인된 것 같이... 예수그리스도로 하여 모두 다시 살리라."

이상 '세례의 의미'를 다시 한 번 분별해 보았습니다. 끝.

(9). 길 잃은 양

"너희 중에 어느 사람이 양 일 백 마리가 있는데 그 중에 하나를 잃으면 아흔아홉 마리를 들에 두고 그 잃은 것을 찾도록 찾아다니지 아니하느냐, 또 찾은즉 즐거워 어깨에 메고 집에 와서 그 벗과 이웃을 불러 모으고 말하되 나와 함께 즐기자 나의 잃은 양을 찾았노라 하리라
내가 너희에게 이르노니 이와 같이 죄인 하나가 회개하면 하늘에서는 회개할 것 없는 의인 아흔아홉을 인하여 기뻐하는 것보다 더 하리라." (누15) 예수께서 하신 말씀입니다.

앞서 설명 드렸듯이 사람은 짐승의 가죽을 쓴 짐승입니다. 그 중 목자를 따라 하나님을 찾는 자들을 양으로 표현하였고... 그들은 의인의 길을 가고자 노력하는 것으로... 스스로 의인이라 자부합니다.
그러나 예수께서는,
"나는 의인을 부르러 온 것이 아니요 죄인을 부르러 왔노라."(마가2:17) 하셨습니다.
예수님도 짐승의 가죽을 쓴 사람의 몸이지만, 하나님의 생명이 있으시기에 우리와는 다른 존재로써... 우리의 참된 목자가 되시는 분입니다.

세상에서는 아직도 예수님을 인간의 속죄물로 오신 양이라 표현하지만... 그것은 유대인 세례요한이 표현한 말입니다. 예수님은 자신을 양이라 비유하신 적이 결코 한 번도 없다는 것을 인지하셔야 합니다.
우리 이방인에게 예수님은 속제물이 아닌... 하나님생명을 친히 인간들에게 전달키 위해 오신 '한 알의 밀알' 이십니다. 즉, 임마누엘로써 마리아의 태 안에서부터 우리와 함께하시며 모두를 살려내신 분입니다.
(목록 '상고합니다' (4)마리아에게 잉태된 아들의 '두 이름' 참조)

위의 말씀을 상고 해보면,
세상의 목자가 양을 잃어버리면 찾아나서는 것처럼... 나(예수) 또한 나의 잃어버린 양을 찾아 나서지 않겠느냐...!
또한, 하늘에서는 의인(백성) 아흔아홉 보다는 '새 생명(아들)' 하나가 더 기쁘다 라는 말씀입니다.

들에 있는 아흔아홉 마리의 양들은 세상에서 목자의 인도를 따라 모범된 신앙생활로 옳은 길을 가고 있다 생각하는 자들입니다.
그래서 회개할 것 없는 스스로 의로운 자들입니다.

그들을 지켜보시던 참된 목자 예수께서는...
그 중 어느 양 한 마리가 무리지어 가던 길에서 무언가 석연치 않음을 알고 무리를 떠나서 참 진리의 길을 찾으니... 이 길 잃은 양에게 참되신 진리의 목자가 스스로 찾아 가십니다.

들에 두신 아흔아홉 마리의 양들은 유전과 관습에 매여...
의문에 순종하고 안주하며 진리의 길을 외면하고 있으니... 그대로 내버려 두십니다.
그러나,
의문에 순종을 거부하고 참 진리의 험한 길을 찾는 한 마리 양에게는...
손수 찾아 어께에 메고(십자가에서 함께 세례를 받으시고) 집으로 데리고 오십니다.
"찾으면 찾을 것이요 두드리면 열릴 것이다." 하신 것처럼...
찾는 사람 두드리는 사람에게 성령께서 찾아가시는 것입니다.

세상에서 말하기는,
백 마리의 양들 중 한 마리라도 길을 이탈하면... 예수님은 그 한 마리라도 포기하지 않고 함께 하신다는 뜻이라 합니다. 그렇다면 생각해 보세요... !

함께 가다 길을 잃은 한 마리를 찾으셨으면... 아흔아홉 마리가 있는 들로 다시 데리고 오셔서... 모두를 함께 이끄셔야 하는 것 아닌가요? 나머지 양들을 들에 그냥 두면 늑대에게 잡혀 먹힐지도 모르는데... ? 왜 오직 그 한 마리만 어깨에 메고 집으로 오십니까... 집에 오셔서는 잔치까지 베푸시며 즐거워하시고... ???

<u>**분명, "아흔아홉 의인보다는 그 하나가 더 기쁘다"라고 하셨습니다.**</u>
이는,
의로운 생활로 하나님을 섬기는 의인들보다...
예수와 함께 십자가에서 죽고 거듭나서 하나님의 새 생명을 찾은...
즉, 참된 진리를 찾아 아들이 된 그 하나가... 더욱 기쁘다는 말씀입니다.
하여... 들에 남겨진 양들은 봉사를 따라가고 있다는 결론이 나옵니다.

예수님 입장에서 보면,
무리의 양들이 들에 남겨졌으니 늑대에게 잡혀 먹힐지도 모르지만...
스스로의 선택으로 아흔아홉 무리의 양들과 함께 회개할 것 없이 의로운(?) 길을 따라가는 자들보다... 그들과는 다르게 길이 아님을 깨닫고 참된 길을 찾아 나서는... 길 잃은 한 마리 양이 더 귀합니다.
길을 잃었다는 것은 새로운 것을 찾으려는 의지의 표현이므로... 참 진리를 찾을 수 있게 하십니다.

쉽게 얘기하면... 하나님께는 많은 무리의 종들보다 한 아들이 더 귀하다는 말씀이 되겠습니다. 끝.

(10). 종교성 (행17:16~34)

사도 바울이 아레오바고 가운데 서서 말하되...
"아덴 사람들아, 너희를 보니 범사에 종교성이 많도다 내가 두루 다니며 너희의 위하는 것들을 보다가 알지 못하는 신에게 라고 새긴 단도 보았으니 그런즉 너희가 알지 못하고 위하는 그것을 내가 너희에게 알게 하리라" (행17:22~23)

여러 신들을 섬기고 있는 그 당시 아덴 사람들에게... 측은지심과 분노의 마음으로 바울이 내 뱉은 한탄입니다.
알지 못하는 신에게 알지 못하고 위하는... 막연하게 유전과 관습에 박힌 생각으로 열심을 내는 마음을 '종교심'이라 말합니다.

예를 들면, 하나님의 실체와 현실적으로 주신 사랑이 무엇인지 확실히 알지 못하는 상황에서... 그저 하나님은 신이시고 사랑으로 우리를 구원하셨다 하니 무조건 하나님을 섬기며 예수님을 본받아 의롭게 사는 것이 최선이라고...
전해오는 유전과 관습대로 생각하며 그렇게 삽니다.
그렇게 열심히 살다 보면, 나도 언젠가는 구원받을 수 있지 않을까 하는... '의문에 순종하는 마음' 입니다.
종교심의 특징은 다음과 같습니다.

1) 유전과 관습에 의해 의문에 순종하고,
하나님은 우리를 위해 다 해 놓으셨으니 믿기만 하면 된다 하시는데... 무엇을 해놓으셨고... 어떻게 믿어야 하는지... 저절로 믿어지는 것인지 노력으로 하는 것인지... 하는 믿음의 실체에 대한 의구심은 제쳐두고,.. 오직, 하나님은 천지의 주재시며 우리를 구원하신 분이니 감사한 마음으로 믿어야하며 예수님을 본받아 그 분처럼 의로운 생활을 하는 것이 구원의 길이다... 라고 생각하며 열심을 다하여 섬기는 마음이 종교심입니다.
마치 미신과 흡사하지 않습니까... 무슨 신인지 모르지만 그저 정성을 다 하면 들어주시겠지,,, 하는.
하여 바울은, 그러한 마음을 칭찬한 것이 아니라 "너희는 종교심이 많도다" 하며...
정작 우리가 알아야 할 신은 이러이러한 분이다 라고... 의문에 순종하는 그들을 일깨우고 한탄한 것입니다.
그러나 오늘날조차도 세상에서는 그 같은 종교심을 높이 부추기고 있습니다.

2) 용서와 온갖 복을 바라고,

종교심이 많은 사람은 항상 기도를 합니다. "우리의 이런저런 죄를 용서해 주시고, 이런저런 복들을 주시고... 이렇게 해주시고,,, 저렇게 해주시고,.. "

하나님은 사람들의 이런저런 죄에 대하여 이미 2000여 년 전에 자유를 주셨고 복 중의 복인 '새 생명'까지 주신 분입니다. 단지 이 사실을 깨닫기만 하라고 하셨습니다.
그러나 사실을 외면하니... 깨닫지도 못하고 여전히 세상 복을 바라는 그들에게...
세상의 주인 사탄은 하나님으로 가장하고 앉아서 그 기도를 받고 있습니다. 그리고 들어주기도 합니다. 그러나 더 큰 것을 가져가겠죠.

참 그리스도인의 기도라면,
"내 죄의 몸을 멸하시고 새 생명을 주셨으니 감사합니다. 내게 하나님의 복음을 부끄럽게 여기지 않고 나로 입을 벌려 복음의 비밀을 담대히 알리게 하옵소서.(에6:19참조)"
"저에게 보혜사의 능력으로 십자가의 도를 깨닫게 하셔서 새 생명을 찾게 하셨으니, 이는 하나님의 영광이십니다. 저의 모든 것은 뜻하신바 대로 이루어 지겠나이다."라는 감사의 기도가 나오게 될 것입니다.

3) 의인으로서의 행위를 요구하며,

하나님의 복음을 정확하게 전달하여... 은혜로 주신 새 생명을 하루빨리 찾으라 하기보다는 선악을 따지며 의로운 사람이 되고자 노력하라 합니다.

하나님의 백성에게 주신 율법에 의거하여... 죄 짓지 말고 의롭게 행동하여 예수님과 같이 닮아가라고 합니다.

이러한 것은,
그리스도예수의 죽고 살아남의 구원역사가 있기 전에 백성인 유대인에게 주어졌던 영혼구원의 방법이었습니다. 율법을 통해 자신의 죄 성을 깨닫기 바라셨던 것입니다.

예수님이 오셔서 하신일이 바로 그 율법을 완성하여(죽음) 그리스도가 되시고(부활)...
우리에게는 의로운 행동이 아닌, 그 분을 통해 하나님께서 하신 일에 대한 깨달음으로 새 생명을 찾는... 새로운 법을 주신 것입니다.(신약)

그러나 세상에서는...
예수님의 뒤를 이어 의로운 길을 가고자 노력하라 하며...
십자가에 예수와 **'함께'** 못 박혀야 한다는 사실을... 예수 **'처럼'**이라고 살짝 바꿔 말하며 모든 것을 상징적으로 생각합니다. 즉, 시늉만 하는 것이죠.

"율법과 선지자는 요한의 때까지요 그 후부터는 하나님 나라의 복음이 전파되어 사람마다 그리로 침입 하느니라"(누가16:16)
"율법은 모세로 말미암아 주신 것이요 은혜와 진리는 예수 그리스도로 말미암아 온 것이라"(요1:17)

"그러므로 사람이 의롭다 하심을 얻는 것은 율법의 행위에 있지 않고 믿음으로 되는 줄 우리가 인정하노라."(로3:28)
"... 만일 의롭게 되는 것이 율법으로 말미암으면 그리스도께서 헛되이 죽으셨느니라."(갈2:21)
"율법 안에서 의롭다 함을 얻으려하는 너희는 그리스도에게서 끊어지고 은혜에서 떨어진 자로다."(갈:5:4)

"그리스도 예수의 사람들은 육체와 함께 그 정과 욕심을 십자가에 못 박았느니라.(과거형) 만일 우리가 성령으로 살면 또한 성령으로 행할지니..."(갈:5:24-25)
라고 하신 말씀과 같이,

예수와 함께 합하여 죽고 그리스도와 함께 합하여 새 생명을 찾을 때에 비로소 의인이 될 수 있는 기초를 갖게 되어... 성령으로 살게 되고 성령으로 행하게 되어 참 의인이 되는 것입니다.
못 박힌 것은 과거에 이미 이루어진 일이며...
이제 스스로 박으려하는 것은 모두가 흉내 내는 것에 불과합니다.

세상이 말하길...
예수께서는 우리의 죄를 사하기 위해 대신 죽으셨다고 합니다. 그러나 생각해 보십시오.
몸의 죄를 사해봤자 몸이 살아있는 한 또 다시 죄를 짓게 되지요. 그러나 그 몸이 없어지면 죄가 은거할 곳이 없어집니다. 그래서 예수께서 사람을 몸으로 입으셨고 그 몸이 죽으신 것입니다.
이렇게 사람이 죽고 다시 그리스도의 새 생명으로 살아난 것입니다.
사람은 예수의 몸으로 함께 죽고 그리스도와 함께 살지 않았으면...
절대로 의로운 사람이라 할 수가 없습니다.

해서, '새 생명' 없이 아무리 신앙생활, 헌금, 십일조, 각종기도, 금식, 봉사 등을 열심히 한다 해도 모래위에 쌓는 바벨탑이며...
그로인한 자신의 '의'만 더욱 더 높아질 뿐입니다.

"세상에 의는 없나니 하나도 없다." 하나님께서 하신 말씀입니다.
오로지 하나님의 생명만이 참다운 '의'를 낳을 수 있습니다.

4) '은혜의 복음'을 어리석게 치부합니다.
예수님이 그리스도로 완성되신 역사 안에 숨겨진 비밀... '하나님의 복음'을 듣기 싫어합니다.
세상이 어리석게 치부하는 복음인 즉, 이렇습니다.

*****인간의 죄는...
하나님의 형상이 사라져 뱀의 형상이 된 몸에서 비롯되므로... 그 몸으로는 죄에서 해방될 수가 없습니다. 그러한 인간의 몸을 죽여 없애고 다시 하나님의 몸을 주시고자... 하나님께서 그의 생명에 인간의 몸을 입혀서 사탄에게 내 주어 죄의 몸을 돌려주었고...
하나님생명과 성령의 능력이... 신령한 그리스도 몸으로 다시 살려내신 것입니다.
그 때에 사람은,
유전자 상태로 예수님 안에서 합하여 함께 죽고 그리스도와 함께 부활된 사실...
이 일 이후에 태어난 나는 그 **새롭게 부활된 사람**으로 태어났다는 사실...
이 사실이 믿어지게 되면... **'하나님의 아들'**이라 인을 받는다는 말씀입니다. 아멘.*****

***

"형제들아 내가 너희에게 알게 하노니 내가 전한 복음이 사람의 뜻을 따라 된 것이 아니라, 이는 내가 사람에게서 받은 것도 아니요 배운 것도 아니요 오직 예수 그리스도의 계시로 말미암은 것이라..." (갈1:11-12)

"십자가의 도가 멸망하는 자들에게는 미련한 것이요 구원을 얻는 우리에게는 하나님의 능력이라 기록된바 내가 지혜있는 자들의 지혜를 멸하고 총명한 자들의 총명을 폐하리라 하였으니... (고전1:18~19)

"아무도 자기를 속이지 말라 너희 중에 누구든지 이 세상에서 지혜 있는 줄로 생각하거든 미련한 자가 되어라 그리하여야 지혜로운 자가 되리라. 이 세상 지혜는 하나님께 미련한 것이니 기록된바 지혜 있는 자들로 하여금 자기 궤휼에 빠지게 하시는 이라 하였고, 또 주께서 지혜 있는 자들의 생각을 헛것으로 아신다 하셨느니라." (고전4:18-20)

"하나님의 복음이 세상의 지혜로는 미련하게 보이겠으나...
세상의 지식은 초등학문이요 지혜(철학)는 속임수라고 하신 말씀을 잊지 마십시오. 끝.

(11). 옛 '아브라함의 믿음'과 현 '은혜시대의 믿음'

하나님이 아브라함을 종으로 택하여 그로 많은 백성을 이루게 하여 이끌어 가시면서... 절대적인 순종을 요구하셨습니다.
그 때마다 아브라함은 순종하려는 선한마음은 있었으나... 하나님을 절대적으로 믿지 못한 관계로 많은 시행착오가 있었습니다. 아브라함도 사람이기에 죄에서 벗어날 수가 없었기 때문입니다.

그런 아브라함을 끈기 있게 참으시며 인도하신 분이 하나님 이십니다. 아브라함의 믿음이 확실해서가 아니라... 하나님은 당신의 계획을 이행하시기 위하여 단지 아브라함을 선택하셨던 것입니다.

"너는 너의 본토 친척 아비 집을 떠나 내가 네게 지시할 땅으로 가라 내가 너로 큰 민족을 이루고 네게 복을 주어 네 이름을 창대케 하리니 너는 복의 근원이 될 지라."(창12:1~3)
하나님께서는, 셋의 후손이며 노아의 아들 셈의 후손인 아브라함을 택하여... 지시할 땅으로 들어갈 것을 명하시고 축복하셨습니다.
그러나 아브라함은 축복해주시는 하나님께 대하여 순종하는 마음은 있었으나 하나님을 절대적으로 믿지는 못했습니다.

애굽에 내려갔을 때 하나님의 안보하심을 믿지 못하여 불안해하며 자신의 안위를 지키고자 아내인 사라를 팔았던 사실이나... (창12:10~13)
"아브라함 너로 인해 큰 민족을 이루게 하겠다"라고 하셨음에도 이를 믿지 못하여... 집에서 길리운 자로 후사를 이으려 했고... (창15:3)
하물며... 아들을 주시겠다는 하나님께 속으로 비웃었던 것을 보면... 알 수 있습니다.(창17:17~18)

그러나 세상에서는,
그를 '믿음의 조상'이라 하여 그의 믿음이 대단한 것처럼 선전하며 아브라함의 믿음을 본받으라 하고 있습니다
과연 오늘날의 사람들이 '아브라함의 믿음'을 본으로 하여 갖는 믿음의 실체는 무엇인가… 생각해봅니다.

***

하나님은, 인류구원의 계획 하에 아브라함을 택하여 세우시고… 직접관여로 인도하시며 역사하셨습니다.
그러한 하나님께 아브라함은… 죄인의 몸이기에 시행착오는 많았으나 어린 양처럼 순종하는 마음 즉, '선한양심'이 있었습니다. 하나님께선 그것을 높이 인정하셨습니다.

아브라함은 믿음에 있어서 시행착오가 있었을망정 어떻게 그나마 하나님께 순종하는 마음을 가질 수 있었을까… ?
그것은 하나님이 직접 아브라함에게 관여하심으로… 그 분의 능력을 눈으로 귀로 확인할 수 있었기에 가능했으며 순종하는 마음도 유지됐을 것입니다.

하나님께서는 아브라함의 믿음이나 순종이 남달라서 택한 것이 아니라…
당신의 역사를 이행하시는 과정에서 아브라함을 선택하여 백성의 우두머리로 세우시고 많은 무리로 창대케 되는 복을 주시면서… 장차 이루고자 하시는 일에 본보기로써 아브라함을 쓰신 것입니다.
훗날 신약에 와서 예수께서는,
아브라함을 기초로 이룬 그 백성들의 무리 중에서… 회개하는 자들의

영혼을 구원하여 '천년왕국'의 백성으로 데려가실 역사를 행하셨던 것입니다.

그러나 현 시대는,

(a) 하나님이 백성을 앞세워 역사하시는 시대가 아니며...

(b) 예수가 자기 백성을 골라내는 시대도 아닙니다.

(c) '임마누엘'이라는 이름으로 이룩하신 '그리스도예수의 복음역사'를 통해... 성령으로 하나님의 아들을 이루어 가는 시대입니다.

현 시대는 성령의 시대로써,
하나님이 아닌 보혜사성령의 직접적인 관여하심으로 하나님의 역사를 이어가시는 시대입니다. 세상에 계신 보혜사성령을 통하여 '복음'을 알게 하시고... 그 복음 안에서 '새 생명과 새 몸'을 찾게 하시며... 뜻하신 바에 따라 순종하게 하십니다.
그러므로 오늘날 하나님의 지시하심은,
'복음을 통한 거듭남'으로... 복음 안에서 하나님을 만나 거듭났음을 알게 되어... 비로소 순종할 수 있게 되는 것입니다.

하나님이 주신 '은혜의 복음'을 알지 못하고 알려하지도 않으면서 순종하겠다고...?
무엇을... 어떻게 순종할 것인가 ? '예수와 함께'가 아닌 '예수처럼'이란 흉내 만 내다 말 것인가... ?

예수께서, 십자가에서 마지막 숨이 멎으며 하신 말씀이 있습니다. "다 이루었다."
이는 하나님의 뜻대로 자신의 의무를 모두 끝냈다는 말씀입니다.

하나님의 뜻은... 선악과로 짐승의 몸이 된 사람을 죽이시고... 다시 하나님형상으로 살려내어... 사람을 하나님형상과 모양으로 완성하시는 것입니다.

그러기 위하여 예수는 세상에 오셨고 죽어야만 했던 것이며... 드디어 해 내셨던 것입니다.
그 후에는 성령의 역할이 있었고... 사람인 예수의 몸을 그리스도의 몸으로 살려내신 것입니다. 이렇게 사람이 죽었고 새로운 존재로 다시 살아나게 된 것을...
현 시대에 와서는 단지 '믿기만 하라' 하셨습니다.
이 사실이 참으로 믿어지게 되면... 이것이 하나님께서 원하시는 '진실한 믿음'인 것입니다. 이것은 노력이나 희생으로 얻을 수 있는 것이 아니며... <u>**오직 깨달음이 있어야 하는 것입니다.**</u>

그러나, 오늘날 믿는다는 사람들의 믿음은... '의문에 대한 순종'입니다.
하나님을 만나보지도 알지도 못하면서... 복음에 대한 깨달음이 아닌 노력과 헌신으로 얻으려 하고 있습니다.

****

'믿음'이라는 것은, 하나님이 주시는 것이지 우리가 드리는 것이 아님을 상고합니다.
하나님 복음의 핵심을 제대로 깨닫고 제대로 알고... 따라서 갖게 되는 확신으로 받은 믿음인가... 헤아려 보십시오.'

자신이 갖고 있는 믿음이라는 것이...
(a) '아브라함의 믿음'을 숭배하여 그처럼 되고자 대중들에 휩쓸린 유

전과 관습에 의한 노력으로 '드리는 믿음'인지... 이는 단지 '의문에 대한 순종'일 뿐입니다.
(b) '은혜의 복음'을 통하여 하나님을 직접 만나 갖게 된 참 확신으로... 하나님이 '주신 믿음'인지... 살펴보시기 바랍니다.

하나님은 성경을 통하여...
'예수의 죽음과 부활' 을 통한, 인간상식으로는 믿을 수도 할 수도 없는 방법으로 인류를 구원하시고... 오직 그 유일한 길에 대하여 순종하는 마음 즉, 선한양심을 요구하십니다.

선한양심으로 접한 '은혜의복음'을 통해 하나님을 직접 대면하게 되고... 확신과... 때문에 오는 믿음으로 (1)거듭났음을 알게 되어 (2)저절로 되는 의로운 행함...
이것이 진정한 믿음으로 (1)하나님의 형상을 찾아 (2)모양이 만들어지는 과정입니다. 아멘.

아브라함은 하나님을 직접 대면하는 것으로 확신을 갖게 되어 불완전하지만 믿음과 행함을 이룰 수 있었습니다. 그러나 하나님 생명을 얻지는 못했기에 백성으로 만족해야 합니다.
왜냐하면 그 시대에는... 그리스도의 부활이라는 하나님의 역사가 완성되기 전이었으므로, 거듭나지 못한 '옛 생명'으로 태어났기 때문입니다.

현 새대의 우리는, 그리스도예수를 통하여... 하나님을 직접 대면하는 정도가 아니라 그의 생명을 전해 받으면서... 그 분에 대한 확신과 온전한 믿음, 그리고 온전한 행함이 이루어지게 되어, 그 분의 아들이 되는 것입니다.

종 '아브라함'의 믿음을 흉내 내는 것으로는... 단지 그런척하는 '종의 믿음'입니다.
하여... "믿~씁니다." 강조하며 열심을 내는... 즉, 의문에 순종하는 종교심만으로 가득 찬 종교인들이 생성되는 것입니다.
성경을 구석구석 연구하여 지식을 넓힌다고 해도... 하나님을 직접 대면한 사실(새 생명을 찾은 사실)이 없으면... 인간의 초등학문에 불과하며...
평생 연구하고 배우나 마침내 진리에 이르지 못한다고 말씀하셨습니다.

오늘의 은혜시대에서는 복음을 통하여 하나님을 직접 대면하게 되고... 주신 하나님의 생명을 찾게 되어서... 그 생명의 힘으로 의인의 모양이 되어가는 것이며... 그 분의 온전한 아들로 완성되는 것입니다.

인간의 생명과 몸으로는,
의인이 되고자 끝없이 노력한다 해도 결국 타락과 위선 뿐이라는 것을... 인간들 역사가 증명해 줍니다. 끝.

(12). 영혼구원, 몸의 구원 그리고 온전한 구원.

하나님은 종 아브라함을 택하여 그의 후손들을 백성으로 삼으시고... 모세를 통하여 율법으로 백성들을 다스리게 하셨습니다.
율법에 의거하여 어긋났을 때에는 그 죄의 대가로 흠 없는 짐승을 죽여 인간을 대신하게 하셨기에... 그들은 서기관과 같은 율법사들과 제사장들을 기준으로 율법을 지키는 노력과 제사지내는 일을 번복하며 하나님의 명령을 지키려 노력하며 살았습니다.
구약에서는... 이처럼 율법에 순종하는 생활이 요구되었습니다.
즉... 율법이 주어졌던 시대에 해당되는 '천년왕국 백성으로의 구원'입니다.

우리 이방인들에게는 '법 없는 자들' 이라 말씀하셨듯이 하나님의 법이 없이... 태초에 아담이 먹었던 선악과로 인해 늘 사망이 왕 노릇하고 있었습니다. 즉, 공중권세 잡은자의 권한 안에서 죄악에 휘둘리며 살았던 것입니다.

하나님께서는,
법을 이용하여 사람을 정화시키고자 본보기로(?) 아브라함을 택하여 그들에게 율법을 주어 지키게 하셨으나... 뜻하신 대로 되지 않았을 뿐 아니라 오히려 죄의 깊이는 더욱 더 깊어만 갔던 것입니다.
인간의 죄는 선악과의 피로 유전되는 몸에서 비롯되므로... 그 몸이 있는 한 죄가 없어질 수 없기 때문입니다. 예나 지금이나 사탄의 세상에 널려있는 보암직 먹음직 탐스러운 것들은 모두가 선악과들이며 **그것을 탐하게 된 때에는 항상 죄가 앞장섭니다.**

하여 하나님께서는,
모든 **사람이라는 종자를 대상으로** 하여... 율법이 아닌 은혜로 구원되는 새로운 법을 제시하십니다. 즉,
뱀의 허물을 쓰고 죄에게 종노릇하는 몸을 죽이고...
하나님의 '새 생명과 새 몸'으로 거듭나게 하시는 획기적인 방법으로...
애초에 주셨던 하나님 형상을 다시 찾아주신 것입니다.
이것이 하나님 나라에 갈 수 있는... 그의 아들이 되는... **'하나님 나라의 복음이며 은혜의 복음'입니다.**

창세기 3장에서...
아담과 하와는 선악과에 의해 하나님의 형상이 뱀의 형상으로 되었고...
그 이후 여자가 낳은 사람은 모두가 하와와 같은 뱀의 형상으로 태어나는 것입니다.
그들은 하나님 형상만 빼앗긴 것이 아니라... 아담에게 주셨던 모든 창조물들 또한 뱀에게 넘겨 졌던 것입니다. 하여 하나님은...
이처럼 사탄의 권세에 넘겨진 인간들을 그 권세에서 빼 내기위한 역사를 위하여...
끝내는 **'하나님의 생명에 인간의 몸을 입힌 예수'**라는 아들을 세상에 보내어 그 몸을 사탄에게 내어준 바 되었습니다.

십자가에서 예수의 영혼은 잠시 낙원으로 피하시고(마태27:50)...
몸은 죽어 그 물과 피를 사탄에게 돌려주고... 그리스도(하나님)의 몸으로 다시 살아나신 것입니다.
세상에 오셔서 33년간 성장하시며 인류의 유전자를 몸에 품으시고...
십자가에서 몸이 죽고 사흘 만에 그리스도의 몸으로 부활하신 것입니다. 하여, 그 인류의 유전자 역시 그리스도의 유전자로 부활되었습니다.

약 2000여 년 전 그 때에... 인류의 유전자는 예수님과 합하여 함께 죽고 거듭나게 되어... 새 생명과 새 몸의 유전자가 되었습니다.

"아담 한 사람으로 하여 모든 사람이 죄인된 것 같이, 예수 한사람으로 하여 모든 사람이 살게 되리라"하는 말씀이 있습니다.
아담 한 사람으로 하여 왜 모든 사람이 죄인이 되는 것인가... 그것은 아담의 유전자에 의해서가 아니겠는가... ?
예수 한 사람으로 하여 어떻게 모든 사람이 살게 되었는가...? 그것 또한 십자가 사건이후 예수의 몸이었던 아담의 유전자가 그리스도 유전자로 거듭났기 때문이 아닌가... !!!

"... 아담으로부터 모세에 이르기까지 아담의 범죄와 같은 죄를 짓지 않은 자들에게도 사망이 다스렸으니, 아담은 오실분의 모형이었다." (로5:14)
아담이 선악과를 따 먹었으므로 그 후손들은 직접 따 먹은 것도 아니면서 같은 사망 안에 속하게 되었으니... 이것은 훗날 두 번째 아담 예수께서 성령의 세례를 받으신 것이 결국 우리가 세례 안에 속하게 되었다는 뜻입니다.

"... 내게는 요한의 증거보다 더 큰 증거가 있으니 아버지께서 내게 주사 이루게 하시는 역사 곧 나의 하는 그 역사가 아버지께서 나를 보내신 것을 나를 위하여 증거하는 것이요... " (요5:36)
예수님은 결국 죽기 위하여 세상에 보내진 것이며... 예수님의 의지와는 관계없이 그 일을 감당하게 하셨고 또한 다시 살려내셨으며... 그것은 하나님뜻으로 된 '하나님의 복음'입니다.
사람은... 이와 같은 하나님의 구원역사를 단지... 듣고 깨달아 믿어지게만 되면... 그 믿음으로 하여 거듭나게 되는 것입니다. 실로 사람을 구원하기 위한 은혜로운 하나님의 뜻이며 영광스러운 예수그리스도의 일이 아닐 수 없습니다. 아멘.

"율법과 선지자는 요한의 때까지요 그 후부터는 '하나님 나라의 복음'이 전파되어 사람마다 그리로 침입 하느니라"(누가16:16)
"율법은 모세로 말미암아 주신 것이요 은혜와 진리는 예수 그리스도로 말미암아 온 것이라"(요1:17)
"그러므로 사람이 의롭다 하심을 얻는 것은 율법의 행위에 있지 않고 믿음으로 되는 줄 우리가 인정하노라."(로3:28) (복음깨달음=새생명=믿음)

이미 태어나 살고 있는 세상의 어느 누구라도...
십자가의 도를 깨달아... 자신도 새 생명으로 태어났다는 것이 참으로 믿어졌으면...
인간의 몸을 입고 있을망정 내 안의 하나님생명이 깨어났으니...
점차적으로 옛 생명은 죽어가고 새 생명이 자라가는 그리스도인(하나님생명+인간몸)이 된 것입니다.
인간몸 안에 숨겨진 채 자라가는 새 몸은... 그리스도가 영광중에 나타나실 때에 함께 나타내게 될 것입니다.
"너희가 죽었고 너희 (새)생명이 그리스도와 함께 하나님 안(생명)에 감취었음이니라.
우리 생명이신 그리스도께서 나타나실 그 때에 너희도 그와 함께 영광중에 나타나리라. (골3:3-4)

우리는 옛 몸으로 세상에 사는 유효기간 동안...
세상에 와 계신 '보혜사성령'의 안보하심으로 '의인'의 길로 인도되어...
옛 관습과 유전을 버리고 새로운 하나님의 지혜와 지식을 사모함으로써...
영.혼.육의 완전한 구원이 되는 것입니다.

하나님은 천지의 주재시니 손으로 지은 전에 계시지 아니하시고...
무엇이 부족한 것처럼 사람의 섬김을 빋으시는 것이 아니며...
오히려 만민에게 생명과 호흡과 만물을 친히 주시며 섬김을 주시는 분입니다.
(행17:24~25)

이렇듯 하나님께서 섬김을 주시는 이유는...
선악과로 하나님형상을 잃어버린 사람에게... 새 생명과 새 형상으로
하나님의 모양을 이루어... 비로소 온전한 하나님의 형상과 모양으로...
애초의 하나님계획을 완성하시기 위함입니다. 끝.

(13). 믿음... ?

하나님께서, "먹지 말라 정녕 죽으리라" 하고 위험성을 알려 주셨음에도 불구하고...
사람남녀는 뱀의 꼬임에 넘어가 선악과를 먹고 하나님이 주신 하나님형상(몸)을 잃어버리고 짐승형상을 입게 되었으며... 후손인 사람들은 그 유전자로 짐승의 형상을 물려받아 짐승 짓을 할 수밖에 없게 되었습니다.
하나님께서는, 이 같은 짐승의 형상으로는 죄에서 벗어날 수 없다는 것을 아셨으므로
그 짐승형상을 없애고... 애초에 주셨던 하나님형상으로 되찾아 주신 것입니다.
이렇듯 하나님께서는 구.신약을 거치면서 그리스도예수를 통하여 인류를 구원해 놓으셨습니다.

하나님께선, 오랜 세월 천지만물을 운행하시며 인간들의 구원 역사를 해 오셨습니다.
끝내는, 자신의 생명을 세상에 보내 알곡을 거두셨으니... '그리스도예수' 입니다.

하나님께서는, 이 역사의 진리에 대하여 땅 끝까지 증거하시며 인간들을 부르고 계시지만 한편으로는 인간에게 자유의지를 주셨으므로...
그 분께서 완성하신 진리에 대하여 알지도 깨닫지도 원하지도 않는 불신자는 하나님도 원치 않으십니다. 하여,
거듭남으로 사탄의 세상에서 빼냄을 받지 못하는 불신자들은... 사탄의 권한 속에 있으므로 그의 권속이 되고 마는 것입니다.

2000여 년 전 하나님께선,
그리스도의 부활과 함께 사람의 유전자를 '새 생명 새 몸'으로 거듭 살려 놓으셨으나...
그 역사의 진리를 접수치 못하는 불신자들은 거듭남의 비밀을 알지 못하므로...
결국 거듭나지 못하여 하나님 나라에 들어갈 수 없게 됩니다.

"진실로진실로 네게 이르노니 사람이 거듭나지 아니하면 하나님 나라를 볼 수 없느니라," (요3:3) 그렇다면, 거듭남 이란 무엇인가... ?

"육의 몸으로 심고 신령한 몸으로 다시 사나니 육의 몸이 있은즉 또 신령한 몸이 있느니라" (고전15:44)
예수께서도 육의 몸을 심고 신령한 그리스도 몸으로 부활하셨기에 승천하실 수 있었습니다. 사람은 옛 몸이 죽고 새 몸으로 다시 살아나야 한다는 것입니다.
쉽게 설명 드리자면,
남자의 생명과 여자 태의 능력으로 몸이 만들어진 사람이라는 존재가... 하나님 생명과 성령의 태로 하여 신령한 몸이 만들어진 그리스도라는 존재로 다시 살아나야 한다는 것입니다. 그러나 세상에서는 거듭남이란 뜻을 다르게 해석합니다.

한 예를 들자면,
얼마 전까지 악한 영혼으로 강도질이나 도둑질을 일삼던 사람이 마음을 다잡아 그 같은 악한 일을 멀리하게 되면... '거듭났다'라고 말합니다.
뿌리야 어떻든 겉으로 달라진 것을 거듭났다고 합니다.
그러나 그것은 거듭났다기 보다는 거듭난 듯 보인다고 해야겠죠. 겉이 변화되었다하여 선악과로 이어받은 유전자 뿌리가 어디 가겠습니까... ?

결국 그 죄 성은 그대로 품고 있는 것이죠.

하나님께서 뜻하시는 '거듭나라'는 것은 '거듭 태어나라'는 뜻으로... 죽었다가 새 생명으로 다시 살아나라는 것입니다. 그래서 속이고 겉이고 모두 죽어서 없어지고... 완전 다른 존재로 살아난다는 뜻입니다. 사람이었던 예수의 몸이 그리스도 하나님의 몸이 된 것처럼.
예수와 합하여 함께 죽고 그리스도와 합하여 함께 살아났어야 합니다.
같은 날 같은 시에... ! 아멘.

***

"보라 내가 너희에게 비밀을 말하노니 우리가 다 (a)잠잘 것이 아니요 마지막 나팔 순식간에 홀연히 다 변화하리니 나팔 소리가 나매 (b)죽은 자들이 썩지 아니할 것으로 다시 살고 (c)우리도 변화하리라."(고전15:51~52)

(a) 잠잘 것이 아니요: 시간 안에서 수명이 다하여 숨이 멎는 것은 '잠잔다' 라고 하시며... 하나님과 관계가 끊어지는 것은 '죽는다' 라고 하십니다.
(b) 죽은 자들이 썩지 아니할 것으로 다시 살고: 하나님형상을 찾지 못하여 하나님 앞에 죽은자들 즉, 사람의 형상을 그대로 입고 있는 자들은 썩지 않을 **지옥의 몸으로 다시 살고...**
(c) 우리도 변화하리라: 새 생명을 찾은 자들 즉 그리스도예수와 함께 불과 성령의 세례로 하나님형상을 찾은 우리들은 **그리스도의 몸으로 변화하리라...** 라는 뜻입니다.

이처럼 거듭난다 함은,
옛 우리의 몸은 죽고 '새 생명의 몸'으로 다시난다 하는 말씀입니다.

하여...
현 은혜 시대에서의 '믿음'이란, '새 생명'에 대한 것을 말하며...
예수그리스도의 죽고 부활하심으로 우리에게 하나님형상이 다시 주어졌을 뿐 아니라, 하나님생명까지도 주어졌으므로... 그 분과... 생명과 몸이 연결된 아들이 되었음을 깨닫는 것입니다.
하여...
당신에게 믿음이 있느냐 라는 뜻은... 당신에게 하나님의 생명이 있느냐... 라는 뜻으로 받아드려야 할 것입니다.

이 믿음은 단번의 깨달음으로... 일단 알게 되면 절대적으로 부정할 수 없는 것이며...
믿~씁니다 믿~씁니다... 강조하며 되 뇌이게 되는 것도 아닙니다.
본래 깨달음이라는 것은 찰나에 갖게 되는 의식의 변화라 하겠습니다.
단번에 생기는 것이지 두고두고 차츰차츰 노력이 쌓여 생기는 것이 아닙니다.

율법에 따라 행하는 제사는 하나님께서 원하시는 것이 아니며...
예수(첫것)를 폐하심은 그리스도(둘째 것)를 세우려 하심이요...
예수가 십자가에서 단번에 몸이 죽고 다시 단번에 그리스도 몸이 되어 사셨으니... 그 몸이었던 우리가 함께 합하여 단번에 거룩함을 얻었다. (히10:7~11)

이 같은 진리를 깨닫는데 있어서도... 시간과 노력과 희생과 봉사가 필요한 것이 아닙니다. 그런가~ 하는 긍정의 마음으로 접하다보면 그저 단번에 깨닫게 되는 것입니다.

이처럼 복음을 접하여 단번에 새 생명의 확신을 갖게 되면...
내 안에 새로운 생명이 계시다는 것을 알게 되어 나는 마침내 그리스도인이 되고...
새로운 생명이 깨어나 그리스도의 행함이 나오게 되며...
그 행함의 열매가 알곡으로 서서히 영글어 가며 '그리스도인'에서 온전한 '그리스도'로 되어가는 것으로...
예수는 우리의 밀알이 되셨고 그리스도인들은 알곡으로 형제자매가 되는 것입니다.

따라서, 구약시대가 아닌 현 은혜시대에서 '의인'이라 함은 율법으로 가려지는 것이 아니라... 복음을 통한 새 생명으로 거듭났을 때 의인이 되는 것입니다.
'의'는 오직 하나님께만 있으므로 하나님의 생명이 없이는 의가 나올 수 없기 때문입니다.

"기록한바 의인은 없나니 하나도 없으며 깨닫는 자도 없고 하나님을 찾는 자도 없고 다 치우쳐 한가지로 무익하게 되고 선을 행하는 자는 없나니 하나도 없도다."(로3:10~12)

많은 이들이 하나님을 부르고는 있으나 참 하나님을 분간치 못하고 있는 모습과...
선과 의를 행한다고는 하나 모두 겉치레에 불과한 엉뚱한 방향으로 다 치우쳐...
하나님 보시기에 '선도 아니고 의도 아니고 모두가 무익하다' 라는 뜻으로 설명됩니다.　결국 "나는 너희가 어디로부터 왔는지 도무지 알지 못하는도다." **라고 하십니다.**

"거듭나라 그리하면 아들이라 일컬음을 얻으리라..." **하는 말씀을 잊지 마십시오.**

생명의 연결 없이는 결코 아들이 될 수 없고 따라서 선도 의도 없습니다.

***

이미 세상에 태어나 육을 가지고 사는 당신에게 복음을 통한 깨달음이 있다면...
당신을 만들어준 인간의 씨가 2000여 년 전 이미 '새 생명과 새 몸의 씨'로 거듭난 것이었다는 사실을 깨닫게 되고...
그 사실을 깨닫는 순간, 당신 안에서 잠자고 있던 그 씨는... 싹이 트고 자라나는 만큼 행함으로 나타나게 되면서...
옛 몸의 행실은 죽어가고 새 몸의 행실이 만들어져 가는 과정...
이것이 온전한 거듭남의 과정이며 '하나님의 모양'이 만들어져 가는 과정입니다. 아멘.

이처럼 새 생명에 대한 믿음을 갖게 됨으로써...
'씨에서 알곡이 되어가는 과정'을 거쳐... 하나님께서 원하셨던 '형상과 모양'으로 아들이 되어가는 것입니다.
그러나 세상에서는 이러한 하나님의 경건한 능력은 무시하고... 스스로 창작하는 데에 치중하고 있습니다.

* 세상 종교인들에 대해 그들의 믿음을 생각해 봅니다.

1) 하나님의 존재를 인정하고... (자기가 무엇이 관대 하나님을 인정하고 말고 하는지...?).

2) 하나님아들 예수께서, 자신을 대신했다는 희생에 대한 감사와 찬양과 숭배로써 정성을 다하고... (예수님이 자신을 위해 희생제물이 될 존재라 생각하는 자체가 오만이요... 또한, 하나님이 인간의 숭배나 받고자 하시는 분인가... 그래서 아들을 죽게 하셨단 말인가...?)

3) 그 분의 피로 우리의 모든 죄를 대신하였으니 그 같은 거룩하신 예수님의 행보를 따르고자 노력하라 합니다. (예수행보의 끝은 십자가에서의 죽음이니, 자신도 못 박혀 죽거나 예수의 제자들처럼 순교라도 당해야합니다 만, 그저 관념적 해석으로 교묘하게 합리화할 뿐이죠.)

4) "경건의 모양은 있으나 경건의 능력은 부인하니..."(딤후3:5)
온갖 경건한 모양을 갖춘 형식에 의존하여 자신의 방식을 고수할 뿐, 하나님의 경건하신 능력 즉, 그리스도예수의 불과 성령세례의 의미에는 관심이 없습니다.

그러나 이러한 성경 말씀을...
눈으로 보아도 모르고 귀로 들어도 모른 채 이제는 감각 없는 문둥병자 되어...
거룩의 모양은 흉내 내나 거룩의 능력은 부인하면서...
대충 이런 것들을 믿음이라 여기며 회개할 것 없이 소경의 무리를 쫒아 의문에 순종할 뿐입니다.

생각해 봅시다.
"보라... 우리의 죄를 지고 갈 하나님의 어린양이로다." 라고 세례요한이 말했습니다.
그것은 율법이 주어졌던 하나님 백성들에게 한 말이었습니다.
예수를 어린양으로 표현했던 세례요한은 구약시대 백성들의 관습으로 예수를 소개한 것이며 백성들에게는 해당되기도 했습니다. 백성으로써는 왕의 존재를 인식하고 감사하는 것만으로도 자격이 되니까요. 그러나…

언제 예수께서 자신을 친히 "양"이라고 표현하신 적이 있던가요… ?
언제 예수께서 "내가 너희 죄를 대신하여 죽을 것이니 너희는 하나님나라에 갈 것이다"라고 하셨던가요… ?

하나님께선,
자신의 생명과 형상과 모양의 사람창조를 위한 일을 실행하시는 과정에서…
아브라함을 종으로 택하여 후손들을 백성으로 삼아 역사의 도구(?)로 쓰신 것입니다.
하여 그 당시 하나님백성들에게는,
하나님께서 보내신 아들 예수에 대한 믿음을 끝까지 지키는 자에게는 천년왕국 백성으로써 구원되는 특혜가 144,000명에게 주어진다 하셨습니다.
그러나 이방인들에게는…
극히 '적은무리'라 하셨지만… 황송하옵게도 **<u>하나님아들이 되는 엄청난 행운</u>**을 주셨습니다.
잊지 마십시오 **<u>'극히 적은무리' !!!</u>**

세례요한은, 그 당시 풍습에 따라서 예수의 존재를 표현했던 것입니다.
그는, 신약시대의 정점에서 예수가 '임마누엘'로써 이루신 역사 즉, 하나님 아들이 되는 숨겨졌던 진리를 알 수 없는… 구약시대에 속한 자였습니다. 단지…
예수보다 몇 달 앞서 태어나 장차 백성들 앞에 나타나실 예수의 존재를 알리고 그의 길을 곧게 만드는... 그 정도가 그에게 주어진 의무의 한계였던 것입니다.
하여 그에게는 '순교'를 통하여 새 생명이 주어지게 됩니다.

진리가 이러할 진데 오늘날 은혜시대에 와서도,
세례요한의 말대로 예수가 우리의 죄를 대신한 제물이라 생각하신다면... 참으로 암담하고 답답한 일입니다. 제물이라면 그대로 소멸되는 것이죠.
예수는 제물이 아니라 구세주로써 한 알의 밀알이었으니...
이는, 예수의 죽고 거듭나심으로 '사람'이라는 존재가 함께 죽고 거듭나게 된 것입니다. 아멘.
"사람이 거듭나지 않으면 하나님나라를 볼 수 없느니라." 예수의 말씀입니다.

***

구약에서, 율법에 의거한 백성이... 자신의 죄를 대신할 흠 없는 양이나 염소를 잡아 번 죄를 드리면 여호와는 흠향하셨다고 합니다. 이것은, 죄의 대가는 죽음이라는 것을 가르치기 위함입니다.

과연 같은 방법으로 저들이 예수를 죽여 드렸을 때 하나님께서 기뻐하셨을까요... ?
예수를 세상에 보내신 하나님과...
예수를 십자가에 못 박도록 이끌어온 저들의 하나님이... 같은 존재일까요... ?
예수께서는 '너희 하나님' '저희 하나님'... '나의 아버지'... 이렇게 분리하셨음을 기억하십시오.

결국 그들은 알고 그랬든 모르고 그랬든...
자신들의 죄의 대가로 예수님을 양처럼 죽여 제물로 썼다는 말이 됩니다.
예수를 저들이 죽였으니 그 피를 저들의 하나님께 드렸을 것 아닙니까?
... 이쯤 하면... 그 제물을 기뻐 받은 존재는 참 하나님이 절대로 아니라는 것을 눈치 채셨을 것입니다.
그런데도 아직 예수가 내 죄를 대신하셨다고 말할 수 있나요... ?

중요한 것은...
예수께서는 자신을 목자라 표현하신 적은 있으나 양으로 표현하신 적은 단 한 번도 없다는 것입니다. 그러니 그 분은 제물이 될 수가 없습니다.

그리스도예수의 성령세례 역사가 이루어진 지 수 천년이 지난 오늘날에도...
예수를 일컬어 속죄의 양으로 표현한 세례요한의 한마디가 세상을 혼미하게 하고 있음은...
어인 일이며... 누구의 짓일까... ?? 반드시 고민해 보셔야 합니다. 끝.

(14). 악령과 성령.

세상에는,
은혜의 복음으로 이끌어 진리로 거듭남을 알게 하시고...
또한 구속과 안보로 양육하시는 보혜사 성령이 계십니다.(어머니처럼 낳고 기르고 교육하십니다.) (요14:26)
때문에... 선악과로 죽었던 하나님 형상을 다시금 부활하게 하셨으니... 새 생명이 되어 눈이 떠지고 성경말씀이 보이고 귀가 열려 성령의 말씀을 들을 수 있게 되어... 하나님의 지식과 지혜로 힘입어 영들을 분별할 수 있게 됩니다.
반면에,
태초부터 창조주하나님의 창조에 힘입어...
각종 방법으로 하나님의 신을 방해하여 역사를 그르치게 하는 존재가 있습니다.
용이요... 옛 뱀이요... 마귀요... 사탄입니다.

(악령)

(1)
예수께서 성령의 충만함을 입어 ... 마귀에게 시험을 받으시더라... ... 마귀가 모든 시험을 다 한 후에 얼마 동안 떠나니라. (눅4:1~13)

태초에,
뱀이 사람남녀를 미혹하여 세상의 모든 창조물들과 권세를 빼앗았습니다.
예수의 신분을 너무도 잘 아는 마귀는... 또 다시 하늘의 권세까지도 노리며 예수에게 갖가지 시험을 합니다.
예수께서 시험에 승리하시고 마귀가 얼마동안 떠나있는 동안에야... 예수는 천국복음과 하나님 나라를 전할 수 있었습니다.

얼마 후에 돌아온 마귀는 결국 예수를 십자가에 매달아 죽입니다.
예수가 십자가에서 죽은 것은... 사탄 떼거지들에게 죽임을 당한 것입니다.
그러나 세상에서는 십자가를 '승리의 십자가'라고 합니다. 악령들의 승리였음에도 세상은 그렇게 말합니다. 세상은 공중권세 잡은 그들의 것이니까 그렇게 얘기합니다. 오늘날 까지도 그렇게 얘기합니다.
그 때의 악령들이 아직도 세상에 존재하는 증거입니다.

생각해 보십시오.
십자가에서 예수가 돌아가셨는데 어떻게 십자가가 승리로 표현되는지 참으로 암담합니다.
예수를 못 박아 죽이고는 그 십자가가 승리의 상징이랍니다.
예수가 모든 인류의 죄를 안고 대신 죽어주셨으니 승리다...?
죽었는데 어떻게 승리가 될까... ?
하나님 아들을 나 살자고 죽이고도 하나님 앞에서 승리했다 할 수 있을까... ?
마귀의 교묘한 속임수가 보입니다.

마귀의 입장에선, 눈의 가시같은 하나님 아들을 잡아 죽였으니 당연히 십자가가 승리의 아이콘이 되겠지요.
그러나 참 하나님 입장에서는, 자신의 생명이 십자가에서 고통을 겪었으니 그야말로 '고통의 아이콘'이 되었을 것입니다.
단지, 예수의 인간몸이 죽어야 다시 그리스도몸으로 살릴 수가 있으니, 어쩔 수 없는 과정으로 **그 순간을 온통 먹구름으로 덮어 잠시 외면하셨을 뿐입니다. (눅23:44)**

처참한 모습으로 십자가에 달려있는 모습을 세상 곳곳에 걸어놓고 당신은 쳐다보기 좋습니까... ?   예수의 아버지 하나님께선 즐겨 보실까요... ?
세상하나님 즉, 마귀는 자신의 승리라고 기뻐 바라보며 즐기겠지요.

그러므로... 예수의 승리는 그리스도로의 '부활'입니다.
부활하시는 모습이라면 우리의 아이콘이 될 수 있을 것입니다.

사단은...
예수의 죽음을 괴변으로 포장하여 온 인류의 혼을 집중시켜서... 다시 살아난 그리스도 부활의 의미를 가리고 있는 것입니다. 그 이유는...

그리스도의 부활에 인간이란 종자가 참여되어 하나님의 목적이 완성되었기 때문입니다.
이것은 바로 사단의 패배를 의미하는 것이고...
이 진리를 터득하는 자들은 사단에게서 해방되어 하나님께로 되돌아가기 때문입니다.

이 승리를 위하여 하나님께서는 자신의 생명을 세상에 보내셨고...
예수님의 피눈물 나는 겟세마네 기도도 안 들어주셨고...
십자가에서 고통 받게 될 것을 아시면서도 사단 패거리에게 예수를 내어 주셨고...
고통 받는 예수를 잠시나마 외면하셨던 것입니다.(눅23:44~45)

그리고... 곧 다시 그리스도로 부활시키심으로...
'우리의 형상과 모양으로 사람을 만들자~' 하신 계획을 이룩하신 것입니다.
아멘.

(2)

제자 열둘 중에 하나인 가룟 인이라 부르는 유다에게 사단이 들어가니 이에 유다가 대제사장들과 군관들에게 가서 예수를 넘겨 줄 방책을 의논하매... (눅22:3-4)

사단의 영이 들어간 유다는 예수님을 군병들에게 팔아 넘겼습니다. 그런 유다의 앞날을 궁금해 하며 묻는 베드로에게 그리스도가 되신 예수께서 말씀하셨습니다.
"내가 올 때까지 그를 머물게 하고자 할지라도 네게 무슨 상관이냐 너는 나를 따르라"(요21:20~23)
그러자 베드로를 비롯한 예수의 제자들이...
유다가 죽지 않고 그 때까지 살아있으려는가 보다... 라고 수군거렸습니다.

그러나 이 말씀은...
그리스도께서 재림하실 때까지 가룟 유다가 죽지 않는다는 말씀이 아니라...
예수를 팔았고 후에 스스로 죽음을 택했던 가룟 유다의 영이...
그리스도께서 재림하실 때까지 세상에 남아 같은 역사를 벌인다는 말씀입니다. 예수를 팔아먹는 역사를 말입니다.
현 시대에도 예수를 팔아 돈과 권력을 취하는 무리들이 많습니다.

2000여 년 전... 종교인들에게 역사하여 예수를 십자가에 못 박아 죽게 한 사단의 영들이나... 가룟유다에게 들어가 예수를 팔아먹게 한 악령들이... 오늘날에도 여전한 방식으로 하나님의 역사를 방해합니다.
이처럼 세상은 사단이 권세를 잡고 있으므로...
그의 영들이 활개 치며 교묘하게 사람들을 속이고 미혹해서... 하나님과

복음에 대하여 가짜를 진짜로 둔갑시키고 참 진리를 무색하게 만들고 있는 것입니다.

2000여 년 전 실존했던 사단의 영들은 여전히 세상에서 실존하며...
세례요한을 기점으로 하나님이 세우신 새 법 (임마누엘의 복음=그리스도 예수의 복음=하나님의 복음=은혜의 복음) 을 알지 못하게 하고 있습니다.
아직도...
오로지 백성 이스라엘에게 해당되는 예수의 '천국복음'을 내 세우며...
같은 방식으로 같은 부류의 사람들에게 역사하여 임마누엘의 '은혜의 복음'에 대한 공개된 비밀을 가리고 있습니다.
하여... 사람들을 오직 유전과 관습에 의한 종교심에 전념하게 하므로써 진리의 길을 막고 있는 것입니다.

예수께서는 목자라는 자격으로 무리를 이끄는 자들에게 경고하셨습니다.
"너희는 양의 탈을 쓴 이리로 교인하나를 얻으면 배나 더 지옥자식을 만드는 도다."(마23:15)
"너희는 천국 문을 사람들 앞에서 닫고 너희도 들어가지 않고 또 들어가려 하는 자도 들어가지 못하게 하는 도다."(마23:13)

하나님께서...
구약에서 이스라엘 민족을 백성으로 선택하여 역사의 도구(?)로 쓰신 것은...
신약에 와서 이룩하신 '하나님 복음'을 깨닫게 하기 위한 밑바탕이었으며 예시였음을 아실 것입니다.
구약시대나 신약시대나 현 은혜시대에서나...
사람이라는 존재의 죄악의 행보는 한 치도 다르지 않다는 것도 아실 것입니다. 하여...
이스라엘 민족이 겪었던 일이라던가... 예수께서 하셨던 말씀이나 가르침이 비록 오래전 일이라 해도...
시대에 관계없이 현재까지도 같은 행보를 반복하며 살아가는 인간들에게...
한 획도 어김없이 해당된다는 것을 아실 것입니다. 자못 상고해야 할 일입니다.

(성령)

예수님에게 오셔서 직접 영향력을 행사하신 성령은 생명의 성령과 비둘기 같은 성령 그리고 부활의 성령이십니다.
또한... 이 시대에 사는 우리에게는 또 다른 보혜사성령께서 오셔서 직접적으로 역사하십니다.

(1)
"... ... 천사가 대답하여 가로되 성령이 네게 임하시고 지극히 높으신 이의 능력이 너를 덮으시리니 이러므로 나실 바 거룩한 자는 하나님의 아들이라 일컬으리라." (누1:35)
이는... 생명에서 생명으로 이르게 할 반석이시며 이 시대의 '새 생명'이십니다.

(2)
"백성이 다 세례를 받을 새 예수도 세례를 받으시고 기도하실 때에 하늘이 열리며 성령이 형체로 비둘기같이 그의 위에 강림하시더니 하늘로서 소리가 나기를 너는 내 사랑하는 아들이라 내가 너를 기뻐하노라 하시니라." (누3:21~22) (마3:16~17)
예수께서 성령에게 이끌리어 마귀에게 시험을 받으러 광야로 가사... (마4:1)

예수께서 성령의 권능으로 갈릴리에 돌아가시니... (누4:14)
"주의 성령이 내게(예수) 임하셨으니..." (누4:18)
이는 비둘기 같은 성령으로 예수가 그리스도로 되기까지의 역사를 완수하게 하셨으니... 모진 고난과 역경을 견디게 하셨으며, 결국 세상 악령에게 내어주어 죽게까지 하셨던 가슴 아프고 슬픈 성령이십니다.
이 시대에 계시는 보혜사 성령처럼... 좁고 협착한 길로 인도하여 생명에서 생명으로 씨에서 알곡으로 인도하시는 진리의 성령이십니다.

(3)
"하나님의 정하신 뜻과 미리 아신 대로 내어준 바 되었거늘 너희가 법 없는 자들의 손을 빌어 못 박아 죽였으나 하나님께서 사망의 고통을 풀어 살리셨으니 이는 그가 사망에게 매여 있을 수 없었음이라." (행2:23~24)
"그리스도의 부활하심을 말하되 저가 음부에 버림이 되지 않고 육신이 썩음을 당하지 아니하시리라 하더니 이 예수를 하나님이 살리신지라 우리가 다 이 일에 증인이로다." (행2:31~32)
예수를 다시 그리스도의 몸으로 살리시고 승천하게 하신 부활의 성령이십니다.
죽은 예수의 몸을 그리스도의 몸으로 부활시키신 승리의 성령이기도 합니다.

(4)
"내가 아버지께 구하겠으니 그가 또 다른 보혜사를 너희에게 주사 영원토록 너희와 함께 있게 하시리니 저는 진리의 영이라 세상은 능히 저를 받지 못하나니 이는 저를 보지도 못하고 알지도 못함이라 그러나 너희는 저를 아나니 저는 너희와 함께 거하심이요 또 너희 속에 계시겠음이라." (요14:16-17)
"보혜사 곧 아버지께서 내 이름으로 보내실 성령 그가 너희에게 모든 것을 가르치시고 내가 너희에게 말한 모든 것을 생각나게 하시리라." (요14:26)
마리아에게 하나님의 생명이 임하여 태어나고 양육을 거쳐 하나님을 증거 하시고...
결국 세상의 손에 죽었으나 성령의 권능으로 부활을 쟁취하신 것처럼...
오늘날 우리에게는... 은혜의 복음을 통하여 씨에서 알곡으로...
예수님께 일어났던 이 모든 일들을 일어나게 하고 계십니다. '보혜사 성령' 이십니다.
불가사의한 일이지만 실상이니... 경이롭고 감사한 일입니다. !

이렇듯 그리스도의 복음은,
보혜사성령의 도움으로 깨닫게 되고 거듭나게 되며 그 분의 구속을 받게 되어...
우리와 '새 하늘과 새 땅'까지도 영원히 함께하실 것이라 하셨습니다.

***

태초에 에덴동산에서 하나님의 형상으로 태어난 사람남녀가 악령으로 인해 선악과를 먹어 하나님의 형상을 잃어버리고 악의 형상으로 살다가... 예수의 죽음과 그리스도의 부활에 동참되어 다시 하나님의 형상을 찾았습니다.
즉, 태초의 형상으로 돌아온 것입니다.

태초에는 생기만 있었을 뿐 아무 능력이 없어 뱀의 꾀임에 빠져 선악과를 먹었으나...
이제는 하나님의 생명을 찾았으니, 그 분의 지식과 지혜를 받아 성령과 악령을 분별하게 되었으며, 또 다시 보암직 먹음직 탐스러운 선악과에 미혹되는 우를 범할 수는 없습니다.

태초에 하나님이 주셨었고... 다시 새 생명과 함께 찾아주신 하나님의 형상에...
새 생명의 능력으로 형성되는 하나님의 모양(격)을 이루어...
마침내... 영.혼.육의 거듭남이 이루어져야 하겠습니다. (창1:26-27)

태초부터 오늘까지 존재하고 있는 성령과 악령 중 대표적인 영에 대하여 생각해 보았습니다.
하나님께서는 인간에게 자유의지를 주셨기에...
성령을 따를 것인가 악령을 따를 것인가...
하나님의 지식과 지혜로 분별하여 스스로 선택하게 하셨음을 기억해야 합니다.

* 형상 : 눈에 보이는 어떤 형태
* 모양 : 격(품성)　　끝.

(15). 성령이 친히 세워 가시는 교회

"내가 아버지께 구하겠으니 그가 또 다른 보혜사를 너희에게 주사 영원토록 너희와 함께 있게 하시리니 저는 진리의 영이라 세상은 능히 저를 받지 못하나니 이는 저를 보지도 못하고 알지도 못함이라 그러나 너희는 저를 아나니 저는 너희와 함께 거하심이요 또 너희 속에 계시겠음이라." (요14:16~17)
"보혜사 곧 아버지께서 내 이름으로 보내실 성령 그가 너희에게 모든 것을 가르치시고 내가 너희에게 말한 모든 것을 생각나게 하시리라." (요14:26)
예수께서 그리스도가 되시기 전에 제자들에게 하신 말씀입니다.

그리스도가 되시고 승천하신 후... 예언하신 대로 세상에는 보혜사 성령이 오셨으며...
그 때부터 오늘까지도 세상에 계시며... 또한 새 하늘과 새 땅까지도 함께 동행하실 것입니다.

***

예수 따르는 자들을 핍박하며 잡아 가두기 위해 혈안이 되어있던 관원 '사울'에게 그리스도가 나타나셨습니다.
"사울아 사울아 네가 어찌하여 나를 핍박하느냐 ... "하시며 직접 사울 앞에 나타나 그리스도 된 예수임을 밝히시고 앞으로 할 일에 대한 지시를 하셨습니다. (행26:12~18)

다메섹에 '아나니아'라는 제자에게도 환상 중에 불러 가라사대... 사울에게 갈 것을 명하십니다.
"가라 이 사람은 내 이름을 이방인과 임금들과 이스라엘 자손들 앞에 전하기 위하여 택한 나의 그릇이라... " (행9:1~16)

이처럼... **그리스도께서 직접 다소 사람 '사울'을 택하여 복음을 맡기셨습니다.**

그리스도로부터 직접 택함 되어 이스라엘에서 복음을 전하던 사울은, 보혜사의 '생명의 법칙'을 깨달으니 이름도 바울로 바뀌었을 뿐 아니라... 능력과 지혜를 겸하게 되어... 총독 서기오 바울의 모든 권한이... 사도 바울의 것이 되었습니다.
그리스도의 출현 앞에 의심 없이 순종하는 사울에게 보혜사 성령이 임하시고, 엄청난 복으로 역사하시는 것입니다.(행13:1~52)

그리스도의 택함으로 처음에는 유대인들에게 '예수의 복음'을 전하던 바울이...
그리스도 승천 후 오신 보혜사성령에 의해 점차적으로 이방인들에게 '그리스도의 복음'을 전하게 되었습니다.
복음 전하는 시초에는 '예수와 죄사함'을 전했으나, 점차 '부활'의 비밀을 깨닫게 되면서... 그리스도의 부활과 더불어 '몸의 부활'을 말하기 시작했습니다.

***

'우리가 알거니와 우리 옛사람이 예수와 함께 십자가에 못 박힌 것은 죄의 몸이 멸하여 다시는 우리가 죄에게 종노릇하지 아니하려함이니...'(롬6:6)

"너희가 그리스도와 함께 다시 살리심을 받았으면(과거형) 위엣 것을 찾으라. 거기는 그리스도께서 하나님 우편에 앉아계시느니라. 위엣 것을 생각하고 땅엣 것을 생각지 말라 이는 너희가 죽었고(과거형) 너희 생명이 그리스도와 함께 하나님 안에 감취었음이니라(현재형). 우리 생명이신 그리스도께서 나타나실 그때에 너희도 그와 함께 영광중에 나타나리라.(미래형)" (골3:1-4)

"너희가 하나님의 성전인 것과 하나님의 성령이 너희 안에 거하시는 것을 알지 못하느뇨."(고전3:16)

"너희가 세상의 초등 학문에서 그리스도와 함께 죽었거든 어찌하여 세상에 사는 것과 같이 의문에 순종하느냐 곧 붙잡지도 말고 맛보지도 말고 만지지도 말라 하는 것이니… " (골2:20-21)

"나의 자녀들아 너희 속에 그리스도의 형상이 이루기까지 다시 너희를 위하여 해산하는 수고를 하노니"(갈4:19)… "내가 이 확신을 가지고 너희로 두 번 은혜를 얻게 하기 위하여 먼저 너희에게 이르렀다가…" (고후1:15)
첫 번 은혜: 예수와 합하여 죽고 그리스도와 합하여 새 생명을 얻었도다.
두 번 은혜: 새 생명을 기초로 의에게 종노릇하여 거룩함에 이르는 열매 즉, 하나님의 형상과 모양을 이루는 것. (생명에서 생명… 씨에서 알곡…)

"하나님께로써 난 자마다 범죄 치 아니하는 줄을 우리가 아노라 하나님께로써 나신 자가 저를 지키시매 악한자가 저를 만지지도 못하느니라."(요일5:18) (죄로부터 보호)

"하나님께로서 난 자마다 죄를 짓지 아니하나니 이는 하나님의 씨가 그의 속에 거함이요 저도 범죄 치 못하는 것은 하나님께로서 났음이라."(요일3:9) (죄에게서 해방)

"너희는 주께 받은 바 기름부음이 너희 안에 거하나니 아무도 너희를 가르칠 필요가 없고 오직 그의 기름부음이 모든 것을 너희에게 가르치며 또 참되고 거짓이 없으니 너희를 가르치신 그대로 주 안에 거하라."(요일2:27) (거룩한 열매)

이 말씀들에 대하여 이방인들은 기쁘게 받았으나 유대인들은 바울의 무리에게 시기가 가득하여 바울을 변박하고 비방하였습니다.

"... 너희가 버리고 영생 얻음에 합당치 않은 자로 자처하기로 우리가 이방인에게로 향하노라 주께서 이같이 우리를 명하시되 내가 너를 이방의 빛을 삼아 너로 땅 끝까지 구원하게 하리라 하셨느니라" (행13:44~52)
바울은 유대인에 대하여 발의 티끌까지 떨어버리고 떠나서 이방인들을 향한 활발한 활동을 하게 됩니다.

***

"의인은 없나니 하나도 없으며 … … 선을 행하는 자는 없나니 하나도 없도다"
하는 말씀을 통해… 인간은 선을 행할 수 없는 존재이며 죄에서 자유롭지 못하다는 것을 인식하게 됩니다. 왜일까… ?

① 선악과를 먹은 인간 몸의 피는 계속 선악과를 요구하게 되어 있습니다. 보암직 먹음직 탐스러운 세상의 열매들을 추구하며 삶의 최상가치로 알고 삽니다.
세상 것들은 모두가 선악의 열매요 먹으면 먹을수록 중독되어 점차 커지는 욕심으로 더욱 더 죄를 부르는 것입니다. 그것이 '죄의 소원'이라 하셨습니다.

② 하여… 인간의 욕망은 몸에서 비롯된다는 것도 인식할 수 있습니다. 몸의 종입니다. 몸을 위해 삽니다. 결국 몸 때문에 죄를 짓습니다.

③ 그래서… 하나님께선 예수의 몸이 죽는 것을 외면하셨습니다. 그 예수의 죽은 몸은 인간이었습니다. 그리고… 전혀 다른 그리스도의 새

몸으로 살리셨습니다.
하여 그 때에, **인간의 유전자는 예수와 죽고 그리스도와 다시 살아 하나님의 씨로 바뀌었습니다. 이 사실을 참으로 깨닫는 순간 하나님은 나의 아버지가 되십니다. '아버지하나님'... !!!'**

"아담 한 사람으로 모두가 죽은 것 같이 그리스도예수로 하여 모두 살리라."
하신 말씀을 상고합니다. 아멘.

그 일 이후, 옛 사람의 유전자는 죽었고 새로운 하나님의 유전자가 되었습니다.
따라서 그 일 이후 태어난 사람은... 모두가 '새 생명인 하나님의 씨'로 태어난 것입니다.
하나님께선 **"이 사실을 믿으라"** 하신 것입니다.

이제... 나는...
세상 안에서는 옛사람의 몸을 갖고 있으나... 내 안에는 하나님의 씨가 계신 것입니다. 이 사실을 깨달아 믿게 되는 순간 내 안의 하나님의 씨가 깨어나시므로(아들이라 인 치심으로) 그 때부터 하나님의 아들로 자랄 수 있게 됩니다. "믿음으로 살리라."

이렇게 하나님의 생명이 깨어난 그리스도+인은...
하나님의 생명은 선이므로 선을 행할 수 있게 되고... 그 생명의 권능으로 옛 몸의 죄 성을 다스릴 수 있게 됩니다. 아멘.

***

하나님의 생명이시나 마리아에 의해 사람의 몸으로 태어나 하나님을 증거 하시고... 결국 세상의 손에 죽었으나 성령의 권능으로 부활을 쟁취하신 그리스도...
이 그리스도를 머리로 하여 성도들로 지체를 이루는 교회...
손으로 지은 전도 아니요 눈으로 보이지도 않는 이 같은 성령의 교회를 이루어 가고 있는 분이... '보혜사'이십니다.

오래전에 온전히 거듭남을 이루신 그리스도예수처럼...
오늘날엔 그리스도예수의 복음을 통하여 예수님께 일어났던 모든 과정을 거쳐 씨에서 알곡으로 거듭나게 하고 계신분이 바로 이 보혜사성령이시며...
이것이 성령이 친히 세워 가시는 '참 된 교회'입니다. 끝.

(16). 귀머거리... 장님... 벙어리... 그리고 앉은뱅이와 문둥병자

예수님께서 생전의 행보를 통해 많이 접하여 치료하시고 거론하시던 존재들입니다.
예수께서는 유독, 장님 귀머거리 벙어리 앉은뱅이 문둥병자에 대한 말씀을 많이 거론하시고 또 기적처럼 고쳐주기도 하셨습니다.
세상에는 이들보다 더욱 심한 병을 앓는 자들도 많았을 텐데...
예수님께선 왜 이런 이들에 대하여 특별한 관심을 보이셨을까... ?

이 같은 예수님의 행보에는 절대적인 이유가 있습니다.
그것은... 태초에 선악과로 인해서 얻게 된 짐승의 형상으로 인해 모든 사람들이 걸린 병이기 때문입니다. 즉, 듣지도 보지도 말하지도 걷지도 못하고 감각도 없는 것입니다.

듣지도 못한다 함은 세상의 소리가 아닌 성령의 소리를 말하며...
보지도 못한다 함은 세상에 빛이 왔으나 알아보지 못한다 함이며...
말하지도 못한다 함은 성령의 말씀을 듣도 보도 못하니 아는 것이 없다 함이며...
걷지도 못한다 함은 진리의 길을 모르니 가지 못한다 함이며...
감각도 없다 함은 유전과 관습에 매여 진리 앞에 전혀 미동도 않는다 함입니다.

세상 사람들이 선악과로 인해 모두가 이 같은 병자들이라는 것을 깨우치며... 예수님을 통하여 이 같은 병이 나을 수 있다는 것을 깨닫게 하려 하셨던 것입니다.

"나는 의인을 부르러 온 것이 아니라 죄인(병자)을 위하여 왔노라."
자신이 병자임을 아는 사람들은 의원을 찾겠으나…
스스로도 속아서 자신의 병을 모르는 사람들은 의원이 필요치 않은 것입니다.
하나님의 시선으로 보시는 예수께서는 그런 그들이 모두 불구였으나…
저들은 스스로 속아서 의원이 필요치 않는… '스스로 의인들'인 것이며…
예수께서는 그런 의인들을 부르러 오신 것이 아닌 것입니다.

"들을 귀 있는 자는 들으라." 하신 말씀을 볼 때…
귀에는 들을 수 있는 귀가 있고 듣지 못하는 귀도 있으며 따라서 볼 수 있는 눈과 없는 눈도 있음을 알 수 있습니다.
세상 사람들은 가인과 아벨과 셋의 후손들이 섞여있다는 사실을 잊지 마십시오.
뱀과 사람과 그리고… 신에 버금가는 존재… 이들의 후손들…
섞인 농도에 따라 다르게 나타나지 않겠습니까… ?

짐승들은 그들대로 언어가 있어서 서로 의사소통을 하며 살아가고 있습니다.
사람 또한 소통언어가 있어 불편 없이 살아갑니다. 그러나…
짐승의 소리를 사람이 알아들을 수 없고 사람의 소리 또한 짐승이 알아듣지 못합니다. 따라서…
사람으로 오신 하나님 아들 예수의 말씀을 알아들을 수 없는 귀라면…
글쎄요 사람의 귀일까요 짐승의 귀일까요… ? 사람이라기보다는 짐승에 더 가깝다 할 수 있겠습니다.

예수께서는, 아브라함의 후손이라고는 하나 거짓된 하나님을 섬기는 자들에게 말씀하시기를…
'처음부터 살인한자 마귀의 자식'이라고 하셨습니다. 곧 뱀의 후손이란 말씀이죠.
그들은 사람이라기보다는 짐승을 섬기는 짐승인 것입니다.
하여 예수님의 말씀을 잘 듣지도 못하고 예수님을 알아보지도 못했습니다.
반면… 마귀의 소리에는 귀가 솔~깃 하여 예수를 십자가에 못 박도록 앞장섰던 것입니다.

예수께선 하나님생명이시지만…
세상적으로는 아브라함의 후손으로 오셔서 하나님과 하나님 나라에 대해서 알리셨고… 그 일 때문에 죽임까지 당하셨는데… 더 기막힌 것은…
하나님을 믿으며 섬긴다는 데는 추종을 불허하던 종교인들이 그 분을 못 박는 짓에 앞장섰다는 것입니다.
이 사실을 볼 때 그들이 섬기는 하나님은…
예수를 세상에 보내신 하나님이 결코 아니라는 것을 알 수 있습니다.

그들이 참 하나님을 구분할 수 있었다면 어찌 예수님을 십자가에 매달 수 있었겠습니까… ? 그들을 역사하는 존재가 따로 있다는 증거입니다.
이제 이 정도는 눈치 채셔야 진리의 길에 들어섰다 할 수 있겠습니다.

그 당시 예수님을 따르며 병을 고침 받은 사람들은 모두가 눈에 보이는 불구자들이었습니다. 실제적으로 장님이나 기타 병자들은 자신의 처지를 숨길 수 없기에 누군가의 도움이 필요했고 겸손할 수 있었고… 눈에 보이게 도움을 주시는 예수님을 따를 수도 있었고... 그 분의 능력을 믿고자 하는 절실함도 있었으므로... 순종하는 마음으로 고침을 받을 수 있었던 것입니다.
즉, 스스로의 문제점을 알기에 회개할 수 있었고 고침을 받을 수 있었던 것입니다.
이러한 것을 생각해볼 때...
위에서 거론된 장님 귀머거리 벙어리 등은, 상징적으로 인용된 병자라는 것을 알 수 있습니다.

"건강한 자에게는 의원이 쓸데없고 병든 자에게 라야 쓸데 있느니라... ...내가 의인을 부르러 온 것이 아니요 죄인을 부르러 왔노라." (마9:12~13)
병이 있는지 없는지는 우선 자기 자신이 알아야 고칠 수가 있습니다.
선악과로 인해 죽은 몸으로 살면서도 자신이 어떤 상태인지조차 모른다면 어떻게 다시 살아날 수 있겠는지요... ?

부자나... 권세가나... 믿음의 의가 강한 바리세인 대제사장 같은 지도자들처럼 스스로 의인이라 자부하며 부족함 없는 사람들은... 의원이 필요 없습니다.
그들은 몸과 마음이 부자인 관계로 자신의 문제점을 잘 알지 못합니다.
예수님과 설왕설래하며 반박이나 했을 뿐, 예수의 존재에 대하여 혹은 그 분의 가르침에 대하여 믿음으로 따르려는 자들이 얼마나 있었던가요... ?

"마음이 가난한 자... 애통하는 자... 의에 주리고 목마른자... 핍박 받는자..." (마5:1~12)
이처럼 의원이 필요한 자들은 고침을 받을 수 있으나 그렇지 못한 몸과 마음이 부유한자는... 기회마저도 얻기 힘든 것입니다.

결국은 귀머거리 장님으로... 그래서 아는 것이 없어 말도 못하는 벙어리로...
그러다 보니 빛으로 가는 길을 몰라 가지도 못하는 앉은뱅이가 되어...
오랜 세월 그렇게 살다 보니 이제는 감각 없는 문둥병자가 되었습니다.

그리스도 이후 오신 보혜사성령의 역사를 무시한 채 오직 돌아가신 예수만 사모하고 부르짖으며...
성령의 간곡한 권고의 말씀을 듣고 보아도 도무지 감각 없는 자신이...
얼마나 큰 병자인가를 스스로는 도무지 모른 채 살고 있는 작금의 현상이... 암담합니다.

"... 건강한 자에게는 의원이 쓸데없고 병든 자에게 라야 쓸데 있느니라...
... 내가 의인을 부르러 온 것이 아니요 죄인을 부르러 왔노라." (마태9:12~13)
선악과에 의해 죽은 몸을 갖고 살면서도 자신의 몸이 어떤 상태인지 전혀 알지 못하는 것이 사람입니다.
해서... 짐승의 형상이기에 짐승의 소리에는 솔깃~ 하여... **뱀의 예언대로 자신을 스스로 높이며 하나님처럼 되고자 욕심내며 살아갑니다.**
"너희가 선악과를 먹으면 하나님과 같이~ 되어..." 뱀의 꼬임 말이었습니다.

자기 하나님과 같이~ 된다는 얘기죠.

***

예수를 시기하고 경계하던 율법사나 기타 종교지도자들이 군중을 충동질하여 예수를 죽게 한 것은, 예수를 받아드리지 못했던 자들이었기에 그렇다 치더라도...
예수님을 3년이나 쫒으며 섬기며 같이 생사고락을 나누던 제자들마저도 불리한 상황에서는 예수님을 극구 부인하고... 침까지 뱉으며 배신했습니다.
이 정도는 아주 정상입니다. 인간이란 원래 그럴 수밖에 없는 병자이기에 정상이라는 말씀입니다.

이렇듯...
인간으로 태어났기에 나 자신 역시, 하나님 앞에서는 불구자라는 것을 깨닫게 만 된다면...
바로 이것이 예수께서 당신에게 바라셨던 회개이며... 따라서 반드시 이 회개를 통해 치료될 수 있게 하실 것입니다.

세례요한의 물세례가 의미하는 것은...
하나님의 생명으로 오실 예수의 행보를 따르며 순종하겠다는 언약이라 볼 수 있겠습니다.
예수께서는 온갖 고통을 넘어 '불과 성령'의 세례까지 감당하셨습니다.
그러나 현 시대에 와서 사람들은...
예수의 행보를 따른다며 온갖 의인 흉내를 내고 있습니다 만... '불과 성령'의 세례는 어찌 받을 것인지요... ?

이 일을 위해 그리스도 이후 보혜사께서 세상에 오신 것입니다.
하나님을 찾고자 하는 선한 양심이 있는 자들에게 '하나님의 복음'을 알게 하셔서...
사람은 이미 2000여 년 전에 예수와 행보를 같이했고 예수와 함께 순종하여 '불과 성령의 세례를 이미 받았으며...
그리스도와 함께 부활되었다는 사실을 깨닫게 하시는 것입니다. 아멘.

"믿음은 들음에서 나느니... ...들을 귀 있는 자들은 들으라." 성경말씀입니다.
우선 진리의 말씀을 들어야하고 보아야하는데... 귀머거리에 장님이다 보니 들어도 들리지 않고 보아도 보이지 않습니다. 그러니 수제자까지도 결국 배신을 범했던 것입니다.
그러나... 그 때는 아직 보혜사가 오시기 전이라 그 어느 누구도 진리를 깨우칠 수가 없었던 것이기는 했습니다. (요14:26)

***

귀머거리에 장님이다 보니 진리를 알 길이 없고...
알지 못하니 벙어리가 되어 꽥꽥 짐승소리나 내고...
알지 못하니 진리의 길을 나설 수도 없는 앉은뱅이가 된 것입니다.
그렇게 유전과 관습에 매여 세월을 보내다 보니...
이제는 아예 감각 없는 문둥병자가 되었지요.

하나님께선 선악과로 하여 이렇게 되어버린 사람이란 존재를...
선악과를 먹기 전 본래의 모습으로 되돌리고자 예수를 세상에 보내셨고...
세상 권세자 사단에게 그 몸을 내어주어 선악과의 값을 치루신 것입니다.

사단으로부터는 예수의 몸이 죽임을 당하셨으나 하나님께서는 다시 살리셨고...
그리스도의 몸이 되어 승천하신 후에는 약속하신 보혜사께서 세상에 오셨으며...
비로소 예수께서 하신 그간 말씀의 진리와 행하심의 진리가 신도들에게 나타나기 시작했고...
눈이 뜨이고 귀가 열리며 입이 벌어지게 되는 사람들이 나타나게 된 것입니다.

"나더러 주여 주여 하는 자마다 천국에 다 들어갈 것이 아니요..." (마7:21)

이 말씀을 통해서 우리가 '주'라고 부르는 존재에 대해서 분별해야 합니다. 그렇지 못하면 결국...
"... 우리는 주 앞에서 먹고 마셨으며 주는 또한 우리 길거리에서 가르치셨나이다 하나... 나는 너희가 어디로서 왔는지 알지 못하노라." (누13:25~30)
하는 말씀을 듣게 될 것입니다.

과연 나는 누구 앞에서 먹고 마시며 누구의 가르침을 받고 있는 것일까요... ??
나는 거듭난 사람인가요 아직 짐승인가요... ??

"현명한 줄 알거든 어리석은 자가 되어라..." 하신 말씀을 볼 때...
이상한 말이라고 거부할 것이 아니라... 그런가~ ? 하여 가만히 들어보니...
어느새 내 옛 몸은 예수와 합하여 단번에 죽고 그리스도와 합하여 다시 살아난 사실이 깨달아졌음을... 고백하게 되었습니다.
이것이 보혜사께서 전해주신 진리 중 진리로써 "은혜의 복음"이란 것도 알게 되었습니다.

하나님 은혜에 감사드립니다. 끝.

(17). 의문에 순종하는 자

성경말씀을 읽어보면 도저히 풀어지지 않는 의문점이 한 두 개가 아닙니다.
그 의문점에 대하여 어느 누가 시원스런 답으로 의문을 해결해 주는 사람도 없습니다.
성경을 연구 공부하여 박사학위를 취득한자들 조차도 의문에 대한 대답은 한계를 넘지 못합니다. 그들의 최후 그리고 최상의 지혜로운(?) 대답은... "성경을 너무 깊이 파고들지 마라."입니다.
답인지 질책인지 모를 말로 의문자의 입을 틀어막고 그저 순종으로 이끌어갑니다.
"의문에 순종하는 자 되지 마라."하신 성경말씀이 무색합니다.

사람들이 잘못 해석할까 염려된다 하면서도, 많이 연구하고 공부한 자신의 지식으로도 설명하기는 역부족인가 봅니다.
지혜로운(?) 대답으로 질문을 피하고 그저 순종하라 하더군요.

사실 그들도 명확한 답을 줄 수 있는 존재라면 그리 하지는 않겠지요... ?
그들은 사람이 주는 지식과 지혜로 성경을 배웠고 연구했고 자격증을 취득했기에... 그렇게 배웠고 아는 것이 거기까지이기 때문일 것입니다.
하나님께서는 일컬어 초등학문이라 하셨습니다.
"형제들아 내가 너희에게 알게 하노니 내가 전한 복음이 사람의 뜻을 따라 된 것이 아니라 이는 내가 사람에게서 받은 것도 아니요 배운 것도 아니요 오직 예수 그리스도의 계시로 말미암은 것이라."(갈1:11~12)
"오직 하나님이 성령으로 이것을 우리에게 보이셨으니 성령은 모든 것 곧 하나님의 깊은 것이라도 통달하시느니라."(고전2:10)

사단이 권세 잡고 있는 이 세상의 법은...
하나님나라에 대한 지식도 그들대로의 법과 형식을 거치지 않은 복음은 이단이라고 일축하며 무시하고 핍박까지 합니다.

그러나 생각해 보십시오.
세상 법을 따르는 그들이 정녕 성령의 계시로 된 자라면...
세상에 무슨 선생이 있고 세상이 무슨 자격증을 주겠습니까... ?
그러나 그들은 세상학교에 입학하여 선생에게서 배우고 그들에게서 자격증을 부여받고 다시 세상의 목자가 됩니다. 그러면서 성령의 계시로 목자가 되었다 합니다.

그러하니... 세상선생이 없는 자의 복음을 세상이 인정하지 않는 것은 세상순리로는 당연하다 하겠습니다.

하나님의 복음을 위해 오셨던 예수님께 선생이란 자격증이 있었던가요... ?
예수 오시기 전에 그의 첩경을 평탄케 하기 위해 왔던 세례요한은 선생이 있었던가...?
세상이 자격증을 주었던가... ?
하물며... 예수님 제자 베드로나 그리스도의 사도 바울에게 세상에서 인정한 자격증이 있었던가... ?
세상이 그들에게 한 일은... 잡아 죽이거나 잡아 가두거나 잡아 제물로 쓰곤 했습니다.   선지자들을 비롯한 예수의 제자들까지 모~두.

그들을 가르치며 이끌어준 존재는 세상이나 사람이 아닌 오직 성령이셨으며...
하나님의 역사는 처음부터 끝까지 성령을 통해 이루셨고 이루고 계십니다.

그동안 시대에 맞춰 여러분의 성령들께서 다녀가셨으나...
현재는 보혜사성령께서 세상에 계시며 '은혜의 복음'으로 하나님역사를 마무리하고 계십니다.

그럼에도 세상은 여전히...
사람에게서 배우고 연구하고... 세상이 주는 자격증이 없이는 복음에 앞장 설 수 없습니다. 세상이 인정하는 내용과 일치하지 않으면 이단이네 삼단이네 하며 세상제도를 이용해 가까이 하지도 못하게 합니다. 마치 문둥병자 대하듯 하지요.
오히려 자신들이 심각한 문둥병자라는 것은... 꿈에도 모릅니다.

세상은 여전히... 예수를 십자가에 못 박은 자들을 역사하던... 그 영들이 잡고 있습니다.
성경에서는 '공중권세 잡은 자'라고 표현되고 있지요.
참으로 보혜사성령의 지식과 지혜가 필요한 시대입니다.

"이것은 만세와 만대로부터 옴으로 감춰었던 비밀이나 이제는 그의 성도들에게 나타난 것으로..." (골1:26~27)
이제 성령은... 그의 존재를 깨닫는 성도에게 나타나 그에게 '새 생명'이라는 확실한 증거를 주십니다.

***

세상에서도 역시... 세례와 은혜와 고난동참에 대해 이야기 합니다.
그러나...
성령의 세례가 무엇이며 은혜가 무엇이며 동참하는 것이 무엇을 뜻함인지...

세상학문으로 한계에 멈추어있는 초등지식은... 수려한 말과 인간철학의 속임수로 미혹시킬 뿐... 하나님의 참 뜻을 알게 하지 못합니다.

그러다 보니...
성경말씀의 의문점들을 명쾌하게 풀지 못하고 비유라는 말로 대신하여 알쏭달송 해석하거나... 그마저 역량이 부족하면 더 이상 의문에 대한 집착을 금하여...
그저 '의문에 순종하는 자'로 만듭니다.
그렇다면 고난의 동참과 성령세례와 은혜란 무엇인가,,, 를 짚어 보아야 하겠습니다.

세례요한은 말했습니다.
"나는 너희로 회개케 하기 위하여 물로 세례를 주거니와 ... ... 그는 성령과 불로 세례를 주실 것이요..."
불세례는 죽음이요 성령세례는 부활입니다.
아주 간단한 표현은 '불세례로 죽고 성령세례로 하나님의 생명을 받아 그리스도로 다시 사는 것'입니다.

사람유전자는 마리아의 태 안에서... 하나님생명을 만나... 임마누엘의 몸을 만들었습니다.
하여 사람은 임마누엘(예수)의 몸이 되어 태어나 함께 고통 받아 죽고 (고난동참)...
다시 그리스도 몸으로 함께 부활했습니다. (성령세례)
사람은 이 모든 과정을 아무런 수고 없이 예수의 몸으로 동참되고 그리스도와 동참되어 거저 이루어졌습니다. (은혜)
이렇게 해서 사람의 유전자가 그리스도의 유전자로 거듭난 것입니다.
아멘.

"이것은 만세와 만대로부터 옴으로 감취었던 비밀이나 이제는 그의 성도들에게 나타난 것으로..."
세상에 오신 하나님 독생자의 몸이 십자가에 못 박혀... 그 육체의 죽음으로 말미암아 인간의 씨를 죽게 하시고... 하나님의 생명으로 다시 살려 그리스도의 기초(씨)를 마련해 주신 하나님의 대 역사입니다.

그 때에 임마누엘(예수)과 합하여 고난을 받아 몸이 죽고 그리스도와 합하여 다시 살았다는 비밀을 깨닫게 된 사람은...
이미 2000여 년 전... 불과 성령의 세례를 예수그리스도 안에서 받은 것입니다. (골1장)
하여 선악과를 먹었던 인간의 몸이 죽고 하나님생명과 몸으로 다시 살았으니...
이 사실을 참으로 깨닫는 이제 부터는...
내가 사는 것이 아니요 내 안에 하나님의 생명이 사시는 것입니다.

"내가 그리스도와 함께 십자가에 못 박혔나니 그런즉 이제는 내가 산 것이 아니요 오직 내 안에 그리스도께서 사신 것이라... " (갈2:20~21)
하여... 성경은 세상 초등학문으로 보는 것이 아니라 내 안에 계신 하나님생명의 지식과 지혜로 볼 수 있게 되는 것입니다.

즉, 선악과로 죽은 눈과 귀로는 성경을 접한다 해도... 볼 수도 들을 수도 없기에 절대로 알 수 없습니다. 하여...
세상에서는 공중권세자에 의해 왜곡된 것을 주입하며 믿으라~ 순종하라~ 하니...
입으로는 '믿~습니다' '믿~습니다' 굳게 굳게 반복하여 부르짖는 것입니다.
이렇게 노력하면 될 것이라고 스스로 속이고 속는 것입니다.

***

그리스도의 부활 이후에 태어난 저 역시...
'불과 성령의 세례를 받아 새롭게 거듭난 씨로 태어났다는 사실'을 참으로 깨닫게 된 이후에는...
나의 눈과 귀가 새롭게 살아났는가... 그동안 갖고 있던 의문점들이 풀리기 시작했습니다. 우선 크게 생각나는 것부터 나열해 보겠습니다.

(a). 아담에게 짐승으로 짝지어 주려던 여호와와... 아담의 갈비뼈로 하와를 만들어 짝지어준 여호와는 같은 존재일까요... ?

(b). 아담의 계보는 셋부터 기록되었습니다. 아벨은 죽었기에 그렇다손 치더라도 오늘날까지 창대한 후손들의 시조인 장남 가인은 계보에 들지 못했습니다. 왜죠... ?

(c). 아벨을 쳐 죽인 가인이 아벨의 피로 저주에 묶이게 되어 에덴에서 쫓겨나자... 죄벌이 너무 중하다 반역하며 울부짖으니...
곧이어 나타난 여호와는... 죄를 짓고 회개도 없이 울부짖는 가인에게... 그를 해하는 자에게는 일곱배나 벌을 주겠다 하며 보호를 약속하고... 동생을 죽인 살인자임에도 오늘날까지 창대케 하는 이 여호와는... 어떤 존재인가... ?
가인을 에덴에서 떠나보낸 여호와는 누구이며... 가인을 동편 놋 땅으로 인도하여 보호하는 여호와는 누구인가? (창4:10~24) 같은 분인가?

(d) 창세기 (6:17~22) (7:2~5)를 보면,
노아에게 하나님과 여호와 두 분이 등장하며 각각 다른 말씀을 하십니다.
하나님께서는, 혈육 있는 모든 존재들이 각기 둘씩 나아오리니 그 생명을 보존케 하라 하시고... ('나아오리니...': 이는 하나님이 취하셔서 보

내신다는 뜻)
여호와는, 의로움으로 부추기며 정결과 부정으로 선악을 나누어 둘씩 일곱씩을 네게로 취하라 요구합니다.(스스로 취하라 합니다.)

이 대목에서의 **하나님은 참 여호와**를 뜻하며 그냥 **여호와는 짐승여호와**를 뜻하는 것으로 유추됩니다만... 이 분들도 같은 존재라 생각하십니까... ?

(e). **"나는 아브라함과 이삭과 야곱의 하나님이다."** 하나님께서 몇 번이고 강조하신 말씀입니다.
그러나 야곱의 이름이 이스라엘로 바뀌면서 그 후손들을 경영하는 존재도 역시 같은 분인가를 살펴보십시오. 그 후손들은 언제나 아브라함의 후손임을 자랑스러워하고 그 하나님을 자신들의 하나님이라 합니다.
그러나 참고할 것은...

"또한 아브라함의 씨가 다 그 자녀가 아니라 오직 이삭으로부터 난 자라야 네 씨라 칭하리라" 하셨으니, 곧 육신의 자녀가 하나님의 자녀가 아니라 오직 약속의 자녀가 씨로 여기심을 받느니라."(로9:7~8) 하는 말씀입니다.

*** 잠시 생각해 보겠습니다.
아브라함과 사라가 이미 노쇠하고 그들의 생산시기가 지났음에도 그에게 아들을 주시겠다 약조하셨고 주셨습니다.
이는 태초, 아담에게 아벨 대신에 주신 **다른 씨 '셋'**처럼...
동정녀 마리아에게 오신 **'하나님생명'**처럼...
아브라함 혈육의 씨가 아닌 특별한 존재라는 것을 유추할 수 있습니다.

그렇게 이삭은 하나님이 주시겠다 약속하신 약속의 자녀였고 이삭이 낳은 자 중에는 '야곱'만을 짚어서… "나는 그의 하나님이다"라고 강조하신 것입니다.
오늘날 신약에서…
'복음'을 깨닫는 자에게 새 생명을 주어 '아들이라 칭하리라' 하신 것 역시 하나님의 '약속'이며… 이렇게 지금도 하나님 '약속의 자녀'가 태어나고 있는 것입니다. ***

하나님께서는 아브라함과 이삭과 야곱의 하나님이라 몇 번이고 강조하셨습니다.
야곱의 이름이 '이스라엘'이라 바뀌었으니…
그 후에 이어지는 후손들의 하나님은 아닐 수도 있다는 결론입니다.

예수께서도 아브라함의 자녀라 하는 그들의 주장을 이렇게 부정하셨습니다.
"… 너희는 너희 아비 마귀에게서 났으니 너희 아비의 욕심을 너희도 행하고자 하느니라 저는 처음부터 살인한 자요…"(요8:39~47)

이처럼 후손이라 주장하는 혈육의 자녀들을 인정치 않으셨고…
하나님이 선택하신 아브라함과… 약속으로 주신 이삭과… 꼭 짚어 말씀하신 야곱에게만…
특별한 하나님의 안보가 계셨음을 알 수 있습니다.

이로써 아브라함의 후손이라 주장하는 그들의 하나님과…
아브라함 이삭 야곱의 하나님이 다르다는 것을 확인할 수 있습니다

(f). 예수님의 이름은 '예수'와 '임마누엘' 두 개가 있습니다.

예수 그리스도의 종과 사도인 시몬 베드로'(베후1) 라고 기록된 바와 같이 종 신분으로 백성이 되는 구원을 외치는 베드로와...
'예수 그리스도와 및 죽은 자 가운데서 그리스도를 살리신 하나님 아버지로 말미암아 사도된 바울'(갈1) 이라고 기록된 것처럼 아버지의 사도로써 아들이 되는 부활을 전하는 사도 바울... !

'예수'와 '임마누엘'의 두 이름처럼 이 두 역사 즉,

'백성으로의 복음'과... '아들로의 복음'...

이 두 복음을 세상은 왜 분별하지 않는 것일까... ???

이처럼, 성경에 대하여 의문이 가는 문제는 넘치고 넘치게 있으나... 우선 누구나 쉽게 품을 수 있는 의문점 중 중요한 몇 가지를 나열해 보았습니다
댁은 얼마만큼 분별을 하고 계신지요... ?

"... 저 불법의 사람 곧 멸망의 아들이 나타나기 전에는 이르지 아니하리니 저는 대적하는 자라 범사에 일컫는 하나님이나 숭배함을 받는 자 위에 뛰어나 자존하여... 하나님 성전에 앉아 자기를 보여 하나님이라 하느니라." (데후2:4)
과연 하나님성전에 앉아있는 이 하나님의 존재는 무엇일까... ?
아브라함 이삭 야곱의 하나님이신가... 그 후손들의 하나님인가... ?

이러한 성경 말씀을 올바르게 받아 분별하고 구별하여... 하나님께서 인간들에게 전하고자 하시는 뜻을 제대로 알기 위해서는... 우선 하나님께서 주신 '새 생명'을 찾아야 하는 것이 가장 중요합니다.

***

성령의 세례란...
아주 간단한 표현으로 **'하나님의 생명을 받는 것'** 입니다.
예수 그리스도와 합하여... 죽고 살아나는 과정을 통해... 선악과 먹은 인간이 죽고 그리스도 하나님으로 살아나는 것.

이 사실을 깨닫는 순간... 잠자던 내 안의 '새 생명'이 깨어나... 죽었던 하나님 형상이 살아나서 자라기 시작한다... 라고 설명드릴 수 있겠습니다.
하여... 성경말씀을 세상 초등학문이 아닌... 내 안에 계신 하나님의 지식과 지혜로 볼 수 있게 되는 것입니다.

하나님의 영으로 씌어진 성경이니 하나님생명의 능력이 정확히 볼 수가 있을 것입니다.
저 또한 이정도 라도 올릴 수 있는 말씀은...
복음으로 깨어난 제 안의 하나님 생명이 자라나며...
성령의 주시는 말씀으로 성숙되어가는 만큼 볼 수 있고 들을 수 있게 하시므로 갖게 되는... 열매일 것입니다.

이렇게 세월과 함께 성숙되다 보면 하나님의 모양(격)이 완성되어...
"우리의 형상과 모양대로 사람을 만들자." 라고 하신 하나님의 계획안에 포함되어 그리스도로 완성될 것입니다.

부족하지만 여기까지가 제가 표현할 수 있는 수준입니다.
잘못되고 미숙한 부분이 있다면 보혜사성령께서 좀 더 바르고 완숙된 깨우침을 주시리라 믿으며... 감사드립니다. 끝.

(18). 어느 수녀님

“나에게는... 그리스도가... 보이지도 들리지도 않았다”

평생을 수녀로 봉사와 신앙생활로 생을 마친 어느 수녀의 고백이었습니다.
그녀는 사망할 때까지 신의 존재를 느끼지 못했다고 고백했습니다. 그녀가 여러 명의 고해신부들에게 보낸 40여 장의... 폐기되기를 원했던 미공개 서한들을 보면... 그 속에는 어둠 외로움 고통이란 단어들이 반복적으로 등장합니다.

“(예수님)을... 보려 해도 보이지 않고 들으려 해도 들리지 않는다. 끔찍한 상실감과 말로 표현할 수 없는 어둠과 외로움... 어둠이 너무나 깊어서 마음으로도 이성으로도 아무것도 보이지 않는다. 내 영혼 안에 주님이 계셔야 할 자리에는 아무도 없다. 오직 모든 것이 죽은 것처럼 내 안에는 너무도 끔찍한 어둠이 있을 뿐이다”
라는 내용으로 씌어져 지인들에게 보내졌던 것으로 사후에 밝혀졌습니다.

이렇게 신의 존재를 확신하지 못하여 고통스러워했던 수녀를 두고 세상의 평가는 극명하게 엇갈렸습니다.
어느 무신론자는, “그 수녀 역시 종교는 인간이 만들어낸 허구라는 것을 깨달았다”고 말하고... 또 어느 신부는 아래와 같이 말했습니다.
“기독교인들이라면 누구나 겪는 신앙속의 어두움을 평생 껴안고 살면서도 믿음으로 충만한 궁극적 구원을 이뤄냈다.”(어느 신문 국제면에서...)

신앙이라는 것은 어떤 초자연적 존재의 절대적 능력에 의존하게 되는 일이며...
참된 신이라면... 절대적 능력으로 마음의 평안을 줄 수 있어야 하는 것이겠지요 !　그렇지 않다면 어떻게 그 신을 진정으로 믿고 의지할 수 있겠습니까... 아닌가요... ?

예수께서도 말씀하시기를...
"나는 세상의 빛이니 나를 따르는 자는 어두움에 다니지 아니하고 생명의 빛을 얻으리라."(요8:12)
"나는 빛으로 세상에 왔나니 무릇 나를 믿는 자로 어두움에 거하지 않게 하려 함이로라." (요12:46)
"너희에게 아직 빛이 있을 동안에 빛을 믿으라 그리하면 빛의 아들이 되리라." (요12:36) 라고 강조 하셨습니다.

그런데, 어찌된 일입니까...? 무엇이 잘못된 것입니까...?
평생을 봉사하며 하나님을 섬기는 것으로는 세상에 어느 누구도 따를 자가 없었다는 대단한 그녀가... 죽을 때까지도 빛을 보지 못하고 어두움에서 고통스러워했다는 고백은... ?

"기독교인들이라면 누구나 신앙속의 어두움을 평생 껴안고 산다..." ???
이 또한 참으로 암담한 말입니다.　어두움을 평생 껴안고 살 바에야 뭣 하러 신앙을 갖겠습니까?
빛을 믿으면 어두움에 다니지 않는다 하셨거늘... !!
무엇인가 그 신앙은 잘못 되었다는 사실을 깨달아야 합니다.

그 녀는 세상이 이끄는 대로 인간의 지식과 지혜안에서 믿음을 가지려 노력했지만...
자신이 찾는 참 신과 연결되지 못했기에 불안 고통 어두움에서 벗어나지 못했습니다.
그럼에도 불구하고 굴복하지 않고 죽을 때까지 열심히 노력했습니다.
애석하게도 그냥 그 뿐입니다 그렇게 끝났습니다.

그러나 그 모습을 보고 세상 사람들은...
그녀가 고통 속에서도 놀라운 인내심으로 구원을 이뤄냈다고 인정합니다.
과연 이런 것이 구원일까요... ?
그렇게도 괴로운 것이지만 인내심과 노력을 사람들이 인정해주면 구원이 되는가... ?
신께서도 열심히 노력하면 구원해 주신다고 했는가... ?
사탄의 지혜가 인간의 지혜를 추월하여 이러한 미혹으로 속이고 있는 것입니다.

죽을 때까지도 괴로워했다는 것은 결국 빛을 찾지 못했다는 말인데...
어인일일까요... ?
"나는 세상의 빛이니 나를 따르는 자는 어두움에 다니지 아니하고 생명의 빛을 얻으리라."
예수님의 이 말씀은... 어디로 간 것일까요... ?

그리스도의 사도 바울은...
"너희는 종교심이 많도다. 알지 못하는 신에게 잘도 열심을 내는구나. 기이한 일이로다." 하고 꾸중하셨으니 이를 오늘에 비유하면...

'하나님'이란 존재에 대하여 바르게 알지 못하고...
'은혜의 복음'을 주신 참 하나님의 뜻하심도 분별 못하고...
따라서... 주신 복음을 통한 그 분의 대 역사를 잘 알지 못하고 알려하지도 않으면서... 유전과 관습에 따라 그저 열과 성의로 의문에 순종하는 세상의 종교심이...
정녕 잘못된 길이며 이상한 일이라는 말씀입니다.

"... 항상 배우나 마침내 진리의 지식에 이를 수 없느니라." (디후3:7)
하나님의 뜻은 뒤로하고... 인간의 지식과 지혜로 하나님을 대하는 사람들에 대한 예수님의 가르침이었습니다.

신앙인들이 얼마나 어둠속에서 괴로워하고 있는지는 위의 수녀 외에도 여럿 있어왔습니다.
16세기 위대한 신비주의 신학자 '십자가의 성 요한' 역시, 순례하는 영혼의 '어두운 밤'에 대해 되풀이해서 썼다고 합니다.
수도원에 있는 수도자들의 표정이 하나같이 어둠속 망자들 같은 이유를 알 것 같습니다.
신앙 속에 어두움뿐이라면 그런 신앙심은 차라리 갖지 않는 것이 낫겠습니다. 어두움은 사탄을 의미한다고 하니 말입니다.

분명한 참 그리스도인이라면 어둠속에 갇혀있는 것이 아니라...
빛으로 인도되어 '새 생명'으로 평안과 감사와 그리고 죽음도 초월하는 희망을 갖게 됩니다.
이 빛의 신앙 속에는 어두움이 있을 턱이 없습니다. 그러니까 이름도 '빛'이죠.
이러한 빛을 모른다면...

그야말로 인간이 만들어낸 허구 속에 갇혀있다는 것을 알아야합니다.
<u>바로 이것이 의문에 순종하는 결과이며... 어둠의 신앙이며 사탄의 역사이기도 합니다.</u>

그 수녀가 평생 헌신과 봉사로 살며 빛을 사모했으나 빛의 평안을 모르고 죽었다면...
세상으로부터 엄청난 칭송을 받았을지언정 하나님의 은혜와는 연결되지 못한...
단지 인내심 많고 헌신적인 착한 한 인간에 불과한 존재로 끝난 것입니다.

자신의 명성과 관계없이 한 편으로는 아주 솔직하게 표현할 줄 아는 순수한 인간이었습니다.
자신은 어둠속에서 빠져나오지 못해 고통에 시달린다고 여러 신부들에게 고백하면서도, 일반 사람들에게는 다음과 같이 말했답니다.
"신은 모든 곳에 있다. 우리마음에도... 우리가 만나는 가난한사람들에게도... 우리가 주고받는 미소 속에도 있다."

이처럼...
자신의 솔직한 고백과는 다른 말을 해온 그녀를 보며...
우리는, 그녀 역시 그저 헌신적이고 미약한 한 인간으로 끝까지 믿으려 노력하다가 생을 마친 불쌍한 존재에 불과했다는 것을 알 수 있습니다.
그럼에도... 세상의 신앙인들은 다음과 같은 말로 세상속의 신앙을 찬양합니다.

* "믿는 것은 불확실한 것을 믿는 것이다. 그러므로 과일 속에 씨가 깃들듯이, 믿음 심방(心房)에는 회의가 깃든다. 그래서 신학자 파울 틸

리히는 "회의는 신앙의 긍정"이라고 했던 것이다. 회의는 훼손된 신앙이 아니다. 오히려 신앙의 본질적 구성 요소다.
그 수녀의 그 같은 고백은 오히려 치열하게 신의 존재를 추구했던 그녀의 불꽃같은 신앙을 말해주는 것이다." *

참으로 사탄은 온갖 어렵고 고상한 말로 사람을 미혹시키는 재주가 있습니다.
그럴싸~해 보이지만...
불확실하면 확실한 것을 추구해야 될 터인데... 그대로 믿는 것이 믿음이라니요... 그게 믿어집니까... ?
이는 의문에 순종하며 헌신하는 자신에게 위안을 주고자하는 논리에 지나지 않습니다.
이런 것을 두고 '초등수준의 인간학문이며 속임수 철학'이라고 하나님은 말씀하셨습니다.

<u>불확실한 것은 믿음이 아니라 의심입니다.</u>
의심은 곧 알고자 하는 선한마음으로 진리를 추구하게 만들며... 추구하는 자에게 빛이 보이는 것이죠, 그러나 세상은 따지지 말고 믿으라합니다.
예수께서는 "두드려라 두드리는 자에게 열릴 것이다."라는 말씀도 하셨는데 말입니다.

"세상에는 많은 신들이 있다." 하나님께서 하신 말씀입니다.
과연 어떤 신들이 존재하며, 그 중 하나님은 어떤 존재이시며, 인간과는 어떤 관계이며, 그 분이 하신 일은 무엇이며, 인간에게 무엇을 명하셨는지... !!

이러한 수도 없는 의문에 대해 단편적으로 세상이 전해주는 내용을 의심하지 말고 믿으라 하니... 의문의 마음을 감추고 믿으려고 노력합니다.
그러나 잘 믿어지지가 않으니 "믿습니다 믿습니다" 반복하여 자신과 상대를 세뇌시키며 가짜평안에 안주하고 있습니다.
오랜세월 그러다 보니 아예 문둥병자가 되어 자신이 무엇을 하고 있는지 감각도 없어진 채로 관습과 유전이 되어버렸습니다.

결국은...
빛을 찾으라 하셨으나 평생을 걸고도 찾지는 못하고 믿고자하는 노력만으로 끝나는 신앙인들이 있는 것 아니겠습니까... ! 그럼에도...
"믿는 것은 불확실한 것을 믿는 것이다" 라는 참으로 해괴한 괴변으로 미화시켜 혼미하게 하며... '하나님의 복음'을 외면하게 만들어 버리는 사탄의 역사를 봅니다.

위에서 살펴본 대로...
세상에서 많은 칭송과 존경받는 신앙인이었던 그녀가...
왜 그러한 고통의 고백을 하며 죽을 때까지 괴로움에 시달렸는지...
그녀의 뒤를 추종하는 인간들에게 시사하는 바가 엄청납니다.

세상의 칭송을 받으며 평온하고 온화한 얼굴로 빈자구호에 일생을 바친 그 수녀가...
"내 미소는 가면이고 모든 것을 덮어버리는 망토"라며... 자신의 어두운 내면을 고백했던 것을 볼 때...
세상 많은 신앙인들 역시...
자신의 어두운 내면을 감추고 평온과 온화로 가장하고 있다고 해도 과언이 아닐 듯합니다.

하나님의 '은혜의 복음'을 소홀히 하는 이 세상에서는 결코 참 빛을 알 수 없으므로...
그들이 가식과 위선으로 위장하는 것은 어쩔 수 없는 당연한 결과입니다.

보혜사께서 전하시는 은혜의 복음(그리스도의 복음이며 하나님의 복음)...
2000여 년 전 예수가 죽고 다시 그리스도로 부활하신 역사에 사람이 동참되어...
이미 '불과 성령세례'를 받아 거듭났다는 사실을 깨닫지 못하여 여전히 선악과의 죽은 몸으로 눈도 귀도 입도 작동을 못하기에...
"선악과를 먹으면 정녕 죽으리라." 하신대로 여전히 눈도 귀도 입도 모두 죽은 상태입니다.
오늘날에도 세상에서는 여전히 보암직 먹음직 탐스러운 선악과를 열심히 탐하며...
하나님이 헛것으로 아신다 하는 세상지식과 지혜를 사모하며 형식과 가식과 기회와 물질에 치우쳐있음에도... 주제를 모르고 있는 자칭 대단한 의인들이...
세상 사람들 특히 종교인들입니다. 그러나...

성령의 말씀을 보아도 모르고 성령의 소리를 들어도 모르니...
장님이며 귀머거리이며 벙어리로... 봉사를 따르는 문둥병자들에 불과합니다.

사단의 세상이기에...
사단의 뜻대로 너무도 변질되어 하나님의 진리를 가리고 있는 것이...
오늘날 세상의 현주소입니다.
바리세인과 사두개인들을 조심하라고 하신 말씀은 현 시대에도 해당되는 말씀입니다.

"하나님의 말씀은 살았고 운동력이 있어 좌우에 날선 어떤 검보다도 예리하여 혼과 영과 및 관절과 골수를 찔러 쪼개기까지 하며 또한 마음의 생각과 뜻을 감지하시나니 지으신 것이 하나라도 그 앞에 나타나지 않음이 없고 오직 만물이 우리를 상관하시는 자의 눈앞에 벌거벗은 것같이 드러나느니라."(히 5:12-13)
성경말씀 하나라도 소홀히 해서는 안 될 것입니다.

"너희가 성경에서 영생을 얻는 줄 생각하고 성경을 상고하거니와 이 성경이 곧 내게 대하여 증거 하는 것이로다."(요5:39)
"... 하나님의 비밀인 그리스도를 깨닫게 하려 함이라. 그 안에는 지혜와 지식의 모든 보화가 감취어 있느니라."(골2:2-3)

그러나,
사단이 지배하는 이 세상에서 세상이 주는 자격으로 하나님을 홍보한다면...
글쎄요... ?
보혜사의 안보가 절실한 세상입니다.

성경은 성령의 힘으로 쓰여 졌으므로 신령한 힘이 아니면 알 지 못한다고 하셨습니다.
사람의 지혜로 배워 익힌 능력이 아닌...
성령의 말하게 하심 따라 전하는 소리에 귀 기울여야 하는 것이며...

그 성령의 말씀은 '새 생명'을 전하는 말씀이므로...
'새 생명'이 있는 자라야 생명전달이 가능하여 또 다시 생명이 탄생되고...
하여... **말씀을 보게도 듣게도 말하게도 되는 것입니다.**

이쯤해서... 무엇인가 잘못되었음을 감지하셨다면...
의인들의 무리에서 떠나 길 잃은 한 마리의 양이 되어...
참 진리의 길을 찾아보아야 하겠습니다. 끝.

(19). 가인과 그의 여호와

아담이 그 아내 하와와 동침하매 하와가 잉태하여 가인을 낳고 이르되...
"내가 여호와로 말미암아 득남하였다." 하니라. (창4:1)
이 말은 하와의 고백입니다.

여호와하나님은 아담을 이끌어 에덴동산에 두며... 선악과를 먹으면 정녕 죽게 된다는 주의를 주셨습니다.
여호와께서 아담에게 그런 주의를 주실 때는 하와가 탄생되기 전이었던 것으로 보아 아마도 아담에게 전해 들었겠지요.

에덴동산에서 여호와하나님이 지으신 들짐승 중에 가장 간교한 뱀이 여자에게 접근하여 선악과를 먹게 했습니다.
아담에게 들짐승으로 짝을 만들어 주려던 일이 실패로 끝나자...
이번에는 하와를 유혹하기 위하여 간교한 뱀은 어떤 모습으로 하와에게 접근했을지 상상이 되실 것입니다.
저주 받기 전의 모습은 오늘날의 모습과는 다릅니다.
하와를 미혹하여 선악과를 먹이고 난 후에 여호와의 노여움을 받아 오늘날의 모습이 된 것입니다. (창3:14)

어쨌든... 하와는 뱀의 유혹에 완전히 넘어가 남편의 경고도 무시한 채 선악과를 먹었고...
남편의 경고도 무시할 정도이니... 하와에겐 뱀이 남편보다 더 큰 존재로써 여호와처럼 그녀에게 다가왔을 것입니다.
그렇게 해서... 하와는 뱀의 아들을 낳고... "내가 여호와로 말미암아 득남하였다."라고 증거 한 것입니다.

가인이 이처럼 뱀의 후손이라는 것은 성경 곳곳에서 발견할 수 있습니다.

(A).

"내가 너로 여자와 원수가 되게 하고 너의 후손도 여자의 후손과 원수가 되게 하리니 여자의 후손은 네 머리를 상하게 할 것이요 너는 그의 발꿈치를 상하게 할 것이니라..." (창3:15)

뱀을 향한 이 같은 하나님의 예언하심대로...

오랜 세월이 흘러가면서 뱀의 아들 가인의 후손으로 번성한 사람들은...

여자의 후손 예수님을... 십자가에 매달아 그의 몸을 죽입니다.

계시록에서 보는바와 같이 세상 종말에 즈음하여서는...

"용을 잡으니 곧 옛 뱀이요 마귀요 사단이라 잡아 일천 년 동안 결박하여 무저갱에 던져 잠그고..." (계20:1~3)

결국 옛 뱀이 차지하고 있는 처음하늘과 처음 땅인 이 사단의 세상은 없어짐으로써...

뱀의 후손은 여자의 후손에 의해 쫄딱 망하게 되는 것입니다.

반면, 여자의 후손 예수께서는 몸이 죽는 고통을 겪으셨지만...

곧 그리스도로 부활하셔서 하나님의 계획이 완성되었습니다.

뱀을 여호와로 알고 섬겼던 하와로 인해 뱀의 후손을 낳은 것은 알겠으나...

여호와께서 말씀하신 여자의 후손이란 무슨 의미일까... ?

이는...

가인을 낳은 후 하와는 아담의 후손 아벨을 낳았으나 곧 가인에게 죽임을 당했습니다. 사람의 후손이 뱀(사단))의 후손을 당할 재간이 없었던 것입니다.
이걸 아시는 하나님께서는 '다른 씨'를 주셔서 '셋'을 낳게 하셨습니다.

사람의 씨도 아니고 뱀의 씨도 아닌 '다른 씨'... !!
아마도 뱀의 씨와 상대할 만한 씨가 되겠죠. 성경의 기록된 말씀을 살펴볼 때... '멜기세덱'(히7:3)의 씨로 유추됩니다 만, 암튼 신에 버금가는 존재인 것은 틀림없습니다.

하여...
하나님께서는 '셋'을 기반으로 역사를 펼쳐 나가십니다.
그 '셋'의 후손으로...
에녹에서부터 무드셀라 노아 셈을 조상으로 한 아브라함과 다윗의 후손 '동정녀 마리아'에게서... 하나님의 아들 '예수'가 태어나신 것입니다.

세상에는 존재하지 않는 하나님의 씨가 임하셨기에, 마리아가 낳은 예수는 '여자의 후손'이라 표현된 것입니다.

(B).
아담과 하와가 낳았다 하는 장남 가인은 아담 자손 계보에 들어가지 못합니다.
아담이 일백삼십 세에 낳은 '셋'부터 계보가 형성됩니다.(창5)
아담의 씨 아벨은 능이 없어 가인에게 죽임을 당했기 때문이라 쳐도...
가인은 어째서 못 들어가는가... ?
하나님께서 인정하지 않으신 것입니다.

하나님께서 인정하신 '씨'는 '셋'이었고 그의 후손들을 선택하여 하나님의 기나긴 역사를 이끌어 오셨습니다.

(C).
가인이 아우 아벨을 쳐 죽여 땅이 그 피를 받아 패괴하게 됩니다. (창 4:8~12)
선악과를 먹으면 그 독으로 정녕 하나님 앞에 죽을 수밖에 없게 된 것과 더불어...
살인으로 인한 아벨의 피로 인하여 축복이었던 땅이 패괴하게 된 것입니다.

하나님께서는 '먹지마라 먹으면 정녕 죽는다'라고 사단의 위험을 알려 주셨음에도 아담은 그 말씀을 지키지 못했습니다. 아마도 그 때는 하나님의 형상 뿐 아직 모양이 갖춰지지 못한 상태였기에 말씀을 지킬만한 여력이 없었나 봅니다.
"하나님의 명령을 어겼으므로 벌을 받았다... 살인을 했으므로 하나님이 저주를 하셨다" 하는 것은 인간들의 초등 생각입니다.
그 보다는...
선악과의 독이 몸에 들어가는 즉시 나타나는 현상이라고 하는 것이 낫겠습니다.

가인이 동생 아벨을 죽였으므로 살인자가 되어 생명 없는 놋 땅으로 유리하는 자가 되었습니다. 그러자 그는 회개는커녕... 여호와께 자신의 죄벌이 너무 중하다하며 떼를 씁니다.
그러자 여호와가 나타나 가인을 달래주고 무슨 표까지 주며 그를 보호할 것을 약속합니다. (창4:13~15)

생각해 보십시오.
여호와하나님께서 단호히 하신 말씀을...
그 살인자 죄인이 울고불고 떼를 쓴다고 해서 다시 그 말씀을 거두고 달래시고 표까지 주시며 보호 한다 약속하셨겠습니까... ?
이 때 나타난 여호와는 하나님 창조에 힘입어 각종 짐승들을 만들고 뱀을 내세워 하와를 유혹했던 짐승여호와 입니다.
자신의 아들이 어려운 처지에서 호소를 하니 그가 나타나 달래주고 자신의 아들이란 표를 주며 보호할 것을 약속한 것입니다. 그 표는 짐승을 상징하며... 훗날 666 의 예표입니다.
그 후 가인은 자기 여호와의 보호를 받으며 엄청나게 번성하고...
그 후손들은 각 분야에서 발전을 이루어 오늘까지 세상을 누리고 있습니다.(창 4:16~24)

(D).
한편...
아담의 계보에서 인정된 셋이 아들을 낳고 이름을 '에노스'라 하였을 때...
사람들이 비로소 여호와의 이름을 불렀더라 했습니다. (창4:25~26)

그렇다면...
그때까지 가인이 섬기던 여호와는 무엇인가... ?
셋의 후손들이 부르기 시작한 참된 여호와가 아닌 다른 존재였음을 알 수 있으며...
셋이 태어나 아들을 낳게 되기까지 성장하니... 비로소 참 여호와를 찾았던 것입니다.
가인의 여호와 그리고 셋의 여호와...
두 여호와의 이름은 같으나 존재가 다르다는 증거입니다.

가인의 아들 에녹은, 자신의 이름을 붙여 성을 쌓아 여호와를 섬기며... 그의 아비 가인이 에덴을 쫓겨나면서 여호와께 요구했던 것처럼... 세상의 온갖 선악과와 적으로부터의 안보를 요구했을 것입니다.

셋의 아들 에녹은, 하나님과 동행하며 하나님자녀를 낳다가 들림을 받습니다.
"삼백년을 하나님과 동행하며 자녀를 낳고 하나님이 그를 데려가시므로 세상에 있지 아니하였더라." (창5:21~24) (휴거)
현 시대에는, '보혜사성령'이 오셨기에 그 분과 동행하며 '하나님의 복음'으로 '새 생명'을 찾게 되면... '하나님아들'이 되어 휴거되는 하나님의 약속이 있습니다.

이처럼 가인과 셋의 두 '에녹(교회)'은 이름은 같으나 전혀 다른 삶을 사는 것을 알 수 있습니다.

(E).
"때에 온 땅이 하나님 앞에 패괴하여 강포가 땅에 충만한지라 하나님이 보신즉 땅이 패괴하였으니 이는 땅에서 모든 혈육 있는 자의 행위가 패괴함이었더라. 하나님이 노아에게 이르시되 모든 혈육 있는 자의 강포가 땅에 가득하므로 그 끝 날이 내 앞에 이르렀으니 내가 그들을 땅과 함께 멸하리라." (창6:11~12)
살인자 가인에 의해 땅이 저주를 입고... 그의 후손들과 혼합된 인간들의 행보가 패괴하였으므로... 하나님께서 땅을 포함한 모든 부정한 생명들을 멸하기로 하십니다.
그 과정에서...

(1). 하나님이 노아에게 명하십니다.

"너는 혈육 있는 모든 생물을 각기 암 수 한 쌍씩 방주로 이끌어 들여 너와 함께 생명을 보존케 하되 새가 그 종류대로 육축이 그 종류대로 땅에 기는 모든 것이 그 종류대로 각기 둘씩 (네게로 나아오리니) 그 생명을 보존케 하라." (창6:19~20)

하나님께서 보내 주십니다.

(2). 또한 여호와도 명합니다.

"너는 모든 정결한 짐승은 암수 일곱씩 부정한 것은 암수 둘씩을 (네게로 취하며) 공중의 새도 암수 일곱씩을 (취하여) 그 씨를 온 지면에 유전케 하라." (창7:2~3)

본인이 직접 골라 취하라 합니다.

노아는 하나님이 자기에게 명하신 대로 다 준행하였더라. (창6:22)
노아가 여호와께서 자기에게 명하신대로 다 준행하였더라. (창7:5)
여기에서의 **하나님은 '참여호와'를 말하며...**
여기에서의 **여호와는 '짐승여호와'를 말하는 것으로 유추됩니다.**

노아는 하나님의 명과 여호와의 명을 모두 준행하였습니다.
하나님께서 선택하신 몇몇 생명을 제외한 모든 생명을 멸하시려는 하나님의 계획에... 짐승여호와(가인의 여호와)가 끼어든 것입니다.

하나님께서 자신의 형상으로 사람을 만들어 생명나무 열매를 먹고 온전하게 되기를 원하셨던 계획에 뱀이 끼어들어 하와에게 선악과를 먼저 먹게 함으로써, 하나님의 계획을 망쳐 버렸듯이...
물로써 땅을 저주에서 풀어주고 모든 부정한 생명들을 쓸어버리려 했던 하나님의 계획에 또 다시 뱀이 끼어든 것입니다.

하여...
생명들은 다시금 부정으로 범벅이 되어 죄의 족쇄에서 헤어나지 못하고...
바벨탑을 지어가며 하나님과 같이(처럼)되려는 망극한 욕심에서 벗어나지 못했습니다.
선악과를 먹어버린 아담으로 인해...
사람들은 뱀이 말 한 대로 선악에 매여 평생 선악으로 싸우고 (세상에는 선이 하나도 없다 하셨거늘 서로가 선이라 우기며)...
바벨탑을 지어가며 하나님처럼 높아지려는 욕망으로 그득합니다. (창 3:5)

(F).

"너희는 너희 아비 마귀에게서 났으니 너희 아비의 욕심을 너희도 행하고자 하느니라 저는 처음부터 살인한 자요 진리가 그 속에 없으므로 진리에 서지 못하고 거짓을 말할 때마다 제 것으로 말하나니 이는 저가 거짓말쟁이요 거짓의 아비가 되었음이니라. (요8:44)
예수께서 그 당시에,
그들 스스로 아브라함의 후손이라 내세우는 것을 보시고... 그 후손이라는 세상계열의 무의미함을 말씀하신 것입니다. (마태3:9)

너희는 처음부터 살인한자 가인의 후손이며... 마귀의 후손이며... !
가인의 아비가 마귀(뱀)라는 또 다른 증거입니다.

***

"나는 아브라함과 이삭과 야곱의 하나님이다. 나는 죽은 자가 아닌 산자의 하나님이다." (마22:32) (죽은자:참 하나님을 모르는 자... 산자:참 하나님을 아는자)
아브라함은 사랑하는 아들 이삭을 제물로 드리려하는 등 하나님께 대한 순종의 행위는 간혹 있었으나 항상 마음속으로는 믿지 못하여...
하나님이 그에게 아들을 약속하셨을 때는 속으로 비웃기도 했고...
보호하시겠다는 언약에도 불구하고 두려움과 불안으로 애굽에 내려가서는 아내를 팔기까지 했습니다.
이처럼, 아브라함의 믿음이 좋아서가 아니라...
하나님의 역사를 이루시기 위하여 그를 선택하셨고... 약속의 자녀 이삭을 주셨으며...
야곱을 낳게 하셔서 하나님 역사의 길로 인도하셨던 것입니다.

"나는 아브라함과 이삭과 야곱의 하나님이다."
아브라함과 이삭과 야곱을 특별히 관리하신다는 것을 강조하신 것입니다.

야곱이 이스라엘이라 이름이 바뀌며 그의 후손들은 사단의 세력을 피하지 못하고... 가인의 애비를 하나님으로 알고 섬기게 되었으며...
훗날 예수님으로부터 마귀의 후손이라는 질책을 받게 된 것입니다.
세상은 마귀의 것이기에 하나님의 관리 없이는 사단의 미혹을 이겨낼 수 없기 때문입니다.
오늘날에도, 아브라함이 믿음의 조상이라며 그 관습과 유전을 따르는 사람들 역시...
아브라함의 후손이라고 우기다가 예수께 질책 받던 그 옛날 그들과 다를 바가 없는 것입니다.
이와 같은 사실은 오늘날 많은 신앙인들에게...
옛날 어느 수녀의 고백처럼 하나님을 평생 섬기지만 죽을 때까지 어두움에서 벗어나지 못하는 결과를 초래하게 된 것입니다.

요한이 많은 바리새인과 사두개인이 세례 베푸는 데 오는 것을 보고 이르되...

"독사의 자식들아 누가 너희를 가르쳐 임박한 진노를 피하라 하더냐 ?" (마3:7)
바리새인과 사두개인은 하나님을 섬기는데 있어서는 타의 추종을 불허하는 계층의 사람들입니다. 그런 그들을 독사라고 표현했습니다.
그렇다면... 그들은 도대체 어떤 하나님을 섬긴다는 것일까요... ?

"멸망의 가증한 것이 거룩한 곳에 앉아 하나님이라 하고 있다"는 말씀이 생각납니다.
'공중권세 잡은 자' 즉 '세상하나님'입니다.

***

이상 살펴본 바와 같이...
성경의 여러 곳에서 가인이 뱀의 혈통이며 인류는 그의 혈통과 혼합되어 있다는 것을 알 수 있으며...
하나님께선 셋의 혈통 중 아브라함을 택하여 이삭과 야곱을 낳게 하셨고...
그들을 통해 그 분의 역사를 진행하셨다는 것을 알 수 있습니다.
따라서...

가인은, 그의 후손 **'에녹(교회)'의 이름으로 성을 쌓아** 자기를 보호하는 짐승여호와를 섬기기 시작하여 오늘까지 이어오고 있고...

셋은, 그의 후손 **'에녹(교회)'이 하나님과 동행하며 하나님의 아들을 낳다가** 휴거하였습니다.
오늘날엔 그리스도예수에 힘입어 탄생되어 **보혜사성령에 의해 이루어 가고 있는 '참 교회'의 모습입니다.**
가인의 피가 섞인 세상 모든 인류가 하나님이라 부르며 섬기는 존재는...
참 하나님이신지... 가인의 애비 짐승하나님인지...
보혜사 성령의 지혜를 구하여 분별하셔야 합니다.

그래서... 창조주 하나님께서는,
'공중권세 잡은 자'로부터 인류를 구원키 위해 하나님생명을 보내셨고...
오늘날엔 보혜사성령을 세상에 머물게 하시며...
하나님의 복음인 '은혜의 복음'을 통하여 하나씩 둘씩 새 생명으로 **빼내고 계시는 것입니다.**

이것이 극히 적은 숫자로 빼 내는 무리이며...
손으로 지은 교회의 무리가 아닌... 성령께서 이루고 계신 '참교회'의 존재입니다. 끝.

(20). 사람이 하나님으로...

"사람이 거듭나지 않으면 하늘나라를 볼 수 없느니라."
왜 꼭 거듭나야만 한다 하셨을까... ?

하나님의 형상으로 창조된 아담에게...
먹으면 죽는다고 위험을 경고했음에도 아담은 이를 무시하고 선악과를 먹었고...
그로하여 하나님의 형상이 부끄러운 형상이 되자 나뭇잎으로 가렸더니...
여호와가 짐승의 가죽으로 임시방편 입히셨으나...
그 상태에서 생명과 까지 먹으면 짐승의 형상 그대로 영생하게 됨을 염려하여 에덴에서 쫒아내 생명과를 막으셨습니다.
하나님께서 "우리의 형상과 모양대로 사람을 만들자," 하시며 하나님형상으로 사람을 만드셨기 때문입니다. 하여...
짐승형상이 된 사람은 반드시 하나님형상으로 다시 거듭나야 하는 것입니다.

뱀의 간교로 착오가 생기긴 했지만 하나님께선 애초의 계획을 포기하지 않으십니다.
구약에서는... 짐승의 몸으로 짐승의 짓까지 하는 사람에게 율법으로 다스려 백성들을 고르셨고...
신약에서는... 그 짐승의 형상을 없애고 다시 하나님형상으로 되살리기 위해 하나님의 생명을 세상에 보내셨으며...
예수가 그리스도로 부활되는 역사를 통하여 원하시던 대로 사람에게 하나님의 형상은 물론 새 생명까지도 주심으로써... 하나님 형상과 모양을 이룰 수 있게 하신 것입니다.

하여, 사람이 하나님의 아들이 되는 것입니다.
이 역사를 위해 오신분이 하나님 생명과 인간의 몸으로 형성된 예수였으며... 임마누엘이었습니다. 아멘.

그 하나님의 생명 예수가 십자가에서 영혼이 낙원으로 잠시 피하신후 (마27:50) 몸이 죽자... 선악과로 인한 피와 물을 사단이 모두 가져가고...
낙원으로 잠시 피하셨던 예수의 영혼이 무덤으로 돌아와... 죽은 그 몸이 그리스도의 몸으로 다시 살아났습니다.
군병이... 죽은 예수의 옆구리를 창으로 찔러 피와 물을 쏟아지게 했으니 저희가 가져간 것입니다. (하나님의 것은 하나님에게 가이사의 것은 가이사에게...)

마리아의 태 안에서 하나님생명을 만난 사람유전자는... 임마누엘(예수)의 몸이 되어 태어났고... 함께 고통받아 죽었고... 성령으로 다시 살아 그리스도와 함께 부활되었으니... 이것이 사람이 거듭나게 된 것입니다.
사람이 하나님생명과 하나님몸이 되어 그리스도 안에 감춰진바 되었습니다. 하나님의 씨로...

이렇게 '하나님씨'라는 존재로 거듭난 '새 생명'을...
세상에 오신 보혜사께서... 받을만한 사람의 마음에 '생명수(말씀)'를 부어 깨우치게 하고...
싹을 내고 잎을 내며 열매 맺어 알곡으로 영글게 하십니다.

"내가 가면 아버지께서 또 다른 성령을 보내시리니... 보혜사 곧 아버지께서 보내실 성령 그는 진리의 영이라 세상은 능히 저를 받지 못하나니... 저가 너희에게 모든 것을 가르치시고..."
(요14:16,17,26)
세상은 이 사실을 인정치 못하고...
즉 세상에 맘을 두고 세상에 구속되어있는 자는 받지 못하고...
세상이 아닌 예수그리스도를 **참으로 알아보는 자에게** 이 사실을 가르치신다는...
그리스도께서 승천 전에 하신 말씀입니다.

***

"아들을 낳으리니 예수라 하라 이는 저의 백성을 저희 죄에서 구원할 자이심이라."
"아들을 낳으리니 임마누엘이라 하라 이는 하나님이 우리와 함께 계신다 함이라."
한 분이었지만 '예수'와 '임마누엘' 이라는 **두 이름의 두 역할**...

예수의 복음은, 하나님의 백성들(이스라엘) 중 천년왕국 그리스도의 백성이 될 사람들에게 주어진 것이요...
임마누엘의 복음은, 하나님의 아들이 될 사람들에게 주어진 것입니다.

예수... !
그는 하나님의 생명이지만 인간의 몸으로 태어나서 하나님과 하나님나라에 대하여 증거 하셨으며... 십자가에서 몸이 죽어 백성들을 그 피로 사셨고... 새로운 몸으로 부활하셔서 그리스도가 되셨습니다.

임마누엘... !
하나님의 생명이 마리아의 태 안으로 오셨을 때...

우리(사람)는 이미 그 태 안에 있어서... 유전자로 하나님과 함께 하기 시작하여... 예수의 몸으로 형성되어 세상에 태어났고... 십자가에서 못 박혀 죽었으며...
장사 된지 삼일 만에 그리스도로 다시 살았습니다.
다시 살아난 그리스도의 몸은 예수의 몸이 거듭난 것이었으며... 그것은 우리 인간의 몸이었기에 인간이 거듭난 것이었습니다. 곧 인간의 유전자가 하나님의 생명을 더하여 하나님의 씨로 거듭났습니다.

나의 옛 유전자가 마리아의 태 안에서 하나님의 생명을 만나 임마누엘의 몸이 되어 태어났고... 고난을 받아 십자가에서 죽었다가 그리스도의 몸으로 다시 살았습니다.
거듭났습니다.
하여, 나를 태어나게 했던 사람씨는... 이미 2000여 년 전에 이렇게 거듭난 '새 생명'이었던 것입니다. 아멘.

***

이러한 사실을 모르고 있던 내가... 어느 날 이 사실을 깨달았던 순간...
내 안에 있던 하나님의 씨가 깨어난 것입니다.
나는 이미 하나님의 씨로 태어났던 것인데... 모르고 있었던 관계로 이 사실에 대한 어떠한 '믿음'도 없었으나...
그러나 이제는 참으로 '믿음'을 얻었고... 동시에 거듭나게 된 것입니다.
하여 "믿음으로 살리라"하신 말씀이 이루어졌습니다.
'믿음'은 곧 '새 생명'입니다. **믿음 = 새 생명**

이러한 하나님역사의 사실을 깨닫게 하는 분은 보혜사요... 안보하며 길러 가시는 분도... '보혜사성령'이십니다.

"아담 한 사람으로 너희가 죄인된 것 같이... 예수그리스도로 하여 너희가 다시 살리라."
"땅의 형상이 있고 하늘의 형상이 있으며... 혈과 육으로는 하늘나라에 갈 수 없느니라."
"빛이 있을 때 빛을 믿으라 그리하면 빛의 아들이 되리라."
하나님은 빛이시니... 피가 아닌 빛... 하나님형상으로 나의 몸은 바뀔 것입니다.
이렇게 나는 하나님의 아들이 되는 것입니다.

'씨에서 알곡'
이 처럼 예수는 한 알의 밀알로 오셔서 죽고 부활하셨으며... 그 역사의 진리를 깨닫는 사람의 양심에서 '새 생명'은 깨어나 싹이 나고 자라 열매를 맺으며... 많은 알곡을 이룰 것입니다.

마리아가 예수의 몸을 만들었고, 성령이 그리스도의 몸을 만들었던 것 처럼...
또 다른 성령 보혜사께서 나를 깨어나게 하셨고 그리스도의 형상과 모양으로 만드십니다. 아멘.

***

현재는, 이 공중권세 잡은 자 사탄의 세상에서 예수는 이미 죽었으며 그리스도예수는 승천하셨고... 그 후에 오신 보혜사 성령께서 하나님의 생명을 깨우고 양육하시며 알곡을 거두고 계시는... '성령의 시대'입니다.

신들 역사의 때가 이러하거늘...
선악과로 말미암아 죄의 원천이 되었던 예수의 흘려진... 인간의 피가...
우리의 죄를 씻어준다고 세상은 미혹합니다.
이것은 짐승의 피로 죄를 대신하던 구약시대의 제사법이며... 백성이 아닌 이방인과는 관계가 없는 일입니다.
참으로 교묘하게 우리를 미혹하는 사단의 역사를 봅니다.

우리에게 예수는 우리의 죄를 대신한 짐승이 아닙니다.
지금은 하나님께서 새로운 약속을 주신 신약시대입니다.
언제까지 깨어나지 못할 것입니까... ?
당신이 하나님의 백성이었던 유대인입니까... ?
언제까지 율법시대에나 있었던 대속의 제사를 흉내 낼 것입니까... ?
이 같은 피의 제사를 진정 믿으십니까... ?
이 아들의 피를 받으시고 하나님께서 기뻐하셨을까요... ?
아벨의 피를 보시고도 분노하신 분이 아들의 피를 보시고는 어떠셨을까요... ?
신약성경말씀 어느 구절에 십자가에서 흘려진 피가 우리 이방인들의 죄를 씻어준다고 기록되었나요... ?

예수께서 그 피를 주셨습니까? 숨이 멎은 예수 몸을 창으로 찔러 그들이 모두 가져갔지요. 아닙니까... ?
이 사건으로 피를 가져다 바치니 정작 기뻐하는 존재는 따로 있었다는 것을 아셔야 합니다.

"거듭나라 사람이 거듭나지 아니하면 하늘나라를 볼 수 없느니라."

나는...
임마누엘의 몸으로 십자가에서 죽고 그리스도하나님의 몸으로 부활된 그 몸으로 태어났습니다.
이 씨는... 사람이 죽고 그리스도로 거듭난 것이니...
나 또한 이미 2000여 년 전에 새 생명으로 거듭난 것입니다. 하여 그리스도는 나의 형제요 하나님은 나의 아버지가 되십니다. 아멘.

내가 이 사실을 몰랐던 때는 옛 사람이었으나...
그리스도 승천이후 하나님께서 보내신 보혜사성령에 의해... 사실에 대한 참 믿음을 갖게 되었고... 그 믿음으로 하여...
나의 옛 몸을 새 생명의 양식으로 내어주는 신앙생활을 통하여...
그리스도예수를 머리로 하는 지체가 되어가고 있습니다 즉, 새 생명으로 형상과 모양을 만들어 가고 있습니다.
이는... "믿음으로 살리라." 하신 말씀의 결과가 될 것입니다.

"멸망할 가증한 것이 하나님 성전에 앉아 내가 하나님이라 하느니라." (살후 2:4)

이 존재의 미혹에서 벗어나서...
예수의 몸으로 죽고 그리스도의 몸으로 거듭났음을 깨닫지 못하면 하나님 나라는 꿈도 꾸지 말아야 합니다. 끝.

(21). 초등학문

사람의 지식과 지혜로는 하나님을 알 수 없다 하셨습니다.
이는... 어느 육체라도 하나님 앞에서 자랑하지 못하게 하려 하심입니다. (고1:26~29)

"주께서 지혜 있는 자들의 생각을 헛것으로 아신다 하셨느니라"(고4:20)
"너희 믿음이 사람의 지혜에 있지 아니하고 다만 하나님의 능력에 있게 하려 하였노라."(고2:5)
"... 하나님께서 이 세상의 지혜를 미련케 하신 것이 아니뇨. 하나님의 지혜에 있어서는 이 세상이 자기 지혜로 하나님을 알지 못하는 고로 하나님께서 전도의 미련한 것으로 믿는 자들을 구원하시기를 기뻐하셨도다."(고1:21)
이처럼 믿음이란... 믿고자 하는 사람의 지혜나 의지로 되는 것이 아니라... 하나님께서 주신 복음의 실체를 알게 되면... **자신의 의지와 관계없이 믿어지는 것입니다.**
건강한 태를 만나면 아버지의 생명이 안착되어 아들이 태어나는 것처럼... !

"... 사람 지혜의 가르친 말로 아니하고 오직 성령의 가르치신 것으로 하니 신령한 일은 신령한 것으로 분별하느니라. 육에 속한 사람은 하나님의 성령의 일을 받지 아니하나니 저희에게는 미련하게 보임이요 또 깨닫지도 못하나니 이런 일은 영적으로라야 분변함이니라."(고3:13-14)
성령의 말씀은,
하나님의 영으로 주어지고 씌어진 것이므로 신령한 것이 아니면 알 수 없으며...
신령한 것은 '하나님생명'이며...
사람에게서 배우고 익히는 것이 아니며...
무슨 자격증이 필요한 것도 아니라 하셨습니다.

그러므로,
성경을 사람의 지식과 지혜로 배우고 익혀서 전하는 자가 바로 '거짓 선지자'가 되는 것이며... 참 하나님과는 아무런 상관이 없는 것입니다.
"너희가 바다와 육지를 두루 다니다가 교인 하나를 만나면... 진리의 길을 막아 배나 더 지옥자식을 만드는 도다." (마태23:13~15)

'은혜의 복음'을 접하다 보면...
사람으로써는 상상조차 할 수 없는 방법으로 구원의 역사를 이룩하신 하나님을 뵙게 됩니다.
세상의 지혜로는 도저히 믿기지 않는 일이나... 어느 순간 자신의 의지와는 관계없이 믿어져 버리게 되고... 이처럼 확실한 구원의 방법이 없음을 알게 됩니다.
바로 하나님의 지혜이며 능력이신 것입니다.

***

2010년 5월의 어느 날, 우연히 TV를 통해 '엑소시스트'라는 프로를 보게 되었습니다.
우리의 토속 종교인 무당들의 능력과 활동을 보여주면서... 무당이라는 존재에 대하여 어느 유명한 종교학 박사의 결론으로 끝을 맺었습니다.
그 사람의 말인 즉,
"옛날에는 진짜 귀신의 능력으로 활동하는 무당들이 대부분이었으나... 지금은 무당학교라는 곳이 있어 무당의 활동을 배워서하는 무당들이 많다" 하는 것이었습니다. 즉...
귀신의 힘으로 활동하는 무당은 진짜 무당이고 무당학교 출신은 가짜라는 얘기였습니다.

이처럼,
성경 또한 성령의 감동으로 씌어졌으므로 신령한 힘이 아니면 알 수 없다고 하셨으며...
배우고 연구하고 무슨 자격증이 필요한 것이 아니라고 분명히 하신 것을 보면...
하나님의 사역 역시 무슨 학교가 필요한 것이 아닐 것입니다.
위의 무당이라는 존재에 대하여 피력한 어느 종교학박사의 말과 일맥상통하는 내용입니다.

하나님의 지혜와 사람의 지혜는 다르며...
사람의 지식과 철학을 '초등학문이며 속임수'라 하셨음은... 하나님 지혜의 말씀을 사람 지혜로는 알 수가 없다는 것입니다.
그러나 세상에서는...
성경을 연구하고 공부하기 위한 학교와 선생님과 자격증이 넘쳐나고 있으며...
그런 제도를 거치지 않고는 좀처럼 하나님사역에 참여하기 어렵습니다.

진짜 무당이 귀신의 힘에 의해 활동한다면...
진짜 하나님의 사역 역시 하나님의 신(성령)이 역사하시는 것입니다.
본인의 의지와는 상관없이 성령의 힘에 이끌려... 성령이 말하게 하심 따라 말씀을 전하고 있는 것이니... 이 또한 신.구약을 거쳐 스쳐간 선지자들을 보면 알 수 있습니다.
이렇게 성령께서는 하나님의 교회를 은밀하게 이루어가고 계십니다.

"오직 성령이 너희에게 임하시면 너희가 권능을 받고 예루살렘과 온 유대와 사라미아와 땅 끝까지 이르러 내 증인이 되리라."
예수님이 하신 말씀으로, "...되어라" 하는 명령이 아니라 **"...되리라"**

하는 예언이었습니다.
성령이 임하시면 자신의 의지와는 관계없이 그렇게 된다는 것입니다.

성령의 능력으로 말하게 하심 따라 전하는 하나님의 복음으로 진리를 깨닫게 되면...
'새 생명'의 눈과 귀로 성경을 접하게 되어...
하나님의 지식과 지혜로 알곡과 쭉정이를 분별할 수 있게 됩니다.
성경속의 말씀이 누구를 향한 말씀인지... ?
유대인들, 이방인들, 종교인들, 참 그리스도인들에게 각각 해당되는 말씀과...
하나님의 실체와 요구하심을 명확하게 알아갈 수 있게 됩니다.

혹자들은... 성경의 이해 불가능한 부분은 비유라 하며 얼버무리지만...
그 비유조차도 하나로 열을 알게 하시는 성령 '새 생명' 이십니다.
"... 성령은 모든 것 곧 하나님의 깊은 것까지도 통달하시느니라. ..."

***

봄 여름 가을 겨울 꽃이 피고 녹음이 우거지고 울긋불긋 산천이 물들고 온 천지가 새하얀 옷으로 덮여 잠들고... 또 다시 깨어나 꽃피고...
눈으로 보이는 세상과 함께... 보이지 않는 세상의 흐름에 따라... 유아기 소년기 청년기 장년기 노년기를 거치며 인생은 또 다시 대를 이어 굴러 갑니다.

그 속에 속하여 함께 굴러가던 내 인생이...
어느 날 뜻하지 않게 그 속으로부터 빼내심을 받아... 속해 있던 세상을 돌아보게 되었습니다.
돌아보니 한심한데 그 중에 제일 한심한 것은... **하나님을 혼동하고 있다는 사실입니다.**
제대로 알지도 못하는 신을 흠모하고 부르짖으며...
애걸하면 나타나는 존재로부터의 위안으로 만족하는... 기이한 믿음이...
온 세상천지를 덮고 있어 캄캄한 암흑 자체입니다.

더 기막힌 것은...
빛과 어둠을 분별할 수 없을 만큼 널려있는 보암직 먹음직 탐스런 선악과들이...
인생들의 몸과 마음을 휘어잡고 있는 것입니다.

머리 둘 곳도 시선 둘 곳도 없는 암흑세상 속 우리에게 한줄기 빛이 왔으며...
그 빛을 발견하게 된 '극히 적은무리들' 안에 나 자신 속하게 되었음이 새삼 놀라울 뿐입니다.

너무도 혼탁하여 구제될 수 없는 세상...
악이 들끓어 항상 선이 곤혹을 치루는 세상...
스스로는 도무지 악으로부터 자유로울 수 없는 세상...
그곳으로부터 빼 내시어 성령 앞에 서게 하심을 감사드리며...
그리스도를 머리로 하는 교회의 지체로써 결코 부족함이 없게 하실 것을 감사드립니다. 끝.

(22). 안 식 일

세상에서는 일주일 7일중 일요일 하루 예배당에 가서 예배드리는 것으로... 안식일을 지키는 것이라고 알고 있습니다.
(1). 과연 그럴까요... ?

구약에서...
모세를 앞세운 백성들이 광야생활 할 때에 여호와께선 날마다 식량을 주시며...
그날의 식량 외에는 더 취하지 말되 제 6일에는 다음날 안식을 위하여 하루 분을 더 취하여 안식일을 지키라 하셨고... (출16:23~30)
안식일을 지키지 않는 자는 죽이라고까지 하시며 실제로 안식을 범한 자를 돌로 처 죽이게 하셨습니다.(민15:32~36)

그러나 신약에 와서는...
예루살렘에 있는 양문 곁에서 못에 들어가 병 고치기를 기다리는 많은 병자들 중 38년 된 병자를 예수께서 보시고 병을 고쳐주시니...
유대인들이 안식일 날 이러한 일을 행하신다 하여 예수를 핍박하게 된지라...
예수께서 저희에게 이르시되...
"내 아버지께서 이제까지 일하시니 나도 일 한다"하시매...
유대인들이 이를 인하여 더욱 예수를 죽이고자 하더라. (요5:10~18)
(2). 창세를 마치시고 안식에 들어가신 하나님께서 이제까지도 일을 하신다... ?

태초에 하나님께서는 6일 동안 창세하신 후 7일째 되는 날 안식에 들어가셨습니다.

하나님이 그 지으신 모든 것을 보시니 보시기에 심히 좋았더라. 저녁이 되며 아침이 되니 이는 여섯째 날이니라. 천지와 만물을 다 이루시고 그 지으시던 일이 다하므로 일곱째 날에 안식하시니라. (창2:1~3)
그러나…
하나님의 형상으로 창조된 사람 남녀가 절대로 먹어서는 안 되는 선악과를 먹는 바람에 남녀는 하나님의 형상이 벗어져 버렸고 모든 창조물들은 선악과의 주인에게로 넘겨져…
창세를 통한 하나님의 계획에 차질이 생겼습니다.

마귀가 예수에게 천하만국을 보이며 예수를 시험합니다.
"이 모든 권세와 그 영광을 내가 네게 주리라 이것은 내게 넘겨 준 것이므로 나의 원하는 자에게 주노라 그러므로 네가 만일 내개 절하면 다 네 것이 되리라."
이미 선악과로 하여 세상은 마귀에게 넘겨졌기에 제 마음대로 주겠다말겠다 했던 것입니다.

그러나… 예수께서 대답하여 가라사대…
"주 너희 하나님께 경배하고 다만 그를 섬기라 하였느니라." (누4:5~8)

<u>"주 너희 하나님… 즉 마귀 너의 하나님에게 경배하고 그나 섬기라."</u>라고 하셨답니다.
그렇다면 마귀의 하나님은 누구일까… ?
예수께서 또 다른 하나님에 대해 언급하신 대목입니다.

"멸망할 가증한 것이 하나님 성전에 앉아 내가 하나님이라 하느니라." (살후 2:4) 하신 말씀이 생각납니다.

만약 사람 남녀가 선악과가 아닌 생명나무의 열매를 먼저 먹었다면... 오늘날 사람들은 하나님의 형상 그대로... 더하여 하나님의 모양도 이루어져 하나님이 되어 살게 되었을 것입니다. (창1:26)
그러나 애석하게도... 선악과를 먹음으로 인해서 사람남녀는 물론 세상의 창조물들이 모두 사단에게 넘어가 버렸는데...
(3). 하나님께서 편안하게 안식을 유지하실 수 있으시겠습니까... ?

아니요... 하나님께서는 날이면 날마다 밤낮 안식 없이 일하고 계신답니다.
안식일에도 일하신다는 것은 예수님을 통해 세상 사람들에게 알려졌습니다.
그런데...
(4). 어째서 구약에서는 안식일에 일을 하면 죽이라고까지 하셨는데 신약에 와서는 예수님도 일을 하셨을까... ?

하나님께서는... 율법을 통하여 사람을 개종(?)시키려 하셨습니다.(구약)
그러나 여의치 않음으로 새로운 방법을 통하여 사람을 거듭나게 하셨습니다.(신약)

그 내력인 즉...
우선 짐승의 형상이 된 사람을 원래의 형상으로 원상복구 하셔야 했고...
사단에게 넘겨진 세상으로부터 구원되는... 새 사람들을 위한 '새 하늘과 새 땅'을 창조하시느라... 안식일에도 쉴 틈 없이 일하십니다. (벧후3:13, 계21:1-27)

에덴동산에서 사람남녀는 선악과를 제외한 모든 과일을 먹으며 살아갈 수 있었습니다. 그러나...
선악과를 먹은 이후에는 일을 하지 않으면 생명유지가 불가능하게 되었습니다.
"... 너더러 먹지 말라한 나무실과를 먹었은즉 땅은 너로 인하여 저주를 받고 너는 종신토록 수고하여야 그 소산을 먹으리라"(창3:17)

하여 먹고 입을 것 등등 인생의 오만가지 필요를 충족시키기 위해...
더 나아가서는...
뱀의 꼬임말대로 '하나님과 같이~' 되기 위해... 죄의 소원들을 원하는 그 몸... 하나님형상이 짐승형상이 된 그 몸을 위해... 일을 해야만 살아갈 수 있는 꼴이 되었습니다.

그러나 일이란,
욕심을 낳게 하여 시기질투와 암투를 야기 시키며 결국 온갖 죄악의 근원이 됩니다.
모두가 선악과를 먹은 후에 생긴 현상들로써 일을 해야만 먹고살 수 있는 시스템에서 벗어날 수가 없는 것이죠.
해서... 일을 하면 할수록 죄가 늘어가는 존재가 사람입니다.
여호와께선 이런 사람들에게...
7일중 안식일 하루만이라도 일을 떠나서...
율법을 바탕으로 하나님 앞에 회개하는 과정을 통하여 악의 몸이 개선되기를 원하셨던 것이 아닐까요... ? 그러나 효과가 없었지요.

신약에 와서는, 하나님께서 일을 하시므로 예수께서도 일을 하신다 하셨습니다.
구약의 율법으로도 어쩌지 못하고 짐승의 몸에 속박되어 죄를 벗어나지 못하는 것을 보시고 사람의 몸이 문제임을 아셨습니다.
하여...
하나님 생명 예수의... 죽음과 거듭남을 통해... 사람을 죽게 하여 다시 거듭나게 하신 것입니다. 이것은 이미 2000여 년 전에 완성되었습니다.
이러한 하나님역사의 진리를 깨달아 참으로 믿게 되는 자는... 모두 거듭났음을 알게 하시는 것입니다. 아멘.

(5). 그렇다면 현세에 와서...
"안식일을 거룩히 지키라" 하신 말씀에 합당한 생활은 무엇인가를 생각해 봅니다.

일곱째 날은 너의 하나님 여호와의 안식일인즉 기억하여 거룩히 지키라 하시며... 곧이어 네 부모를 공경하라 살인하지 말라 간음하지 말라 도적질하지 말라 거짓 증거하지 말라 이웃의 소유를 탐내지 말라 등등... 십계명에 대하여 말씀하셨습니다.(출20:8~17)
즉 일주일에 하루만이라도 죄 짓지 말고 선한일 만 하라는 말씀입니다. 먹고 살기위해 일하는 것은 죄를 유발시키게 되므로 일하지 말라 하신 것이죠.

그러나 잠시라도 죄에서 벗어나는 이것은 인간의 의지로는 불가능 했고... 그래서 하나님께서는 새로운 방법으로 직접 사람을 구원하신 것이며... 이 사실을 너희는 그저 믿기만 하라 하시는 것입니다.

이러한 진리를 알지 못하고 알려하지도 않으면서 여전히 짐승의 몸으로 거룩한 척 예배나 드린다고... 안식일을 지키는 것이라 할 수 있겠습니까... ?

인간이란 존재가 예배당을 떠나서는 또 어떤 언행을 하며 살고 있는가를 들여다보면... 가증과 위선과 스스로의 높임으로 위안삼지 않으면 잠시도 살지 못합니다.
진정 어떤 존재인지 누구나 알 수 있을 것입니다.

하여 오늘날의 '안식일'이란...
'예배당 예배'로 소임 다 했다고 간단히 생각할 수 있는 날이 아닙니다.
사람을 창조하신 하나님 뜻을 살펴...
그 분의 계획과... 그 계획의 차질로 인한 회복과정의 역사를 가늠하며 살펴보고 상고하는 날이어야 하며...
사람인 자신의 현 주소가 하나님을 향하여 어디쯤 와 있는가를 살펴야 하는 날이며...
누구든 참 복음을 통해 새 생명을 찾을 수 있는 진리의 길을 생각해야 하는 날입니다.
이것이 진정한 예배라 할 수 있겠습니다.

자신을 점검해야겠습니다.
나도 소경인가? 귀머거리인가? 벙어리인가? ... 문둥병자는 아닌가...
??

***

옳은 길인 줄 알고 무리지어 가던 길에서... 옳은 길이 아님을 깨닫고 빠져나왔으나...
길을 쉽게 찾지 못하는 길 잃은 한 마리의 양이 되어 헤매던 중...
그 양을 친히 찾아오신 목자의 어깨에 메어져... 목자의 집에 함께 들어갈 수 있었습니다. (누15:3~7)

들판에 남겨진 무리의 양들과는 다른 신분이 된 것입니다.

참된 목자와 함께 죽고 다시 함께 살아난 존재가 되었습니다.
즉... 사람은 짐승이었으나 예수의 몸으로 죽고 그리스도가 되었습니다.
아멘 !

예수께서 말씀하시기를...
"나는 세상의 빛이니 나를 따르는 자는 어두움에 다니지 아니하고 생명의 빛을 얻으리라"(요8:12)

그러나 그 시대 사람들은 빛을 알아보지 못해 십가가에 매 달았습니다 현 시대 역시 빛(복음)을 보아도 보지 못하고... 말씀을 들어도 듣지 못하고... 보고 듣지 못하니 할 말도 없습니다. 여전히 소경이며 귀머거리이며 벙어리인 것입니다.

"내가 심판하러 이 세상에 왔으니 보지 못하는 자들은 보게 하고 보는 자들은 소경되게 하려 함이라" 하시니...
바리새인 중에 예수와 함께 있던 자들이 이 말씀을 듣고 가로되 "우리도 소경인가?"
예수께서 가라사대 "너희가 소경 되었더면 죄가 없으려니와 본다고 하니 너희 죄가 그저 있느니라"(요9:39~41)

자신에게 눈은 있으나... 정작 봐야할 것을 보지 못하는 소경이란 것을 알고 회개한다면... 빛을 볼 수 있도록 역사하시나...
알아보지 못하는 소경임을 부정하니... 그대로 소경이며 죄인으로 남게 될 것입니다.

예수님 때에 예수님을 알아보지 못하고... 율법을 앞세운 율법사나 바리세인들에게 이끌려 순종하는 의인들(**무리지어 가는 양들**)처럼...
오늘날에도 성령의 참 복음을 깨닫지 못하고... 의인의 길을 고집하는 소경 아닌 소경들은 같은 부류의 사람들로써...
오랜 관습과 유전에 따라 의문에 순종하며 의인행세 하는 것이 하나님을 섬기는 일이라 하는 사람들입니다.

하나님은 이런 자들로부터 어떤 섬김을 받으시는 분이 아닙니다. 오히려...
'새 생명을 찾은 자들과 찾을 자들'을 위해 천지를 변함없이 운행하시며...
오늘도 안식 없이 정성으로 사람들을 섬기고 계시는 분이십니다. (행 17:24~25)

세상에서 창조되는... 사람의 지식은 모두가 초등학문이요 철학은 속임수...
라고 하신 하나님의 말씀을 상고합니다. 끝.

(23). 양과 염소와 이리 그리고 하나님아들

양과 염소 그리고 이리... 모두가 짐승입니다.
하늘아래 기거하는 사람이란 존재는... 하나님형상으로 지어졌었으나 선악과로 인해 짐승형상이 되었음을 상기 하십시오.
"정녕 죽으리라..." 하신 것처럼 선악과를 먹던 순간 하나님이 주신 하나님형상이 없어진 것입니다. 그것을 여호와께서 임시방편으로 짐승의 가죽을 입혀 에덴에서 쫒아내신 것이죠.
쫒아내신 이유는...
짐승형상으로 생명과 까지 먹고 그대로 영원한 존재가 될 것을 막고자 생명나무를 차단하신 것입니다.

이러한 짐승형상으로 살아가는 사람들 앞에 '하나님아들'이 오셔서 구원의 말씀을 하십니다.
(1). "모든 세리와 죄인들이 말씀을 들으러 가까이 나아오니...
(2). 바리새인과 서기관들이 원망하여 가로되 이 사람(예수)이 죄인을 영접하고 음식을 같이 먹는다 하더라."(누가15:1-2)
양과 염소의 차이입니다. (1)은 양이며 (2)는 염소로... 모두 짐승이지만 차이가 있습니다.

(1) 세리와 죄인들처럼 자신이 죄인임을 깨닫고 요한의 물세례를 받아 오직 선한 양심으로 하나님의 진리를 찾아 예수께 다가오는 사람들을 양으로 비유하며...
참된 목자 **예수께서는** 이들을 백성의 길로 인도하셨고(구약)...
하나님께서는 불과성령세례로 아들이 되는 권세를 주셨습니다(신약).

(2) 예수님의 가르침에 순응치 못하던 바리새인과 서기관들처럼, 하나님의 신약에 순응치 못하고 '십자가 사건' 이후에도 여전히 구약의 율법을 강조하며 의로써 포장하는 거짓선지자를 '이리'라 표현하며... 이들을 따르는 사람들은 '양'으로 표현됩니다만... 그러나 그들은 '염소' 입니다.

"멸망할 가증한 것이 하나님 성전에 앉아 내가 하나님이라 하느니라." (살후 2:4)
이 존재에게 속아서 일생을 허비하는 사람들이 아니겠습니까... ?
이러한 사람들과... 하나님을 원천적으로 부정하는 사람들... 모두가 거의 같은 레벨이라고 보시면 될 것 같습니다. 결과가 같을 테니까요.

(3) '공중권세 잡은 자'의 권속들은 이리로 표현되며, 그 존재에게 포로가 되어 (2)와 같은 생으로 마감되는 사람들은 결국 그 존재의 권속이 되는 것이라고 설명드릴 수 있겠습니다.
참으로 '보혜사의 안보와 지혜'가 필요한 세상입니다.

'종교심' 이란,
의문에 싸인 채 잘 모르면서도... 사람의 관습과 유전에 의해서 그냥 신뢰하고 따르는... '의문에 순종하는 마음'을 말합니다. (행17:22~23)
'종교심이 많다' 는 것이 절대로 좋은 것이 아닙니다. (저는 그것을 '교리의 종'이라고 표현하곤 합니다.)

현세에서도...
'거짓(잘못된) 선지자이며 양의 탈을 쓴 이리'는 헤아릴 수 없을 만큼 많습니다.

이 거짓 선지자를 따르는 종교인들은 **스스로는 양 인줄 아나 실은 염소가 되시겠습니다.**
이 선지자들의 특징은...
무척 근엄한 형식과 의로움의 옷으로 치장하기를 좋아합니다.
"경건의 모양은 있으나 경건의 능력은 부인하는 자니 이 같은 자에게서 네가 돌아서라." (딤후3:5)

***

자신이 죄인임을 회개하고 하나님을 찾아 무리와 함께 길을 가다가...
그 길은 진리의 길이 아님을 알아차리고 무리를 떠나 참된 진리의 길을 찾아나서는... 길 잃은 양 한 마리가 있습니다.
참된 목자이신 예수께서는...
거짓된 무리에서 떠나 참된 길을 찾는 한 마리의 양을 손수 찾아서 어깨에 메고 집으로 가신다하셨으니... 들에 남겨진 아흔아홉 양들은 어찌되는 것인지요...

들에 남겨졌으니 언제라도 이리의 먹이가 될 지도 모르지 않습니까... ?
그러나...
왜냐하면 예수께서 보시기에 그들은 양이 아니라 염소이기 때문이죠.
소경된 목자와 함께하는 그 양이 아닌 염소들은... 무리지어 있는 자신들이 스스로 안전하다 여기기에... 참된 목자가 있는 줄도 모르고 그저 안심하고 따라갑니다. 그러다 함께 구덩이에 빠지게 되는 거죠.

하나님을 섬긴다고는 하나 진리를 깨닫지 못한 상태에서...
종교심으로 무장되어 자신의 선과 의에 최선을 다 하며 안전하다 생각하는 이 사람들은...

들에 남겨진 아흔아홉 마리의 염소들이 되시겠습니다. (누13:26~27)

참 목자이신 예수께서는...
소경된 목자를 따르는 아흔아홉 의로운 양 아닌 염소들보다...
그들을 떠나 참 진리를 찾아가는 '길 잃은 한 마리 양'이 그야말로 찾고자 하신 진짜 양이었던 것입니다. 어깨에 메고 집으로 가셨지요.
그 양은 십자가를 거쳐서 하나님의 아들이 되었습니다. 하나님의 아들이 되었으니 하나님 집으로 데리고 가셨지요.

이처럼... 소경된 목자를 따르는 자는 스스로는 양 인줄 알지만 실은 염소의 위치이며...
잘못된 무리를 떠나 참 진리를 찾는 자는 선한 짐승 양이며...
예수님께서 찾아 어깨에 메고 집으로 데려오신 이 양은 하나님의 아들이 되었습니다.

기도의 내용으로 염소와 양과 아들의 차이를 분석해 보았습니다.
한 번쯤 구별해 보시기 바랍니다.

(1) 염소의 기도.
"... 죄로 인해 죽을 수밖에 없는 저를 위해 대신 십자가에 못 박혀 죽으신 예수님을 믿습니다. 이제 내 마음을 열고 예수님을 나의 구주로 영접합니다. 하나님은 나의 아버지가 되시고 예수님은 나의 구주가 되었습니다. 천국 가는 그 날까지 하나님을 섬기겠나이다.
십자가에서 흘리신 예수님의 거룩한 피로 모든 죄가 사해졌음을 믿사오며 주를 섬기겠사오니 저희를 구원의 길로 인도해 주시옵소서... 등등"
라고 기도합니다.

그러나... 생각해 보십시오.
내가 그 분을 아버지라 인정한다고 그 분이 나의 아버지가 됩니까...?
아버지가 아들을 생산하지 아들이 아버지를 선택하는 것이 아닙니다.
또한, 도대체 우리가 무엇으로 하나님을 섬길 수 있다고 생각합니까...
하나님이 천지를 운행하시며 우리를 섬겨주시는 분이라 했습니다.

이러한 내용에 대한 아무런 확신도 없이...
종교심으로 봉사활동 열심히... 십일조 헌금 열심히... 교회 일이라면 열심히 선(?)으로 치장하면서 생각합니다.
"이렇게 열심히 선하게 예수님의 행보를 따라 의롭게 살면 언젠가는 구원에 이르리라." ?
그러나 예수의 행보를 따르려면 십자가에 달려 죽기까지 해야겠지요.
그래서 예수의 제자들에게는 모두 순교라는 은혜가 있었던 것입니다.
그들은 그렇게 짐승의 형상을 벗은 것입니다.

예수를 자신들의 대속으로 생각하고 그 희생을 기리며 예수흉내 내려는 이들은...
들에 남겨진 아흔아홉의 의로운 양들일 뿐입니다. (양은 본인들 생각... 실은 염소)

성경말씀 속 욥의 믿음이 생각납니다.
고난 속에 있던 욥은...
매사에 하나님의 의도(?)에 맞추어 살았으므로 하나님께 벌을 받아야할 이유가 없다고 자신을 굳게 믿고 하나님께 따지고 싶었습니다.
그러나 하나님은 그러한 욥에게 직접 나타나셔서 큰 꾸지람을 하셨으며...

마침내 욥은 자신의 위치를 깨달을 수 있게 되었습니다.

욥은 조목조목 하나님께서 주시는 말씀을 듣고 비로소 자신도 모르게 가득 차있는 '자신의 의'를 발견하고 가늠하기 힘든 하나님의 실체를 깨닫게 됩니다.
하여... 하나님 앞에 무릎을 꿇을 수 있었습니다.

이처럼 인간이 생각하는 의로움이란...
하나님 앞에 자신을 높일 뿐 아니라 이로 인해 오만함이란 큰 죄를 짓게 되는 것입니다.
하나님께 따지고 싶은 마음을 품었던 욥처럼... 열심히 예수를 따라 흉내내면 구원되리라는 오만을 품는 것이죠. 하여...

은혜의 시대에 사는 우리 이방인들에게 하나님이 인정하시는 의로운 자란...
하나님의 법 '은혜의 복음으로 새 생명을 찾아 아들이 된 자' 입니다.

*** 욥기에서 반드시 참고하셔야할 것은...
고난 속에 있는 욥의 친구들이 하는 말들을 살펴보십시오.
그들이 욥에게 공격하는 내용은 세상에서 가르치는 내용과 일치합니다.
그들의 주장은 모두가 세상에서 옳다고 권하는 논리로써... 탓할 것이 없는 것 같습니다.
그러나 하나님께서는...
측량치 못할 하나님 앞에 의기양양하던 자신의 의를 깨닫고 깊은 회개를 한 욥에게는 전보다 더욱 큰 복을 주셨지만... 그 친구들은 욥에게 무릎 꿇게 하셨습니다.

그렇다면 그 친구들은 잘못된 길을 가고 있다는 것 아니겠습니까... ?

욥을 인정으로 도와주고자 했던 친구들은 도움은커녕...
세상이 추구하는 가치 즉, 선악에 근거한 모든 이론과 사상으로 욥의 인생을 비난과 조롱으로 비하 했을 뿐 아니라...
참 하나님의 역사하심에 관하여는... 세상의 '선과 악'으로 평가하는 선악과하나님으로 전락시켰습니다.
이미 '세상에는 선도 없고 의도 없으니 하나도 없다'라고 참 하나님께서 말씀하셨건만...
여전히 율법을 움켜쥐고 '선과 악 그리고 의' 라는 굴레에서 한 치도 벗어나지 못하기에...
인간들은 **참 하나님의 '새 생명'이라는 큰 그림을 보지 못하는 것 같습니다.**

또한, 하나님이 아무리 욥을 의롭다 하셨어도 '종'의 신분을 벗어나지는 못했습니다.
그러나, 이 시대에 사는 우리는... 하나님의 생명을 받은 '아들'이 되는 시대입니다.
백성은 의로움만으로 될 수 있지만... 아들은 반드시 하나님생명이 있어야합니다. 아멘.

참고하셔야 할 것은...
뱀이 하와를 꼬일 때 **"하나님과 같이 선악을 알게 되어 ~"** 라고 했습니다만,
이는 자신의 하나님을 지칭했던 것입니다. 결국 하와는 선악과를 먹었기에 그 후손인 사람들은 모두가 평생 선악의 하나님에게서 벗어날 길이 없게 된 것입니다.

이쯤 되면...
무엇이 참된 길이고 무엇이 거짓된 길인지... 를 반드시 고민해 봐야 하겠습니다.

(2) 양의 기도.

"저는 죄인입니다. 저의 죄를 사하기 위하여 예수님께서 대신 십자가에서 죽으시고 부활하셨다고 세상은 말합니다. 그로인해 우리는 그 분의 거룩한 피로 죄사함을 얻어 구원을 얻게 되었다고도 합니다.
그 위대하신 예수를 믿으면 모든 죄가 용서되어 구원을 받을 수 있다고 하는데... ?
그 분은 왜 그렇게까지 해야 했으며, 다시 살아나신 것이 나와 어떻게 연관이 있는지... ?
"거듭나라... 믿어라..." 하셨으나, 어떻게 하는 것이 거듭남인지 무얼 어떻게 믿으라는 것인지... ?
"저를 죽은 자 가운데서 다시 살리신 것으로 모든 사람에게 믿을 만한 증거를 주셨음이니라."(행17:31)라는 말씀도 있습니다만, 그 증거에 대한 확신이 없으니 답답하기만 합니다.
한편... 거듭남이란 너희로는 울어도 죽어도 이룰 수 없다고 하신 예수님의 말씀이 생각납니다.
"너희는 할 수 없으나 하나님은 하신다"하신 말씀대로...
저에게도 십자가의 도를 깨닫게 하셔서 확신과 믿음을 갖게 해주세요... !"
라는 간절하고 초조한 마음의 기도를 드리게 됩니다.

어떤 말씀이 진리의 말씀인지 갈망하게 되며 진리를 찾으려 애 씁니다.
즉, 세상이 인정하는 의로운 양들의 무리에 속해있으면서도 불안한 마음을 탄식하며... 평안을 갈망하는 '길 잃은 한 마리의 양'이 됩니다.

참된 목자는 이 양을 손수 찾아 십자가에 함께 하십니다. "두드리는 자에게 열릴 것이요."

(3) 아들의 기도.

"아버지여 이름을 거룩히 여김을 받으시오며 나라가 임하옵시며 우리에게 일용할 양식을 주옵시고 우리를 시험에 들게 하지 마옵시고 다만 악에서 구하소서.,.

어제까지도 사탄의 미혹 속에서 참된 선악을 분별치 못하던 세상에 속한 자 이었으나...

오늘은... 아버지께서 주신 새 생명으로 세상에서 빼 냄을 받은 자로써... 성령님의 품에 안기었음을 감사드립니다.

죄의 종노릇 하던 저의 옛 몸을 죽이시고 새 생명으로 새 몸의 기초를 주셨으니, 이제는 저의 지체를 성령 안에서 의에게 종으로 드려 거룩함의 열매를 얻게 하시고, 훗날 아버지 앞에 설 때에 부끄럽지 않게 해주세요.

"무릇 그리스도 예수 안에서 경건하게 살고자 하는 자는 핍박을 받으리라" 하셨으니,

저에게 전신갑주를 입히시어 모든 핍박을 견디고, '하나님의 복음'을 부끄럽게 여기지 않는 주의 충실한 사도로써도 부족함이 없게 하소서.

저에게 가장 좋은 것 즉, '새 생명'을 주신 아버지께 감사드리며...

그리스도인으로써 생명의 젖과 양식을 사모하여, 씨에서 알곡을 이룩하는 더욱 더 큰 은혜의 영광에 이르게 하소서... !

사탄의 세상에서 빼냄을 받은 자로써... 생명에서 생명으로 씨에서 알곡으로 이룩되는 영광의 그 날까지... 성령님의 보살핌이 함께하실 것을

감사기도 드립니다.

이상은... 이 글을 읽으시는 분들께...
우리가 범사에 드리는 기도의 내용에 대하여 한 번쯤 상고해 보시고...
자신의 위치에 대하여 참고가 되시기를 바라는 마음에서 간추려 보았습니다.

저는 이 같은 기도들에 대하여...
부족하나마 복음으로 깨어난 제 안에 계시는 하나님 생명의 눈과 귀로 깨닫게 된 분량이라고 감히 말씀드립니다.
혹 잘못되고 미숙한 부분이 있다면 보혜사성령께서 좀 더 바르고 완숙된 깨우침을 주시리라 믿습니다. 끝.

<u>(24). 하나님들</u>

세상 사람들의 일반적 상식이나 하나님을 섬긴다는 종교에서 말하길... "하나님은 창조주이신 성부. 아들이신 성자. 그리고 성령. 이렇게 3위가 일체이신 오직 한 분이시다" 라고 합니다. 그러나...
3위가 일체 되어 한 분이 되신다 하기 보다는... 3위가 일체되어 한 목적을 이루고 계시는 분들이라고 해야 맞는 것 같지 않습니까... ?

창조주하나님은 영의 주재시며... 그리스도하나님은 혼의 주재시며... 성령하나님은 몸의 주재시라고도 합니다.
이렇게 하여 세분이 완성을 이루시기에 3위 일체 한 분뿐이라고 결론 지었는가봅니다.
또 다른 차원에서 본다면...
하나님은 한 분만 계신 것이 아니라는 것을 성경을 통해 유추할 수 있기에 알기 쉽게 분리해 보았습니다.

크게 나누어 보면...
(1) 처음 하늘과 땅과 만물... 그리고 사람을 **<u>창조하신</u>** (창조주하나님).
(2) 창조주의 뜻에 따라 창조물을 **<u>지으시고 운행하시는</u>** (빛 여호와하나님).
(3) 창조주의 창조물을 차지하려고 빛의 여호와를 **<u>방해하는</u>** (공중권세 잡은자).
(4) 창조주하나님 생명으로 오셔서 몸이 죽고 **<u>거듭나신</u>** (그리스도하나님).
(5) 처음 하늘과 처음 땅에서 **<u>새 하늘과 새 땅으로 연결시키고 계시는</u>** (성령하나님).

허나... 하나님이 한 분 이시던지... 아니면 세 분이 한 분이 되시던지... 우리는 다만 그분 혹은 그분들의 역사에 구속되어 진리를 터득하기만 하면 되는 것 아니겠습니까... ?
하여 좀 더 쉽게 이해를 구하고자 이처럼 격이 다른 여러 존재의 하나님으로 분리해 보았습니다.

태초에 말씀이 계시니라 이 말씀이 하나님과 함께 계셨으니 이 말씀은 곧 하나님이시니라. (요1:1)
하나님의 창조는 말씀으로 시작하시고 하나님의 신은 수면에서 운행하십니다.(창1:1~2)

태초에 하나님이 천지를 창조하실 때에 가장먼저 하신일이... 어둠속으로 빛을 부르셔서 머물게 하신 일입니다.
창조주하나님의 창조내력이 기록된 창세기 2장에서 부터 '여호와하나님'이 등장하십니다.
여호와는 창조주하나님의 창조말씀에 따라 세상천지와 하나님형상의 사람을 지으시고...
사람에게 생기를 주고 비를 내리게 하여... 만물이 생명으로 살아 움직일 수 있도록 운행까지 하십니다.

창조주하나님과 여호와하나님이 같은 분이시라면... 1장에서는 '하나님'... 2장에서는 '여호와'라고 다르게 호칭되지 않았겠지요... ? 아마도 격이 다르신 것으로 유추됩니다.
등장된 여호와도 '두 분'이나 됩니다.
짐승으로 아담에게 짝을 만들어 주려던 여호와와...
아담의 몸에서 갈빗대를 취하여 여자를 만들어 주신 여호와...

이 두 분이 같은 존재일까요... ? 절대로 아닙니다.

창조주께서 제일 먼저 하신일이 어두움 속으로 빛을 부르신 일입니다.
빛과 어두움의 존재 즉...빛의 여호와와 어두움의 여호와가 있다는 것을 알 수 있습니다.
어두움 속으로 빛을 불러 공존하게 하시고 만물을 창조하신 분은...
창조주하나님이시니 빛과 어두움의 여호와를 관장하는 분이시며...
여호와는 빛과 어두움으로 존재가 다르다는 것을 유추할 수 있습니다.

빛의 여호와는 생명을 관장하시는 분으로...
아담을 하나님의 형상으로 지어 그의 갈빗대로 배필을 만들어 주심으로 둘이 한 몸을 이루어 생명을 생산할 수 있게 하셨습니다. (창2:24)
그들은 하나님의 형상이므로 벌거벗었으나 부끄럽지 않았습니다. 반면...

어두움의 여호와는 생명이 아닌 사망을 관장하는 존재로...
빛의 여호와가 지으신 아담을 이용하여 자신의 형상과 모양으로 만들려 합니다.
흙으로 각종 들짐승과 새들을 지어 아담과 짝으로 짐승의 형상을 만들려했으나... 실패합니다.
그러자 이번에는 가장 간교한 뱀으로 여자에게 접근시켜 결국 '가인'이라는 뱀의 후손을 세상에 뿌리박았습니다.

그일 이후 선악과를 먹은 여자의 태는 언제나 짐승의 형상을... 남자의 생기는 짐승의 기를 생산하게 된 것이며...
결국 어두움의 여호와는, 하나님의 형상이었던 사람을 '자신의 형상과 모양'으로 만들어가기 위한 기초를 놓는데 성공한 것입니다.

***

이렇게 세상의 역사는 시작되어 시간이 흐르면서...
짐승의 후손 가인과 사람의 후손 아벨과... 그리고 신에 버금가는 멜기세덱(?)의 후손 셋으로 뒤범벅이 되어... 창조주하나님의 생명 예수가 오시기까지 빛과 어두움의 존재에게서 벗어날 길이 없이 이리저리 휘둘리며 살고 있었습니다.

오늘날엔 세 종족이 뒤범벅이 되어 각자의 영과 모양(혼)은 차이가 있겠으나...
여자의 태에서 만들어진 형상(육)은 모두가 짐승의 형상을 갖게 된 것입니다.
하여 훗날 예수께서도...
하나님의 생명이지만 몸은 마리아가 낳았기에 짐승의 몸이었습니다.
그래서 몸이 죽어야 했고 하나님의 몸으로 거듭나셔서 그리스도가 되신 것입니다.

아담과 하와가 선악과를 먹고 하와가 뱀의 후손 가인을 낳아 세상이 어두움의 손아귀에 들어간 채 세월은 흘러 흘러가고...
마침내 세상 끝 날에 즈음한 천년왕국 바로 직전에...
'천지만물을 차지하여 만국을 미혹하는 용을 잡으니 곧 옛 뱀이요 마귀요 사단이라... (계20:1~3)' 이를 잡아 무저갱에 가두게 된다 하셨습니다.

그러나 아직은... 용이 잡혀 무저갱에 갇히지 못했으니 세상은 여전히 짐승여호와의 미혹 속에 있는 것이 아니겠습니까... !

신들의 각본에서 벗어나지 못하는 사람이라는 존재는 영문도 모른 채...
보암직 먹음직 탐스러운 세상권세 부귀영화의 달콤한 선악과를 흠모하며...
공중권세 잡은 자에게 포로가 되어 참 하나님을 분별치 못하고... 여전히 선악과를 추구하며 희희낙락 살고 있으니...
어찌 암담하다 하지 않겠는지요... ?

에스겔 28장을 보면...
세상의 권세를 잡았던 많은 왕들 특히 두로 왕에 대하여 기록되어 있습니다.
그들의 특징은 허세와 교만으로 마치 자신이 하나님이나 된 것처럼 과시하다가 멸망하는 모습으로... 그들을 통해 사단의 존재가 어떠한가를 나타내는 것입니다.
그들은 세상으로 부터 권세를 얻은 공중 권세자들로... 사단의 쓰임을 받는 사단의 졸개들이라 할 수 있습니다.

태초 하나님의 형상으로 창조된 남자와 여자가...
하나님의 모양을 이루기 전에 사단에게 정복당해...
하나님이 창조하시고 사람에게 주신... 그 창조물들이 모두 사단의 소유가 되었으니...
사단이 세상의 왕이 되어 자기 마음대로 권세와 부귀영화의 선악과를 주며...
사람을 죄의 종으로 부립니다.

하여 하나님께선 세상을 멸할 수밖에 없고...
그래서 '새 하늘과 새 땅'이 필요하여 창조하고 계신 것이며...
사람 또한 '새 하늘과 새 땅에 들어갈 수 있는 존재'로 거듭나야 하는 것입니다.

"우리가 흙에 속한 자의 형상을 입은 것같이 또한 하늘에 속한 자의 형상을 입으리라." (고전15:49)
애초에 주셨던 형상 즉, 하나님형상을 다시 찾는 것이... 거듭나는 것입니다.

사단에게 정복당하지 않았다면 새 하늘과 새 땅을 다시 건설할 필요도 없고...
예수가 오셔서 죽을 필요가 없었을 뿐더러...
우리도 거듭날 필요가 없는 것입니다.

태초에 아담이 선악과가 아닌 생명과를 먼저 먹었다면...
이미 주셨던 형상에 그대로 모양까지 갖추어서 하나님이 되어 살 수 있었을 것을...
선악과로 인해 하나님의 계획이 틀어지고 온통 짐승들이 되어 가득하니...
처음 땅과 처음 하늘 그리고 처음 아담을 비롯한 모든 창조물들을 멸하시려고 다시금 새로운 계획을 세우신 것입니다. '신약'입니다.

하여 처음 땅과 처음 하늘이 없어진다 하셨으니... 없어질 것이며...
하여 우리의 소망은 '새 하늘과 새 땅' 이라 하셨습니다.

세상은 이미 천만번이라도 멸해 마땅하나 아직 멸하지 않고 계시는 것은...
처음 세우신 계획 "우리의 형상과 모양을 따라 사람을 만들자" 하신대로 하나님은 하나님을 만드시고자 하시는 것입니다.
짐승이 되어가는 사람들 중 하나씩 둘씩 빼내어 그리스도를 머리로 하는 지체가 완성될 때까지... 그래서 새 하늘과 새 땅에 들어갈 수 있는 존재가 완성될 때까지...
생명과 호흡과 만물을 친히 주시며 세상의 운행을 유지시켜 목적을 이루고 계시는 것입니다.
이처럼 하나님은 우리에게 섬김을 받으시는 분이 아니라... 우리를 날이면 날마다 섬기고 계시는 분이십니다.

창세부터 지금까지 하나님께서 친히 주고계시는 생명과 호흡과 만물을 오늘이라도 중지하시면 그대로 이 땅과 하늘은 풀어져 지옥이 되는 것이겠지요. 그러나 때를 기다리고 계시는 것입니다.
이렇게 하나님은 하나님의 계획을 완성하실 것이고...
사단은 사단대로 짐승이 되어가는 사람들을 빼기지 않으려하며 그의 계획을 완성할 것입니다.

에스겔 28장 1~19절은...
세상의 권세자 두로 왕의 각종 호사를 빗대어 사단과 그에 속한 존재들을 설명하고...
그 존재들의 미래가 어찌 되는가 하는 것을 밝히고 계신 것입니다.

이사야 14장 4~23절 역시...
바벨론 왕국의 처절한 결과에 대한 말씀을 하고 계십니다.
세상에서 가장 높고 포악한 패권자로써 파괴의 힘을 자랑했던 자가...
지옥에서는 가장 낮은 존재로 몰락하여... 그로 당했던 자들에 의해 더욱 처절해진다는 것을 알려 주십니다.

그리고 보니 죽인자나 죽임을 당한자나 모두가 음부에서 괴로움을 당하고 있습니다.

어찌 생각하십니까... ?
세상은 아직도 율법에 매여 율법으로 정죄함을 믿으니...
죽인자는 나쁜놈으로 지옥이고 당한자는 억울하니 천국이라고 생각하는 세상 상식에 어긋난다 생각되지 않습니까... ? 모두들 지옥에 있으니 말입니다.

그러나 생각해 보십시오.
사람은 모두가 짐승의 기와 짐승의 형상으로 태어났으니... 살아가면서 온전한 짐승의 모양이 되어갈 것입니다.
그러니 모두가 짐승의 세상으로 가는 것이 순리가 아닐런지요... !

하나님께서 이런 사람이라는 존재에게... 짐승에게서 벗어날 수 있는 방법을 제시하셨던 것입니다.
첫 번째는 구약으로... '율법'을 통해서 벗어날 수 있게 하셨으니 천년왕국의 백성이 되는 길이요.
두 번째는 신약으로... '새 생명'으로 거듭나게 하셔서 아들이 되게 하신 것입니다. 아멘.

"너희는 거듭나라 거듭나지 아니하면 하늘나라를 볼 수 없느니라."
"어찌하면 거듭나겠습니까... ? 내가 어미 뱃속으로 다시 들어가리이까... ?
"너는 할 수 없으나 하나님께선 하신다."

똑똑하고 모자라고 현명하고 미련하고 잘나고 못나고 선하고 악하고를 무론하고...
결국은...
빛 하나님에 속해 거듭나는가... 파괴자 어둠하나님에 속해 선악에 끌려다니다 끝나는가에 따라... 하나님 나라로 가느냐 사단의 나라로 가느냐… 결정되는 것입니다.

그 옛날 아브라함의 후손이라고 내세우던 사단의 새끼들처럼…
세상에 속해 엉뚱한 존재를 하나님으로 알고 섬기다가…
훗날 하나님 앞에 가서… 그동안 하나님의 이름으로 열심히 섬겼노라고
주야장청 우긴다 해도… 하나님의 대답은,
"나는 너를 전혀 알지 못한다." (마태7:21~23) 하신답니다.

"나는 내 아버지의 이름으로 왔으매 너희가 영접치 아니하나 만일 다른 사람이
자기 이름으로 오면 영접하리라." (요5:43)
예수가 하나님의 뜻으로 온 아들이라 했으나 그들이 인정치 않았으니
예수의 아버지 참 하나님을 부인한 결과가 됩니다.
그러나 다른 사람(짐승)이 오면 영접할 것이라 했습니다.
세상은… 예수의 아버지와는 다른 존재를 섬기게 되리라고… 그 때 이미 예고하셨던 것입니다.

아브라함의 자손이라 하는 사람들은 대답하되 "우리가 음란한 데서 나지 아니하였고 아버지는 한 분 뿐이시니 곧 하나님이시로다."(요8:41) 하였고…
그렇게 대답하는 그들에게 "너희는 너희 애비 마귀에게서 났으니… … 저는 처음부터 살인한 자요… … 거짓말쟁이요 거짓의 아비가 되었음이니라."(요8:44) 하셨습니다.
결국 그들의 하나님은 마귀라는 것입니다.
이렇듯 그들은 아브라함을 자신의 조상이라 강조하더니 오늘날엔 이방인들까지 아브라함을 믿음의 조상이라 하며 섬기고 있습니다.

그 때에 하나님은 한 분 뿐이라고 한 마귀 새끼들은...
하나님과 사단을 구별하지 못하고 사단을 하나님으로 알고 속고 있었던 것입니다.
정말로... 보혜사의 지식과 지혜가 필요한 때입니다.

계시록 18장에서 보면...
보암직 먹음직 탐스러운 세상의 영광이 마지막 큰 성 바벨론이라 칭함을 받으며 처참히 무너질 것을 예고하십니다.
위에서 언급한 보암직 먹음직 탐스러웠던 두로 왕국이나 바벨론 왕국의 운명이...
과연 그들로써 끝나는 것인가... ?
이는 다름 아닌 오늘날 은혜의 시대에 있는 우리 자신들의 모습임을 예고하시는 것입니다.

신약의 시대 초기에는...
하나님을 찾기 위해서 얼마나 많은 고난과 핍박이 있었는가를 생각해 봅니다.
그러나 오늘날에는...
옛 선지자들이 성령의 계시로 기록해 놓은 하나님의 성경말씀을 눈으로 보고...
보혜사 성령을 통해 귀로 들으며...
자유의지 안에서 얼마든지 참 하나님께 갈 수 있습니다.

이처럼 좋은 시대에 살고 있는 우리 자신들은... 과연 어쩌고 있는가... ?
두로의 왕들이나 바벨론 왕들처럼... 보암직 먹음직 탐스러운 선악과에 취해 장차 올 일들에 대해 둔감해 있지 않은가... ?

"나는 날마다 죽노라~" **외친 사도 바울처럼...**

우리도 새 생명을 위해... 옛 생명이 날마다 죽어가고 있는가... ?

생명은 또 다른 생명을 먹어야 성장하기 마련입니다.

"마음을 감찰하시는 이가 성령의 생각을 아시나니 이는 성령이 하나님의 뜻대로 성도를 위하여 간구하심이니라. 우리가 알거니와 하나님을 사랑하는 자 곧 그 뜻대로 부르심을 입은 자들에게는 모든 것이 합력하여 선을 이루느니라." (로8:27~28)

오늘날 그리스도예수 안에서 새 생명을 찾아...
성령의 영역 안에 있을 때... 그 분을 통하여 이루어져야 할 일들 즉...
영.혼.육의 거듭남이 이루어져서 그리스도를 머리로 하는 교회의 지체가 되는 것이니...
"하나님을 사랑하는 자 곧 그 뜻대로 부르심을 입은 자들에게는 모든 것이 합력하여 선을 이루느니라." 라는 말씀을 새겨야 할 것입니다. 아멘 ~

*** 세상에서 '하나님'을 설명할 때...
성경 한 구절에도 온갖 철학과 지혜를 총 동원하여 신비하고 고상한 어려운 말로 구사하고 있으나... 듣는 사람들은 확실하게 전해 받지 못한 상태에서 순응할 수밖에 없습니다.
워낙 인간학문에 깊으신 학자들의 권위 있는(?) 설명이다 보니...
의문이 안개같이 덮여 좀처럼 풀리지 않을지라도... 그런가... 하고 순응하게 됩니다.

그러나... 생각해 보십시오. 하나님이 사람을 창조하셨습니다.
선악과로 늪에 빠진 사람의 능력을 너무도 잘 아시는 하나님께서...
인간의 높은 학문이라 해도 초등학문이라 하셨거늘... 그것으로 거듭나라 하셨겠습니까... ? **인간의 초등학문과 철학의 거짓으로 사람을 거듭나라 하셨겠는가** 말씀입니다.
그래서...
"사람은 할 수 없으나 하나님은 하신다" 라는 말씀을 예수께서 하신 것입니다.

거저 주신 '은혜의 복음' 그대로를 상고하여 선한 양심으로 받아드리면 될 것을...
기존의 상식과 지식과 철학을 들이대며 온갖 의심과 오역으로 거부하면서...
오직 숭배하는 높은 학문과 깊은 철학으로 어렵게 풀어가려하고 있으니...
평생 빛을 소망했으나 끝내 찾지 못한 어느 신앙인의 양심적 고백 같은 것이 있는 것 아닐 런지요... ?
그 높고 깊은 인간의 열심히 쌓는 바벨탑이...
하나님께선 초등학문과 속임수라고 하셨음을 기억하십시오.

하나님의 요구하심은 "거듭나라"
우리는 이미 거듭났으며 그것은 '하나님께서 이미 2000여 년 전에 해 주신일'
이제는 단지 ''은혜의 복음'을 상고하여 깨닫기만 하면 되는 일'
깨닫게 되면 믿음은 저절로 주어지는 것
"믿음으로 살리라" 하신대로... '살아나게 될 것' 입니다.

하여... "성경을 상고하라"하셨습니다. **"연구하라" 하신 것이 아닙니다.**
말씀을 잘 상고하여 깨달음을 얻으면 우리의 할 일은 끝입니다.
조사하고 연구해서 스스로의 답을 만들어내는 것과는 엄청난 차이가 있죠.
하여... "성경을 논하지 마라" "무슨 자격증이 필요한 것이 아니다"라는 말씀도 기록 되었는가 봅니다.

우리가 정말 중요하고 세심하게 상고해야 할 것은...
하나님이 여러 분이신지... 아니면 세 분이 한 분이 되는 것인지가 중요한 것이 아니라...
태초부터 공중권세 잡아온 존재를... 하나님이라고 섬기던 아브라함 후손들이 있었으며...
오늘날에도 그 공중권세 잡은 존재가 여전히 세상의 왕 노릇하고 있다는 것입니다.

"멸망할 가증한 것이 하나님 성전에 앉아 내가 하나님이라 하느니라." (살후 2:4)
이같이 기록된 말씀은... 참으로 가슴을 서늘하게 합니다.

이처럼 혼미한 세상에 살면서...
나는 하나님을 제대로 알고 있는 것인지... 혹은 속고 있는 것은 아닌지... ???

참으로 보혜사성령의 지식과 지혜가 필요합니다. 끝.

(25). 구원의 종류

선악과로 무르익은 작금의 세상은 혼미함의 극치를 이루고 있어 마치 홍수로 멸망하기 직전의 노아시대와 같고...
유황과 불로 멸망한 소돔성과 같으며...
근세에 와서 화산폭발로 잿더미가 되었던 이태리의 폼페이와 다를 것이 없습니다.

인류가 쌓아온 바벨탑인 현대과학의 과학자들에 의해...
성경에 기록된 지구 종말에 대한 예언이 사실로써 입증되고 있을 뿐 아니라...
국내외를 막론하고 우리의 눈과 귀로 들어오는 온갖 부정적 뉴스들은 이미 성경에서 예고된 '지구 종말'에 대해 생각하지 않을 수 없게 합니다.

정말 때가 온 것일까... ?
그리스도예수에 힘입어 '새 생명'으로 부활하여 '씨에서 알곡'의 길을 가고 있는 참 그리스도인으로써 다시 한 번 '구원'에 대해 상고해 봅니다.

우선... 구원의 종류를 크게 몇 가지로 분별해 보겠습니다.
(1) 아벨의 구원 (순교자들의 구원 예표)
(2) 어린양의 구원 (예수께서 몸으로 사신 백성의 구원)
(3) 그리스도의 구원 (하나님 아들로의 구원)
(4) 성령의 구원 (씨에서 알곡으로의 구원)

(1). 아벨의 구원

태초에 여호와께서...
아벨과 그의 제물은 받으셨으나 가인과 그의 제물은 받지 않으셨습니다.
여호와 하나님께서는 가인의 존재를 아시기에 그의 것을 받지 않으신 것입니다.
그 일로 하여 사람의 아들 아벨은 뱀의 아들 가인에게 순교를 당했으니...
아벨의 영혼을 받으시므로 영혼이 구원된 자입니다.
시대에 따라...
의인 아벨에서부터 사가랴를 거쳐 오늘날까지 하나님을 인하여 죽임을 당하는 순교자들 구원의 예표입니다.

(2). 어린양의 구원

율법의 마지막 때 세례요한은 예수님의 출현에 대해...
"보라 하나님의 어린 양이로다"라고 말함으로써 예수님을 당시 제사의 제물로 쓰여 지던 어린양에 비유하였습니다.
하나님의 생명이시나 사람의 몸을 입고 오신 예수의 구원 역사로써...
동정녀 마리아에게서 태어나 30세가 되신 그 후 3여 년간 하나님과 하나님의 나라를 증거 하시고 종교인들에 의해 십자가에 못 박혀 죽었습니다.
그 당시 이스라엘 민족에게...
예수가 하나님의 아들이심을 믿는 자들을 위하여 예수께서 몸으로 사신 천년왕국 백성으로의 구원입니다.
예수께서 돌아가시기 전에 베드로를 향하여 "내 양들을 지키라"라는 말씀으로 베드로를 백성의 수장으로 임명하여 그들을 인도하게 하셨으나...

오늘날 이방에 이른 결과는... 엄청난 착오가 야기되어 혼돈에 잠기게 되었습니다.

우선, 그들의 수는, 이스라엘 12지파에서 각 일만이천씩 총 144,000명이 됩니다.
우리 이방인들은 베드로에게 맡겨진 양(아브라함 이삭 야곱의 후손)들이 아님을 인지하셔야 합니다.
또한 양을 제물로 죄 사함을 받던 '구약시대'도 아닙니다.

우리에게는 하나님께서 2000여 년 전에 완성하신 '임마누엘(예수')을 통한 역사에 힘입어...
우리 또한 거듭남에 동참되었음을 깨달아 반드시 '새 생명'을 찾아야 하는 '성령시대'입니다.
하나님께서는 인류구원의 역사를 2000여 년 전에 완성하셨으나...
우리에게는 각 자 참으로 깨닫게 되는 날이... 거듭나는 날이 됩니다.
죄 사함이 아닌 거듭남을 요구하시는 신약시대이며... 더 나아가 예수나 베드로가 아닌 '성령이 역사하시는 시대' 임을 상고하십시오.

(3). 그리스도의 구원

하나님께서 수차례 강조하시기를...
"나는 아브라함과 이삭과 야곱의 하나님이다"라는 말씀을 살펴보면...
아브라함부터 이삭을 거쳐 야곱의 때까지는 다른 신 즉 '공중권세잡은자'도 그들을 방해하지 못했습니다.
이처럼 아브라함 이삭 야곱이 참 하나님의 택하심과 보호 하에서 믿음과 축복으로 인도되어 그 후손들 중 참된 자들이 천년왕국의 백성이 될 수 있는 것처럼...

그리스도예수의 구원은 어느 누구도 방해할 수 없는 하나님의 역사로써...

사람을 하나님으로 부활시킨 임마누엘의 사명이었으며... 사람이 '하나님아들'이 된 구원이었습니다.

하여...

오늘의 사람이라면 누구라도 임마누엘(예수) 안에서 죽고 그리스도와 함께 부활된 것입니다.

하나님의 생명과 하나님의 형상으로 다시 살아난 것입니다.

이 또한 예수 본인의 의사와 상관없이... 예수의 다른 이름 '임마누엘'의 사명으로...

처음부터 우리와 함께하게 하신 '하나님의 역사' 입니다. 아멘.

(4). 성령의 구원

아담 계보의 시작인 셋으로부터 노아 때까지의 역사가 말해주는 구원은 현세의 '씨에서 알곡'의 과정이라 할 수 있습니다.

아브라함과 이삭을 거쳐 야곱의 열 두 아들들의 계열에 속하여...

모세의 광야시절을 지나 가나안 땅에 들어가기까지... 역시 '씨에서 알곡'의 과정입니다.

신약에 와서는...

'은혜의 복음'으로 거듭난 새 생명을 찾게하여... 새 생명의 형상과 모양을 이루어 하나님 아들이 되게 하시는 과정...

이것이 현 시대의 보혜사성령께서 역사하시는 '씨에서 알곡'의 과정인 것입니다.

그리스도의 것으로 부르심을 받아 그리스도의 지체가 되어가는 과정을 말합니다.

이처럼 크게 몇 가지로 나누어 분별해 보았습니다만…
현 시대 우리에게 가장 중요한 부분은…
'보혜사'라는 성령의 실체가 세상에 오셔서 새 생명의 실체를 찾게 하시고…
마침내는 온전한 하나님의 모양으로 길러 가시는 **성령의 구원역사가 현재진행 중이며…**
우리는 이 역사 안에 구속되어야 완전한 구원이 이루어질 수 있다는 것입니다.

***

"… 내게는 요한의 증거보다 더 큰 증거가 있으니 아버지께서 내게 주사 이루게 하시는 역사 곧 나의 하는 그 역사가 아버지께서 나를 보내신 것을 나를 위하여 증거하는 것이요… " (요5:36)
"… 하나님의 나라 복음을 전하여야 하리니 나(예수)는 이 일로 보내심을 입었노라" (누4:43)
"그 안에서 너희도 진리의 말씀 곧 너희의 구원의 복음을 듣고 그 안에서 또한 믿어 약속의 성령으로 인 치심을 받았으니… "
(에1:13)

예수님은 세상에 오실 때, 십자가에서 죽어야 하는 사명을 받고 오셨으며 순종하셨습니다.
곧이어 하나님께선… 죽은 몸을 다시 그리스도의 몸으로 살려내셨으며…
이것이 예수를 세상에 보내신 하나님의 목적이었습니다.
이 과정을 통해서…
임마누엘(예수)의 몸으로 처음부터 함께하게 하신 사람에게…
아무런 대가없이 하나님의 생명과 형상으로 거듭나게 하신 것입니다.

대가없이 주셨기에 은혜라 하며... 그래서 '은혜의 복음'이라고 합니다. 죄인이나 의인이나 부자나 빈자나 남녀노소 무론하고 사람이라면 누구나 해당되는 것입니다.

믿음은 들음에서 난다고 하신 말씀대로...
우리는 불의 혀 같은 보혜사 성령의... 말하게 하심 따라 전하는 은혜의 복음을 듣고... 십자가의 도를 통하여 이미 거듭났음을 깨닫게 됩니다.
징그러운 애벌레가 아름다운 호랑나비로 다시 태어나듯... 완전히 다른 몸으로... !

이 같은 그리스도의 참 복음을 구하고 찾는다면...
길 잃은 양에게 참 목자께서 직접 찾아 나서는 것처럼...
그리스도께서 승천하시기 전에 약속하신대로... 세상에 와 계신 보혜사 성령님께서... 직접 도우심이 계실 것입니다.

"내가 아버지께 구하겠으니 그가 또 다른 보혜사를 너희에게 주사 영원토록 너희와 함께 있게 하시리니... ... 저는 너희와 함께 거하심이요 또 너희 속에 계시겠음이라."(요:14:16-17)
"보혜사 곧 아버지께서 내 이름으로 보내실 성령 그가 너희에게 모든 것을 가르치시고 내가 너희에게 말한 모든 것을 생각나게 하시리라."(요:15:26)

예수님의 열 두 제자들도 3년간을 쫒으며 배우고 목격까지 했으나 예수님을 믿지 못하고 배신까지 했으며...
수제자라는 베드로마저도 끝까지 예수님을 부인한 것도 모자라 저주까지 했고...
예수님이 돌아가시자 그 분의 권고하심을 잊고 다시 옛날로 돌아가 어부가 되었으므로... 부활하신 그리스도께서 손수 직접 찾아 가셔서 다시 이것저것 당부하셨습니다.
이처럼...
알게 하시고 믿게 하시는 성령님이 오시기 전에는 어느 누구도 참 진리를 알 수가 없었고... 믿게 되지도 않았습니다.

마침내 오순절 날...
그리스도께서 약속하신 보혜사성령이 제자들이 모여 있는 다락방으로 오셔서...
그 곳에 있는 사람들 각 자에게 임하시므로 비로소 믿음이 생겨나기 시작했으며...
불의 혀 같은 성령이 말하게 하심 따라...
예수의 제자들을 중심으로 백성이 될 자들을 위한 '예수의 복음'이 전해지기 시작했습니다. (행2:1-4)

그러나,
그 시절 백성을 위한 '예수의 복음'과는 달리 오늘날 이방인을 위한 '은혜의 복음'은...
그리스도의 부르심을 받은 '바울'(고전1:1)에게 보혜사성령이 임하심으로...
보혜사의 역사에 대한 진리가 전해지고 있는 것입니다.
하나님의 뜻하심 따라 성령의 택하심을 입은 바울을 시작으로 보혜사께서 하시는 구원역사입니다.

참고로...
'예수그리스도'는... 현재는 예수시나 앞으로 그리스도가 되실 분이며,
'그리스도예수'는... 현재는 그리스도시나 전에는 예수였던 분이라고 아시면 좀 더 이해에 도움이 되실 것입니다.

***

"우리의 형상과 모양으로 사람을 만들자" 하시며 하나님의 형상으로 만들어진 사람남녀를 보시고 하나님께선 기뻐하셨습니다.
그러나 아직 형상뿐 미처 모양이 만들어지기 전에...
형상은 짐승이 되고 하나님의 창조물들이 모두 사단에게 넘어갔습니다.
하나님께선 모양까지도 짐승이 되어가는 사람을 구원하시려 이것저것 방법을 시도하셨으나, 짐승의 형상은 짐승의 속성에서 벗어날 수 없게 하는 것이었습니다.

결국 하나님께선,
사람에게 자신의 형상을 다시주시기 위해 자신의 생명에 사람의 몸을 입혀 세상에 보내셨고...
불세례로 예수의 몸인 사람을 죽게 버려두셨으나... 성령의 세례로 다시 살리셨으니...
이번에는 형상뿐 아니라 생명까지도 새것으로 주신 것입니다.
사람이 '새 생명'으로 거듭난 것입니다.

이제 사람은 누구라도 보혜사의 역사 안에서 그 사실을 깨닫게만 되면...
자신 또한 새롭게 된 생명으로 태어났다는 사실을 알게되는 것이며...
새 생명의 힘으로 새 생명의 형상과 모양이 갖추어지게 되어 하나님의 '아들'이 되는 것입니다. "아들이라 칭함을 얻으리라."
"우리의 형상과 모양으로 사람을 만들자" **하신 하나님의 계획은... 이렇게 이미 2000여 년 전에 완성하신 것입니다.**

***

인생은 빈손으로 왔다가 빈손으로 간다고 사람들은 말합니다. 그러나 아닙니다.

인생은 빈손으로 왔지만, 죄의 생명과 형상과 모양을 갖고 가느냐... 하나님의 생명과 형상과 모양을 갖고 가느냐... 이 두 가지로 나뉩니다.

그냥 초로의 존재로 사라질 수 있다면 무슨 신이 존재한다 하겠으며 사후의 불안감이 없는데 무엇이 걱정이겠습니까.

"세상에는 많은 신들이 있다"

"땅에 속한 형체가 있듯이 하늘에 속한 형체도 있느니라."

"육의 몸으로 심고 신령한 몸으로 다시 사나니 육의 몸이 있은즉 신령한 몸이 있느니라.

우리는 태어나서 어느 신에게 속해 끝을 맺느냐에 따라서 빛과 어둠으로 나뉘는 하나님의 '피조물' 입니다.

이상은 저에게 알 수 있게 허락하신 분량만큼 입니다.

보혜사께 감사드리며...

부족한 부분에 대해서는 곧 바로잡아 주실 것을 기원드립니다. 끝.

(26) 나는 날마다 죽노라.

하나님께선... 세상 지혜로운 자의 지혜를 폐하시고 의로운 자의 의를 꺾으시며 높은 곳에 있는 자를 끌어내려 무릎 꿇게 하신다 하십니다. (세상의 가치는 사단의 가치이므로...)
그러나...
자신이 어리석은 장님이며 귀머거리이며 벙어리이며... 그리고 문둥병자라는 것을 참으로 깨달아... 하나님 앞에 회개하는 자들에게는... 원하는 자마다 마다않고 병을 고쳐주십니다.
이것은 하나님의 정의도 아니고 동정도 아니고... 이것은... 하나님의 계획이며 약속이기 때문입니다.

세상 지식과 지혜는 초등학문이요 철학은 속임수라 하셨는데... 우리는 그 알량한 것으로 인생의 여정을 다 아는 듯 서로 앞 다투어 목을 곧추세우곤 합니다.
"세상에는 많은 신들이 있다" 하신 말씀처럼 우리는 그저 신들 역사의 흐름에 잠시 거쳐 가는 한 점에 불과하다는 것을 눈치 챘으면서도... 마치 세상의 흐름을 바꿔보기라도 할 량 말입니다.
이처럼 의기양양하게 자신을 내 세우는 것은...
신들 중 가장 끈질기게 스스로를 망치는 신 '자신'이라는 '신'을 모르기 때문일 것입니다.
세상에서는 '자신을 사랑하라'고 합니다. 그러나 하나님께선 '자신을 죽이라'고 하십니다.

"해 아래 것은 모든 것이 헛되다."
허무하고 허접스러운 오늘의 인생을 다 지내고 나면...

그리스도예수 안에서 새 생명을 찾은 자들에게는... 교회가 추구하는 '신생'이 기다리고 있음을 알고 있습니다.
참으로 감사한 일이 아닐 수 없습니다. 아멘.

땅에 속한 사람들 시야에서 살다가 모처럼 하늘을 쳐다보며 저~ 건너에 있을 새 하늘과 새 땅을 그려보면... 허접한 인생일지 언 정 장엄함을 느껴 봅니다.
신생을 향해 가기위해선 반드시 필요한 시간이며 새 생명을 위한 시간이기 때문이겠지요.

<u>생명은 반드시 또 다른 생명의 희생에 의해 생존 가능하므로...</u>
내 안의 부활된 '새 생명'이 자라기 위해서는 내 '옛 생명'이 필요하다는 사실 앞에서... 허접한 인생의 시간이 얼마나 귀한 시간인가를 생각해 봅니다.
허접함이 거룩함으로 거듭나는 시간이니까요.

<u>"나의 자랑이 있으니... 나는 날마다 죽노라...!" (고전15:31)</u>
바울의 외침에서 숭고한 의미를 상고해 봅니다.

"너희가 다 믿음으로 말미암아 그리스도 예수 안에서 하나님의 아들이 되었으니 누구든지 그리스도와 합하여 세례 받은 자는 그리스도로 옷 입었느니라."
"그런즉 이제는 내가 산 것이 아니요 오직 내 안에 그리스도께서 사신 것이라." (갈2:20)

"육체는 다 같은 육체가 아니니 하나는 사람의 육체요 하나는 짐승의 육체요 하나는 새의 육체요 하나는 물고기의 육체라...
하늘에 속한 형체도 있고 땅에 속한 형체도 있으나 하늘에 속한 자의 영광이 따로 있고 땅에 속한 자의 영광이 따로 있으니...

육의 몸으로 심고 신령한 몸으로 다시 사나니 육의 몸이 있은즉 또 신령한 몸이 있느니라.(고전15:35~49)

옛 몸은 육의 몸이요 신령한 몸은 거듭나는 그리스도 몸입니다.
그리스도예수 안에서 거듭난 씨가 나의 기초였음을 깨달은 자는...
새 생명의 씨가 자라기 위해서 옛 생명의 것들이 죽어야 합니다. 즉, 그동안 키워왔던 자신의 의를 죽여 새 생명의 먹이가 되어야 한다는 것입니다.
"세상에 선이 어디 있느뇨 의가 어디 있느뇨 하나도 없다"라는 말씀을 상고해 보면...
그간 가치를 부여했던 옛 것들은 새 것으로 성장하기 위한 먹이가 되어 신령한 형상과 모양으로 이루어져야 하는 것입니다.
생명은 생명을 먹어야 생존과 성장이 가능하다는 사실이 새롭게 다가옵니다.

하여 내 옛 몸은 죽어가고... 새 생명의 몸은 점점 자라나는 것입니다.
내 옛 생명의 욕심과 불의와 가증 그리고 기만은 점점 죽어가는 동시에...
새 생명의 사랑과 믿음과 소망이 자라나는 것이죠. 아멘.

해서 '바울'은...
"나는 (내 안의 새 생명을 위하여) 날마다 (조금씩 조금씩) 죽노라..." 라고 고백하며 자랑한 것입니다.

***

우리 대한민국 역사상 현 시대와 같이 풍요와 개인의 자유를 만끽하던 시절이 있었을까 생각해 보면...

정말 우리는 복이 많은 자들로써 늦 땅이 아닌 생명이 있는 땅에 태어나…
성령의 은혜가 넘치는 곳에서 살고 있음을 감사드리게 됩니다.
마치…
마귀가 예수의 시험에서 패배하여 잠시 물러가 있던 3년간처럼…
그래서 예수께서 하나님 나라를 백성들에게 알릴 수 있었던 것처럼…
지금의 대한민국이 그런 시대가 아닐런지요… ?

사람이 먹고사는 문제가 가장 힘든 시기가 있었으나 이제는 여유를 찾게 되었기에…
사람은 왜 태어났으며… 어디서 왔다가 어디로 가는 것일까… ?
또한 태어난 인생을 어떻게 살아 끝을 맺어야 하는가… ?
정말 비가시의 세계는 있는 것인가… ?
하는 문제를 생각할 여유가 있으니 참으로 감사한 시대에 살고 있는 것입니다.

그러다 보니… 항상 그렇듯이 이번에도 사단은 앞서가며 역사를 합니다.
사람에게 철학이라는 학문을 발달시켜 이렇게저렇게 미혹시키며 시간 낭비를 꾀하고 있으니 말입니다. 그러나,
하나님께서 이미 분명히 말씀하시며 경고하셨습니다. 인간 철학은 '속임수'이고 학문은 초등이라고…
<u>오직… '하나님의 복음'만이 우리의 살길이라는 것을 알 수 있겠습니다. 아멘.</u>

이 모든 것은 내 앞에 '빛이 있을 때'(성령의 역사가 있을 때, 죽어 눈이 감기기 전에) 이루어져야 하는 것이기에…
시간을 아끼고 소중하게 다루어가야 하겠습니다. 끝.

(27) 어느 종교인에게...

세상의 유전과 관습에 매여 있는 '종교인'으로 살다가...
오직 진리를 찾고자하는 마음으로 어찌어찌 험한 길을 지나 신학교까지 다니셨고...
그 후에도 엄청난 노력을 거쳐 드디어 종교인이 아닌 '교회'가 되었다 하시며...
2016년 어느 날...
자신의 기나긴 진리로의 여정을 자세히 소개하여 인터넷에 공개하신 분이 계셨습니다.
새 생명의 주를 목격했으며... 그래서 주의 아들이 되었다고...
그렇게 되기까지 무려 반세기나 걸렸다 하시더군요.

제가 알아온 세상 종교인 중 가장 잊을 수 없는 분으로 엄청난 노력과 나름의 의지로 하나님을 찾아 헤매신 분이었으며, 인간적으로는 한 편 존경을 금할 수 없을 만큼 대단한 분이었습니다. 그 분의 글이 아직도 기억에 생생합니다.
하지만...

별다른 노력도 없이 단지...
'이것이 무슨 소리인가,,, 정말 그런가... ?' 하는 마음으로 '은혜의 복음'을 들으면서...
'새 생명'이라는 진리의 핵심을 단번에 깨닫게 되었던 저의 경우와 너무도 비교가 되었고...
그럼에도 그 분의 깨달음이 마음에 석연치 않은 점이 있어 간단한 대화를 요청 드렸습니다.

다른 것은 제쳐두고 우선... '예수' 와 '임마누엘' 이라는... 예수의 두 이름의 차이에 대해 문의 했습니다.
각각의 이름에게 담겨있는 하나님의 역사는 어떤 차이가 있는가에 대한 의견을 듣고 싶었습니다.

사람들이 말하길 하나님은 각자에게 다른 모습으로 오신다고 합니다.
그러나 하나님이 자신에게 오신다 해도 그 분의 '생명'과 연결을 짓지 못하면 아무런 소용이 없습니다.
그리고 하나님의 생명인 '새 생명'이라는 것은 오직 한 가지로... 다른 종류가 있을 수 없으며...
생명을 전하는 방법 또한 '씨'를 통한 방법 외에는... 다른 방법이 있을 수 없기에...
새 생명의 연결에 대하여 근원부터 살펴보려 했던 것입니다.

그 분의 진리를 향한 여정을 살펴보면 누구라도 유구무언으로 가슴이 먹먹해질 것입니다.
이렇게 반세기에 걸쳐 온갖 노력과 수고로움으로 찾아야만 하는 것이 '새 생명' 일까요... ?
그러나 기억하십시요...
하나님께서는 '은혜'로(대가없이) 주셨다 하셨습니다.

우연치 않게 세상에 오신 보혜사의 사도와 연결되어 단번에 '새 생명'을 찾게 되었고...
성령의 안보 속에서 교회의 지체를 이루어가는 성령의 자녀로써... 알고 깨달아진 사실을 상고해 보며...
이 글을 읽으시는 분들께 참고가 되시기를 바랍니다.

(1)

당신이 믿는 하나님은 어떤 하나님입니까... ?

a. 아브라함의 후손이라고 자칭한 자들이 부르던 하나님입니까... ?
b. 아브라함과 이삭과 야곱의 하나님입니까... ?
c. 창조주이신 예수님의 아버지십니까... ?
예수께서 제자들에게 말씀하실 때... 저들의 하나님... 너희 하나님... 내 아버지... 라고 구분하여 말씀하셨습니다.

저들의 하나님과 너희 하나님과 예수의 아버지하나님이 분별 되시는지요... ?
창조주하나님과... 창조주의 말씀에 의해 세상을 만들고 운행하는 여호와 하나님이 계시며...
창세부터 하나님의 일을 방해하는 또 다른 여호와가 있습니다.

흑암 속으로 빛을 부르시고 말씀으로 세상을 창조하신 창조주 하나님이 계시며...
창조주의 뜻에 따라 세상의 생명을 운행하시는 "나는 아브라함과 이삭과 야곱의 하나님이다."라 강조하신 하나님이 계시며...
역시 태초부터 존재한 흑암의 주인 가인의 하나님도 있습니다.

아브라함의 후손이라 자칭한 자들에게 예수께서 말씀하시길... "너희 애비는 마귀다"라고 하셨습니다.(요8:41~44)
이것만 보더라도 세상에는 생명의 하나님과 사망의 하나님이 함께 존재한다는 것을 알 수 있습니다.
그럼에도 여전히 자신들을 아브라함의 후손이라 자랑하는 무리가 오늘날에도 있음은... 우리에게 많은 것을 시사합니다.

(2)

예수는 '하나님의 생명'

하나님생명이 마리아에 의해 '사람의 몸'을 갖게 되었고...
십자가에서 죽은 그의 몸은 '성령에 의해 그리스도의 몸'으로 부활되었습니다.
하여 그리스도는... 하늘의 형상이 되셨기에 승천하실 수 있었습니다.

모든 생명은 어떠한 몸을 입느냐에 따라 즉... 형상과 열매를 보고 존재로 인정됩니다.
과일의 형상을 보고 나무를 분별하며... 짐승의 형상을 보고 사람과 구별됩니다.
성경말씀 중에 나오는 짐승들을 보면 양도 있고 염소도 있고 이리도 있고...
사람 중엔 백성이나 종도 나오고 그리스도인도 나오고 하나님아들도 거론되는데...
당신은 그 중 어떤 열매를 맺고 계십니까...? 즉, 어떤 씨에서 비롯되었는지요... ?

(3)

사람은 누구나가 거듭납니다.

지옥 갈 자들은 영원히 죽지 않는 지옥의 몸으로 거듭나고... (창3:4)
하나님의 생명을 받은 자들은 그리스도의 몸으로 홀연히 변한다 하셨습니다.

당신은 새 생명의 주를 목격했다 했나요 ? 그래서 주의 아들이 되었다고... ?
목격하게 된 것과... 새 생명이 내 것이 된 것에는 엄청난 차이가 있습니다.
어떤 사람을 목격하고 아버지라 믿는다고 아버지가 되는 것은 아니죠...
그 사람 생명의 유전자가 내게도 있어야 아들이죠.
그래서 '새 생명을 목격하라'가 아니고... '새 생명으로 거듭나라' 하신 것입니다.
하나님의 생명과 몸으로 다시 거듭나야 합니다.
당신은 어떻게 해서 하나님의 아들이 되었는지 점검하십시오.

보혜사께서 새 생명의 진실을 알게 하셔서 참으로 진리를 깨닫게 되었습니까... ?
그냥 어떤 순간에 그렇다는 느낌이 들었습니까 ? 온 몸을 휘감는 감동감화로 ?
세상에는 사람을 감동감화로 미혹하여 속이는 신들이 너무 많습니다.

(4)

예수와 함께 죽어 그리스도와 함께 부활되어 하늘에 앉아계시다 했나요... ?

그렇다면 여기까지 오신 것만도 엄청난 복이십니다.
그러나... 당신이 씨로 존재하던... 유전자로 존재하던... 그리스도 안에서 깨어나지 못한 채 잠만 자고 있을 뿐이라면... 하늘에 앉아 있은들 무슨 소용이 있습니까... ?
하늘에서가 아닌 세상에서 이미 태어나 죄 지으며 살고 있는 당신이란 존재는 어쩌구요... ?
잘 생각해 보십시오.

이미 2000여 년 전에 예수의 몸이 그리스도의 새 몸으로 거듭났기에 사람이 덩달아 그리스도의 몸이 된 것이고... 사람이 하나님이 되었으니

'새 생명'이 되었습니다.
하여 **사람씨는 죽었고 하나님씨로 거듭났습니다.**

그 후 세월은 흘러...
불과 몇 십 년 전에 태어난 **당신은... 이미 그 거듭난 씨로 태어났던 것입니다.**
당신을 태어나게 한 그 사람이란 씨가 바로 그 거듭난 하나님의 씨 였다는 것을 깨닫게 되는 순간... 당신 안에서 잠자고 있던 '하나님 생명'이 깨어나게 되고...
당신이 하나님 아들이라는 것도 믿어지실 것입니다. 아멘.

믿어지십니까... ?

이미 그 '새 생명'이 당신 안에 있었음을 깨달아 믿어질 때 생명의 눈이 트이기 시작하고... 비로소 싹이 나고 잎도 나고 꽃도 피고 열매를 맺으면서 새로운 생명이 자라는 것이며...
이 일을 돕기 위해 오신 분이 '보혜사 성령'이십니다.

하여... 이때부터 내 안에서는 옛몸과 새몸의 싸움이 시작될 것이며...
옛것이 죽어가고 새것이 자라나게 되는 것입니다.
그렇지 못하고 옛 것이 너무 강하여 옛 몸 그대로 멈추어 있다면... 신령한 몸이 아니니 온전한 하나님의 아들이 되지 못하겠지요. 부끄러운 구원입니다. (고전3:10~15)

"... 그러므로 땅에 있는 지체를 죽이라 곧 음란과 부정과 사욕과 악한 정욕과 탐심이니 우상 숭배니라." (골3:1~5)

우리의 사도 바울이... "나는 날마다 죽노라" 하신 것을 상고하게 됩니다. 옛 몸이 죽으며 새 몸이 자라나는 것입니다.

예수께서 대답하여 가라사대 "진실로 진실로 네게 이르노니 사람이 거듭나지 아니하면 하나님 나라를 볼 수 없느니라."
"진실로 진실로 네게 이르노니 사람이 불과 성령으로 나지 아니하면 하나님 나라에 들어갈 수 없느니라"
"육으로 난 것은 육이요 성령으로 난 것은 영이니 내가 네게 거듭나야 하겠다 하는 말을 기이히 여기지 말라." (요3:3~7)

성령으로 난 것은 하나님의 영이시니... 신령한 육과 신령한 혼을 이룰 것입니다.
이러한 역사를 통하여 하나님께서는...
"우리의 형상과 모양대로 사람을 만들자"하신 계획을 완성하시는 것입니다.

(5)
(성령 충만을 깨달으니 죄 사함과 십자가 죽음 그리고 부활 승천을 깨닫고, 그 후 그리스도와 한 영이 된 것을 깨달은 상태에서 더 이상 깨달을 것이 없다고 6년 동안 여기고 있던 2014년 1월 중, OO의 형제로 부터 영뿐만이 아니라 육신 즉 혼과 몸까지도 깨끗하여졌다는 얘기를 듣게 되었다. 처음에는 이게 무슨 말인가 하여 반박하고 거부를 했었는데, 3차례 정도로 듣고 새겨보니까 정말로 엄청난 복음이었다.)
이상은 위에 언급한 그분께서 하신 말씀입니다.

영과 육신과 혼까지도 깨끗해 질 수 있는 씨를... 논리를 보신 것이 아닐까요... ?

그래서... 결과가 무엇입니까... 이미 다 이루어 지셨나요... ?
하나님의 생명과 형상과 모양이 다 완성되셨습니까... ?
혹 만의 하나라도 이 모든 것이 관념적이 아닌 실제적 사실이라면...
더 바랄나위 없겠지요. 그러나 우리는 다시 한 번 점검해보아야 하겠습니다.

당신은 사망의 씨에서 사망의 육신을 보았고(자신의 모습)...
거듭나신 그리스도하나님을 목격했으며... 그리스도 안의 '새 생명의 씨'를 보았습니다.
그러나 그 새 생명과 현재 세상에 존재하고 있는 자신과의 연결이 어찌 되었는지는 염려됩니다.

누구나 태어나기 위해서는 어머니가 필요하듯이 하나님의 아들로 태어나기 위해서는 성령이 필요합니다. 그래서 보혜사께서 오신 것이구요.
성령으로 낳은 자요 성령으로 양육 받고 있는지 스스로의 확인이 필요하며...
이미 하나님의 온전한 아들이 다 된 것으로 혹 착각하고 계신 것은 아닌지 점검이 필요합니다.

반평생에 걸쳐 찾아서 이제 여기까지 오게 되신 것은 결코 우연이 아닐 것이며...
더 나아가 나 자신의 근원을 깨달아 믿음에서 믿음으로 씨에서 열매로 이르게 되면... 당신 또한 그리스도로의 부활이 완성될 것입니다.

그러나... '이제 다 되었다'하는 당신의 의와 스스로 만족하는 믿음에서... 벗어날 수 있을까요... ?
성경에서 증거하는 소리가 오만가지 소리로 성령이 아니면 분별할 수 없는 것은...
예수께서 증거하신대로... 저들의 하나님이 있고 너희 하나님이 있으며...
신들의 신이며 창조주이신 그리스도예수의 아버지 하나님도 계시기 때문입니다.
성령의 은혜가 충만하시기를 바랍니다.

"... ... 이 세상이 자기 지혜로 하나님을 알지 못하므로 하나님께서 전도의 미련한 것으로 믿는 자들을 구원하시기를 기뻐하셨도다. (고전1:18~31)"

'전도의 미련한 것'
사람의 생각으로는 도저히 믿을 수 없어... 미련하게 생각된다는 뜻이겠죠.

지옥이든 천국이든... 어떤 신의 형상과 모양을 갖느냐에 달렸다는 것을 아신다면...
크나 큰 복이 될 것입니다.
잊지 마실 것은 우리의 몸에는 태초부터 선악과의 씨가 존재한다는 것입니다.

(6)
"보라 처녀가 잉태하여 아들을 낳을 것이요 그 이름은 임마누엘이라 하리라" 하셨으니 이를 번역한 즉 하나님이 우리와 함께 계시다 함이라. (마태 1:21-23)

'하나님이 우리와 함께 계시다' 함이라.
마리아의 안으로 오신 하나님의 생명과... 이미 마리아의 안에 있었던

사람몸의 유전자가... 서로 만난 그 때부터 우리는 함께 되었기에... 함께 아기예수가 되고 함께 성장하고... 함께 고난을 받아 몸이 죽고 장사지내졌으며... 그리스도로 부활되었습니다.

이렇게 해서 더불어 죽었다가 더불어 거듭 살아난 인류의 유전자는... 하나님의 생명과 하나님의 몸을 이룰 수 있는 온전한 '하나님의 씨'라는 존재로 거듭나게 된 것입니다.

이것은 2000여 년 전에 이룩된 일이며...
하여, 불과 수 십 년 전에 태어난 우리는... 옛 씨가 아닌... 이 새로운 씨로 태어났다는 사실이며...
이 사실을 참으로 깨달아 믿어지게만 되면...
우리의 영.혼.육이 온전하게 거듭날 수 있게 되어 그리스도가 되는 것입니다.
이것은 하나님께서 주신 은혜이며 약속인 것입니다. 아멘.

이 같은 하나님의 역사를 마무리하기 위해 오신분이 '성령 보혜사'이며.. 그리스도예수를 통해 이루어진 '새 생명'으로... 구원의 역사를 완성하시는 분입니다.

'마리아의 잉태'에서 예수와 임마누엘의 두 이름을 통해...
천년왕국 백성을 얻기 위한 '예수의 복음'과 하나님 아들을 얻기 위한 '하나님의 복음'을 동시에 볼 수 있도록 예시 하셨습니다.

아울러 끝으로 드리고 싶은 말씀은...
하나님의 역사를 살피기 전 사단의 역사를 살피시고...

하나님을 믿는다면 사단의 존재와 그의 역사함도 믿어야 할 것입니다.
그런 후...
당신이 어느 신에 속해 있는가를 구별하여 서둘러 선택하셔야 할 것입니다.

"우리가 음란한데서 나지 아니하였고 아버지는 한 분뿐이시니 곧 하나님이시로라."(요8:41)
예수께서 마귀새끼들이라 지칭하신 그 자들의 말입니다.

아직도 세상은... 하나님은 한 분 뿐이라는 이 말에 현혹되어... 참 하나님을 찾기가 더욱 어려워진 것입니다.
물론 참이신 창조주는 한 분 뿐이시나...
세상을 넘겨받은 존재를 하나님으로 알고 섬겼던 아브라함의 후손들로 인해 오늘까지도 혼돈으로 이어져왔다는 사실을 잊지 마십시요.

위에서 언급한 바와 같이...
선한 양심으로 참 하나님을 찾는 분을 모처럼 만나게 되니 기뻤습니다.
그럼에도 염려되는 문제의 핵심은...
"씨에서 알곡을 이루라" 하셨는데... 상관없이 이미 다 이루어져 있다 하시니... 안타깝습니다.
사단은 항상 교묘하게 미혹하는 재주가 있어 진리의 길을 방해한다는 것을 기억합니다.

우선은 '새 생명'을 찾는 것이 첫 번째요... 그 다음이 새 생명으로 비롯되는 '신앙생활' 이라는 것을 다시 한 번 상고합니다.

이상... 예전에 글을 올리셨던 어떤 분에 대하여 언급 했습니다만... 그 글에 대한 제 이해 부족에서 오는 기우에 지나지 않기를 간절히 바라면서...

세상을 향하여 겁 없이 이 같은 말씀을 전하게 하시는 성령님께 감사드립니다. 끝.

(28). 임마누엘복음=그리스도복음=하나님복음=영생복음

셋의 후손이며 에녹과 무두셀라의 후손이며 노아와 셈의 후손인 아브라함...
하나님께서는 노아 때에 홍수로 땅의 저주를 풀었으나... 부정한 생명들로 인해 또 다시 저주에 묶인 인류를...
또 다시 구원하고자 아브라함을 특별히 선택하셨으니... 이는 예수를 낳은 마리아까지 이어집니다.

마리아는, 아벨과는 다른 씨(창4장 25절) '셋'의 후손으로... 하나님의 생명을 받기에 손색이 없었던 것으로 유추됩니다. (다른씨라 함은 예수나 이삭을 떠 올리면 이해가 되실 것입니다.)
유대 왕 헤롯 때에 갈릴리에 있는 나사렛이란 동네에 사는 아브라함의 후손 동정녀 마리아에게... 하나님의 생명이 안착하셔서 몸을 이루시고... (누1:26~33)
호적신고를 위해 가신 고향 유대 땅 베들레헴에서 나셨으며... 주의 사자가 일러준 대로... 헤롯왕의 핍박으로 인하여 애굽으로 피신하여 잠깐 사십니다. (마태2:13~14)
헤롯이 죽은 후에 애굽에서 나와 이스라엘 땅으로 들어오셨으며... 헤롯의 아들 아켈라오가 임금 되어 다시 갈릴리 지방 나사렛으로 오셔서 성장하십니다. (마태2:19~23)

예수께서 30세쯤 되셨을 때...
성령에게 이끌리어 광야에서 마귀에게 시험을 받았으나 승리하셨으므로 마귀가 잠시 물러갑니다. (누4:13)
마귀가 물러간 사이에 예수께서는 복음 활동을 하실 수 있었던 것이며… 3여년 후 다시 돌아온 마귀는 예수를 십자가에서 죽이는 역사를 합니다.

예수께서 복음 활동을 시작하실 때에…
요한에게 물세례를 받으시자 하늘로서 "내 사랑하는 아들이요 내 기뻐하는 자라" 하시며 내려주신 하나님의 성령을 받으신 곳도 갈릴리에 있는 요단강이었습니다. (마3:13~17)

그 후 세례요한이 잡혔다는 소식을 들으시고 잠시 갈릴리 나사렛으로 물러나 때를 기다리십니다.
예수님의 태 자리였던 나사렛을 떠나 저 건너 요단강 근처 갈릴리(바다) 해변 가버나움으로 가서 사십니다. 이는…
"스불론 땅과 납달리 땅과 요단강 저편 해변 길과 이방의 갈릴리여 흑암에 앉은 백성이 큰 빛을 보았고 사망의 땅과 그늘에 앉은 자들에게 빛이 비취었도다"
선지자 이사야로 하신 예언이 이루어진 것으로…
갈릴리 주위의 많은 지역 사람들이 예수를 직접 목격하는 영광을 입습니다.

이때부터 예수께서는 각 지방을 다니시며 본격적으로 천국복음을 전파하기 시작하셨습니다. (마가4:1~32)

갈릴리와 데가볼리와 예루살렘과 유대와 요단강 건너편 허다한 무리가 좇으니…
그 무리를 보시며 산상설교를 시작으로 이적과 함께 하나님 나라에 대한 가르침을 주셨고…
바리새인과 서기관들을 비롯한 백성들의 그릇된 믿음을 질책하시며…

참된 믿음의 원천되시는 하나님과, 백성을 위한 '천년왕국'에 대하여 말씀하셨습니다. (마태5장~8장)

예루살렘으로 입성하셔서 관원들에게 잡히시기 전까지 왕성한 복음 활동을 하십니다.
그들과의 변론을 통하여 바리새인들의 위선과...
하나님의 성전이라 하면서 온갖 더러움으로 치장하는 그들의 잘못된 믿음에 대하여 책망과 질책으로 대항하시며...
예루살렘 멸망과 종말에 대한 예언을 하시기도 합니다.

때가되자...
예수를 시험하며 넘어뜨리려다 실패하여 잠시 물러갔던 마귀가 돌아오게 되고...
마귀에게 잡힌 사랑하던 제자의 밀고로 하여 십자가에서 죽은 예수는...
죽으신지 삼일 만에 그리스도로 부활하셨습니다.

나사렛의 동정녀 마리아에게 성령이 임하심부터...
출생과 성장을 거쳐... 복음전파와 십자가의 죽음까지...
처음부터 목격한 바 있는 막달라마리아를 비롯한 그 외 여인들조차도...
"내가 죽고 삼일 만에 살아나리라." 하신말씀을 반신반의하며 무덤으로 찾아갔습니다. 그러나...

"어찌하여 산자를 죽은 자 가운데서 찾느냐?
그가 살아나셨고 너희보다 먼저 갈릴리로 가시나니 너희가 거기서 뵈오리라..." (마28:1~10) 하는...

(1) 천사의 말을 듣고 무덤을 떠나가 달음질해 가는 길에서...

(2) 살아나신 그리스도예수를 만나고...
(3) 제자들과 사람들에게 이 좋은 소식을 알리게 됩니다. 이는...

(a) 길 잃은 양이 길을 찾을 때에 복음의 소식을 듣고 달음질해 가는 길에서...
(b) 복음 안의 참된 목자 그리스도를 만나게 되었고(새 생명을 얻었고)...
(c) 이 기쁨을 세상에 증거하게 되는 우리 참 그리스도인들의 모습과도 같습니다.

증거합니다.
사가랴의 아들 세례요한이 요단강 부근 각 처에 와서 죄 사함을 얻게 하는 회개의 세례를 전파하니...
백성이 다 세례를 받고 예수도 세례를 받으시고 기도하실 때에...
하늘이 열리며 성령이 형체로 비둘기 같이 그의 위에 강림하시더니 하늘로서 소리가 나거늘...
"너는 내 사랑하는 아들이라 내가 너를 기뻐하노라." 하시니라. (마가1:9~11)

잊지 마십시오 그 때에 예수 안에 있던 사람유전자도 그 소리를 들었습니다. 아멘.

요한의 회개의 세례 전파를 듣고 모여든 사람들은 예수께서 세례를 받으실 때 하늘로부터 나는 소리를 들었습니다.
아마도 그 소리를 들은 사람들로 하여 본격적으로 예수를 따르는 무리가 형성되었을 것으로 짐작됩니다.

제자들과 함께 다니시며 여러 가지 기적을 통한 성령의 능력을 보이시고 '천국복음'을 전파하시니... 그 무리의 수는 점차적으로 많아져서 웬만한 권세가도 쉽게 다룰 수 없는 존재가 되셨습니다.
그러나 그 시대 권력과 부를 손에 쥐고 백성을 다스리던 대 제사장과 장로들 바리새인들은...
예수의 활약을 묵인하기에는 따르는 백성의 무리를 돌이킬 수도 없고...
자신들의 권한을 지키기 위해서는 수용할 수도 없는... 진퇴양난의 입장이었던 것입니다. 하여...

그들이 엄청난 시간과 수고와 공을 들여 지은 성스러운 성전에서...
그들에게는 온갖 비상식적인 행동과 말로써 혼란을 일으키는 예수님이...
천하의 무법자요 무식자요 무례한 자로써... 죽이기에 합당한 자로 여겨졌을 것입니다.

예수님이 이처럼 본격적으로 세상에 들어나시기 30여 년 전...
하나님의 생명이 마리아에게 임하여 예수를 잉태하셨을 때...
이미 마리아의 태 안에 있던 우리(사람유전자)는 하나님의 생명과 함께 그 분의 몸이 되어 예수의 또 다른 이름 '임마누엘'이라는 이름으로 세상에 태어났습니다.

하여 백성들에게 예수라는 이름으로 사시던 그 분의 인생 33년간... 우리 사람은 그 분 안에서 함께 먹고 마시고 고통당하며 함께하는 생을 살았습니다.

그 분이 요한의 세례를 받으실 때 그 안에 있었으며...
하나님께서 너는 내 사랑하는 아들이라 하실 때 예수와 한 몸으로 그 안에서 함께 들었으며...
병자를 고치실 때... 천국복음을 전하실 때도 함께 하였으며... 그 뿐 아니라...
성전을 뒤 엎고 대 제사장 바리새인들과 대적하시고 결국 그들에게 추포되어 십자가에서 돌아가실 때...
우리 사람도 그 분과 함께 고통스러웠고 함께 죽었습니다. ... 그리고 그리스도로 다시 살아났습니다. 함께 죽고 함께 살아났습니다. 이렇게 사람이 거듭났습니다.

***

예수께서 이런 과정의 하나님역사 앞에 순종하심으로 희생되신지 2000여년이 지났건만...
아직도 사람들은 그 역사의 깊고도 영광스러운 의미를 깨닫지도 못하고 알려고도 하지 않습니다. 불행하게도...
성경말씀으로 깨우쳐주고자하시는 하나님의 뜻은...
사람들의 인위적 해석으로 말미암아 시대적으로 지났을 뿐만 아니라
변형되어 왜곡된 '천국복음'이나 요한의 '세례복음' '화평의 복음'과 같은 것들이...
사탄의 병기가 되어 세상을 미혹하여 득세하고 있는 것입니다.

이러한 절체절명한 시기에 보혜사성령께서는...
'은혜의 복음을 통한... 영생복음'에 대하여 알게 하셔서 하나님의 아들들을 길러내고 계십니다.

그리스도예수와 함께 죽었다가 다시 살아난 우리들은...
예수님 당시 그분 안에 있었던 관계로 그 분의 심정을 너무도 잘 알며...

또한 그분을 대적하던 사람들의 상태를 너무도 잘 압니다.
현 세상 사람들에 대한 우리 참 빛 생명들의 마음이 바로 그 당시 예수님의 그것입니다.

하여 영생복음을 전하고자 하는 참 빛 생명들의 간절한 마음은 성령께서도 잘 아시기에... 눈동자같이 지키시며 안보하십니다.

하나님에 대한 세상의 무식과 왜곡됨을 비판하고...
역사하고 계신 성령을 증거하여...
과거 이스라엘 백성들의 무지했던 처사로 돌아가신 그 예수님이 반석이 되어...
이 시대에 얼마나 영광스러운 교회가 이루어지고 있는가 하는... '영생복음'을 증거하고 있는 것입니다.

그 일에 일조할 수 있는 자 되게 하실 것을 감사드립니다. 끝.

(29). 믿음을 확증하라.

"너희가 믿음에 있는 가 자신을 시험하고 확증하라. 예수그리스도께서 너희 안에 계신 줄을 너희가 스스로 알지 못하느냐 그렇지 않으면 너희가 버리운 자니라." (고후13:5)

당신은 스스로 아십니까 ? 그리스도예수께서 당신 안에 계신지 안계신지... ?

"우리가 예수와 합하여 그리스도의 뿌리를 이루었으니... 성령과 진리로 예배를 드림으로 씨에서 알곡을 이루리라.
세상 안에 있을 때는 약하였으나... 새 생명을 찾은 이제는 하나님의 능력으로 살리라.
이는... 하나님의 지혜로 선악을 구별하며... 두렵고 떨림으로 '이룸'과 동시에... '평강'을 누리게 되는 참 신앙생활로써 나타나리라."
(2013.1.24. 전도자)

가인은 애초부터 생명없는 놋 땅으로 쫓겨났기에 참 생명과는 연결되지 못하여 생명산업에는 끼일 자리가 없으나...
그의 애비의 비호 속에서 비 생명산업을 발전시켜 바벨탑을 극도로 높이 쌓으면서...
발전에 비례하여 죄악 또한 만연하게 되었습니다.
이를 보신 하나님께서...
의인 노아의 가족들과 각각의 순결한 짐승 둘씩을 제외하고 모두 멸망시키셨으나...
앞서 말씀드렸듯이 사단의 방해로 하여 죄악의 생명도 노아의 배에 포함되어 구출되었습니다. 하여...

이미 죄악의 유전과 관습에 혼합된 생명체들로 하여... 다시금 세상은 죄악으로 번성하게 되었습니다.

이번에도 사람이 큰 무리를 이루게 되면 죄악 또한 크게 번성함을 보신 하나님께서...
다시 큰 무리를 막기 위하여 각 종족별로 언어를 나누셨으나...
오늘날 세상은 이미 언어통합을 이루어... 끊임없는 발전으로 다시금 바벨탑을 쌓아 올리고 있습니다.

세상의 복을 추구하는 가인의 아들 에녹의 성에서 시작된 종교는...
인간의 발전상과 더불어 높아지는 바벨탑에 비례하여 더욱 큰 힘으로 세상을 지배하게 되어...
세상 즉 공중권세로부터 인간을 구원하기 위한 하나님의 대 역사에 맞서는 사단의 행각은... 극에 달해 있습니다.

근세에 와서는... 하물며 예수를 이용하여 사람들을 미혹하는 만행을 일으켜 이어가고 있습니다. 그것은,
고대 동로마 제국 콘스탄티누스 대제의 정치적 목적에 의해서...
예수그리스도의 십자가 사건을 왜곡된 내용으로 홍보하여 기독교를 로마의 국교로 지정한 것입니다.
다신교로 혼란에 휩싸여 정치적 위기에 처해있던 콘스탄티누스 대제가... 예수를 자신의 효과적 통치수단으로 이용했던 것입니다.

그 이후부터... 참 교회의 진리는 본격적으로 변질되기 시작하여 '십자가'라는 아이콘을 만들어 숭배의 대상으로 만들었으며...
종국에 가서 십자가는, '십자군'이라는 군대의 아이콘이 되어 전쟁으로 휩쓸고 다니며 권세가들의 권력싸움에 이용되었던 것입니다. 이는...

'... 하나님의 뭇별 위에 나의 보좌를 높이리라 내가 북극 집회의 산 위에 좌정하리라 가장 높은 구름에 올라 지극히 높은 자와 비기리라'(사14:12~15) 하며 큰소리치다가 음부 곧 구덩이 맨 밑에 빠져버릴 자,,,
그러나 현재는 공중권세를 잡고 천하를 좌지우지 하며 천하만국 지배자의 자리에 앉아...
그의 의도대로 영.혼.육의 바벨탑을 미끼로 하여 사람들을 끌어 모으고 있는 자...
곧, '사단'이란 존재의 오늘날 만행이기도 합니다. 반면...

참 하나님의 역사를 완수하신 그리스도예수의 승천 후에 오신 '보혜사성령'께서는...
사람들에게 '예수의 등장과 죽음'... 그리고 그리스도 '부활의 의미'를 알게 하심으로... 하나님의 태초부터 뜻하신바 이었으나 '숨겨졌던 비밀'...
천사들도 흠모하나 그들에게는 허락되지 않은 '아들이 되는 복음'...
이 은혜의 복음에 의해 '성령의 참 교회'가 알게 모르게 출현되기 시작했습니다. 아멘.

살펴본바와 같이...
다독임과 온갖 위로로 평안을 가장하는 '세상의 교회'와...
엄격하게 거듭남을 요구하는 '성령의 교회'로 구분 되어 있음에도...
태초부터 방해를 일삼는 사단의 영향으로 인해...
오늘날까지도 사람들은 혼미 속에서 분별하지 못하고 미혹되고 있는 것입니다.

하나님을 방해하는 사단의 역사는 태초부터 늘 있어왔습니다.
하나님께서...
의인이었던 노아의 홍수 이후... 그의 장자 함과 약속의 자녀 샘 그리고 창대케 된 자 야벳으로 세상의 역사는 또 다시 번성하게 하셨으나…
거기에는 사단의 방해로 부정한 생명들도 끼어들었던 것입니다.

그 역사의 중심에 '아나톨리아반도'(지금의 터키)가 있습니다.
흑해를 시작으로 에게해와 지중해 그리고 동편 메소포타미아 평원을 적시는 유브라데스 티그리스 강들 유역으로 연결되는 지역이며…
그 땅의 역사를 들여다보면 노아가 세 아들들에게 내린 축복과 저주의 내용이… 그대로 실현된 것이 틀림없으리라 생각됩니다.
고대역사는 저의 역량이 부족하여 거론할 수 없어 근세의 현황에 대해서 생각하겠습니다.

인류역사상 가장 찬란했던 로마의 역사에서 동로마제국의 영토로 사상초유의 번영을 누렸던 그 땅이 '아나톨리아 반도'입니다. 그러나…
로마 교황이 기독교를 국교로 정한 이후 그 땅에서 함께 번성했을…
그들의 수많은 하나님의 전들이 흔적을 감췄고… 혹 남아있다 해도 이제는 볼품없이 초라한 모습을 하고 있습니다.

그 땅의 국교로써 틀림없이 엄청난 영화를 누렸을 하나님의 전이…
지금은 모두 어디로 사라지고 온통 타 종교 사원으로 덮여있을까요… ?
그 영화로움 속에서 섬김을 받던 하나님이 정말 참 하나님이셨다면…
그 땅의 성전들이… 정말로 하나님 은총이 계신 하나님의 성전이었다면…
그처럼 처참하게 무너져 흔적도 없이 온통 갈라진 돌조각들로 덮여버릴 수가 있을까요… ?

그 성전에는 분명히 다른 존재가 앉아있었던 것이 틀림없다는 증거입니다.

그리고 현재는 여러 종파로... 각국으로 나뉘어져 제멋대로들 하나님을 제작하여 섬기고 있습니다.

예수님께선,
"하나님은 손으로 지은 전에 계시지 않는다." 라고하시며 성전을 둘러엎기도 하셨고...
우리의 사도 바울은,
"남의 터에 집을 짓지 않는다"라고 하며 성전에 들어가 전도하기를 거부하였습니다.
네 그렇습니다 그곳들은 '남의 터' 였습니다. 이미 그곳은 사단의 터였기에 하나님이 계실 곳이 아니라는 뜻입니다.

하여 예수께서는 둘러엎으셨고...
바울은 진주를 그 돼지들에게 던지지 않았으며...
결국엔 무참히 무너져 내린 것입니다. 마치 종국엔 무너져버릴 세상바벨탑처럼...

하나님이 계신 곳이라면 세상 어느 곳이든 남의 터가 아니라... 하나님의 터 아버지의 터 그러므로 이제는 나의 터가 되는 것입니다.
자신이 거듭난 하나님의 생명이라는 것을 참으로 깨달았으면...
누구라도 성전이라 하겠습니다. 내 안에 하나님이 계시니까요. 아멘.

예수는 성전을 세우기는커녕 허물라 하시고 (이는 그 성전이 참 성전이 아니었기 때문입니다.)... 자신의 죽음 앞에 순종하심으로 거듭나셔서 완벽한 교회의 반석으로 머리가 되셨고...
사도바울 또한 교회를 손으로 세운 적이 없습니다.

오직 성령의 복음을 통해 사람들에게 참 진리를 깨달아 교회가 되기를 권했으며..

본인은 예수그리스도의 죽음과 부활 전에 태어났으나 '보혜사'의 인도로 거듭남의 진리를 터득하였고... 또한 그의 죽음에 대한 확실한 기록이 없는 것으로 보아... 혹, '셋'의 후손 '에녹'처럼 되지 않았을까... 생각해 봅니다. (창5:24)

(1) 태초에 아벨과 다른 씨 셋... 그의 후손 '에녹'은...

하나님의 아들을 낳으며 살았으니 그 또한 하나님의 생명이 있는 성전으로... 손으로 지은 성전이 아니었습니다. (오늘날 복음을 통해 하나님 아들을 생산하는 보혜사성령의 예표라 하겠습니다.)

(2) 그러나 가인의 아들 '에녹'은...

그의 이름을 붙여 '에녹'이라는 성을 쌓아 여호와를 섬기기 시작하여 오늘에까지 이르게 된 것이며... 가인의 성에서 섬긴 여호와의 실체는 가인의 애비로 유추되는 것입니다.

'에녹'이라는 이름이 '교회'라는 뜻이라고 하니 '셋의 에녹'과 '가인의 에녹'...

이 두 교회는 이처럼 태초부터 두 종류로 시작되었다는 것을 상고하시기 바랍니다.

결국 사람이 돈과 손으로 지은 성전엔 다른 존재가 앉아있다는 것을 알 수 있습니다.

"멸망할 가증한 것이 하나님 성전에 앉아 내가 하나님이다 하느니라."라는 말씀이 왜 성경말씀 중에 있는 것인지... !

이제는 아셨으리라 믿고 싶습니다.

참고로...
'교회'란 그리스도를 머리로 하는 지체라고 설명합니다.
그리스도의 지체라면 당연히 그리스도의 생명과 연결되어야겠지요.
'새 생명'도 찾지 못한 채... 손으로 지은 성에 모여 정성으로 예배드리며 섬긴다고 해서 결코 교회가 아니라는 결과입니다.

".. 우주와 그 가운데 있는 만유를 지으신 신께서는 천지의 주재시니 손으로 지은 전에 계시지 아니하시고 또 무엇이 부족한 것처럼 사람의 손으로 섬김을 받으시는 것이 아니니 이는 만민에게 생명과 호흡과 만물을 친히 주시는 자이심이라." (행17:24~25)

하나님께선 이처럼 섬김을 받으시는 분이 아니라 오히려...
혹 여라도 복음으로 깨우쳐 돌아서지 않으려나 ~ 하고...
천지를 운행하시며 사람들을 밤낮없이 손수 섬기고 계시는 분이십니다.
아멘.

예수그리스도의 죽고 거듭나는 역사 이 전에 태어난 사람 즉, 사람의 유전자가 거듭나기 전에 태어난 사람은...
거듭난 새 생명으로 태어난 것이 아니기에 반드시 순교를 하여 옛 생명이 죽어야 새 생명으로 거듭날 수가 있습니다.
예를 들면,
'아벨'을 선두로 제단과 성전사이에서 희생당한 사갸랴까지... 세례요한과 베드로를 비롯한 예수의 제자들... 등등의 선지자들은 반드시 예수처럼 순교로 생을 마감해야 했습니다.
이처럼, 그리스도의 부활 전에 태어난 사람은 옛 생명이 순교로 죽어야 새 생명이 주어집니다. 해서 많은 선지자들이 순교를 당했나 봅니다.
그러고 보면 **'순교'**가 그들에게 얼마나 은혜로운 일인지 알겠습니다.

그러나 아브라함이나 노아 혹은 욥과 같이 부활의 역사 이전에 태어나서 수명대로 죽은 사람들은 백성으로의 자격이 주어질 수 있을 뿐입니다.
그들에겐 훗날 그리스도의 백성이 되어 천년왕국에서 천년을 살면서 어떤 변화가 있을 수도 있겠습니다만...
그 당시에는 하나님께서 그들에게 내 종... 내 백성이라 칭하셨고...
예수 그의 백성 즉, 천년왕국의 백성이라 하셨습니다.

그러나 오늘날,
그리스도의 부활 이 후에 새 생명으로 태어난 사람들은...
이미 예수그리스도 안에서 함께 죽고 거듭난 것이기에... 이 사실을 깨닫기만 하면 하나님께서 아들이라 칭하신답니다. 아멘.

이처럼 아무런 수고도 없이 죽고 거듭나는 과정이 완수되었기에...
하나님의 은혜요 성령의 은혜요... 해서... '은혜의 복음'이라고 하는 것입니다.
참으로 우리는 은혜시대에 사는 복 많은 사람들입니다. 아멘.

***

유럽여행을 하다보면 손으로 지어 현존하는 많은 성전을 돌아볼 수 있습니다.
사람들은 그 성전의 웅장함과 아름다움에... 성스러움을 더하여 바라보며 감탄하곤 합니다.
그러나 저는 그럴 때 생각나는 것이... 예수의 제자들이... 어느 성전의 대단함을 예수에게 고했을 때 하신 말씀입니다.

"당장 허물라 내가 삼일 만에 지으리라."

우리는 '은혜의 복음'을 통해서 당장 옛 몸을 허물고 순식간에 새 몸을 지을 수가 있는 기초를 갖게 되는 것입니다. 끝.

(30) 세상 안의 믿음을 보겠느냐... ?

하나님의 생명이 친히 세상에 임하셔서 백성의 구원을 위한 역사를 행하셨으나...
그들은 생명을 알아보지 못하고 공중권세자의 미혹 속에서 분별력을 잃어 예수를 잡아 죽이려고 합니다.
죽음을 눈앞에 두었으나 예수께서는 세상 왕 앞에서 굽히지 않고 선한 증거를 하십니다.
빌라도를 비롯한 헤롯왕은 예수의 죄를 찾을 수 없어 몇 번에 걸쳐 놓아주려 하였으나... 대제사장들과 무리들은 굳세게 예수를 십자가에 못 박아 죽일 것을 요구합니다.
하물며... 민란과 살인으로 잡힌 바라바를 살려주고 대신 죄 없는 예수를 죽이라고 강력히 요구합니다.
왜 그들은 그렇게 까지 예수를 죽이려 했던 걸까요?

로마의 통치아래에서 유대인들을 통솔하며 권위를 누려오던 대제사장들과 서기관들 율법학자들은, 자신들이 조상 대대로 해 오던 율법생활을 흔들어 놓는 예수의 가르침을 이해할 수 없었을 뿐더러... 인정할 수도 없었던 것입니다.
그럼에도 많은 사람들이 예수를 쫒으며 따르니 예수의 세력이 점점 불어나는 것을 보고... 자신들의 위치와 권위가 불안해져서 그대로 놔둘 수가 없었습니다.
이는, 하나님의 생명을 알아보지 못하고 저지른 유대인들의 엄청난 실책이었으나...
그들로서는 그럴 수밖에 없는 운명이었습니다.

또한 그들은,
그 당시에 예수의 존재를 깨닫고 예수의 가르침을 쫓는다 해도...
오직 예수의 백성으로서의 구원이 있었을 뿐... '새 생명'으로 '하나님아들'이 되는 복음은 없었던 것 또한... 그들의 운명이었습니다.
그리스도의 부활이 있기 전이었고... 따라서 '보혜사'도 오시기 전이었기 때문입니다.

그들의 운명과는 달리 오늘날 우리에게는,
예수의 '죽음과 부활의 역사'가 완수됨에 이어 '보혜사 성령'이 오심으로...
하나님의 백성 정도가 아니라... '아들'이 될 수 있는 시대입니다.
그럼에도 세상은 예수시대의 유대인들처럼... '새 생명'을 갖고 오신 '보혜사성령'을 분별하지 못하여 알아보지 못할 뿐 아니라 그 분의 복음을 무시합니다.

세상은 오로지...
자신들의 죄를 위해 희생되셨다는 예수의 '희생에 대한 감사함'을 극대화시켜 우상으로 섬기며... 끊임없이 세상복을 요구하며 섬깁니다.
결국 그들의 믿음이란,
섬김이라는 의를 만들어 우상숭배의 바벨탑을 쌓는 것입니다.

하여, 예수께서는 말씀하셨습니다.
"... 인자가 세상에 올 때에 세상에서 믿음을 보겠느냐..." (누18:7~8)

아니요...
씨에서 알곡을... 생명에서 생명을 이루어낸 결과를 보신다는 말씀입니다.
결국... 생명이 있는 믿음과 생명이 없는 믿음 즉... 알곡과 쭉정이의 차이가 되겠습니다.

창조주 우리의 하나님께서는...
하나님의 여러 신들을 통하여... 이미 짐승이 된 사람을 하나님으로 되돌리시고자... 창세 이래로 오늘까지 온갖 측량 불가한 역사를 하고 계십니다.
그 이룩하신 역사의 과정과 결과와 미래를 깨달아 믿게 되고...
성령의 이끌림으로 하여 성령말씀에 화답하게 된 사람들...
'새 생명'을 찾은 이 사람들이...
창조주 하나님 그 분의 영역 안에 있게 되었다는 사실을 알아야 합니다

***

예수님의 행보를 잠시 상고해 봅니다.
예수께서 사람들의 잘못된 신앙생활에 대한 지적을 하시며... 종말에 대한 예고와 경고를 통해 경각심을 심어 주십니다.
가난한 과부의 생활비 전부를 헌금하는 것은 자신의 모든 것을 하나님께 맡기는 것이며... 부자들의 얼마간 넣는 헌금은 가진 것의 일부분으로 생색내기에 지나지 않는 것임을 지적하시며... 하나님께 대한 그들의 심중을 들어내어 비교하십니다.
이처럼 바리새인 율법사 같은 종교 지도자들이 사람들을 현혹하여 과부의 가산을 삼키고... 그렇게 모은 미석과 헌물로 꾸민 성전에서 외식하는 그들에게... 큰 재앙이 있을 것임을 경고하십니다. (누21)

그러한 경고의 말씀에서 빠져나갈 수 없음을 직감한 사람들이 걱정이 되어 때와 징조를 묻습니다. 예수께서 가라사대...
모든 일이 일어나기 우선하여 예수를 따르던 사람들에게 많은 핍박이 있을 것이라 하셨습니다.
그러나 핍박을 받는 사람들에게 모든 대적을 대항할 수 있는 구제와

지혜를 주실 것과... 또한 보호 하실 것을 약속하셨습니다.
이러한 일들을 모두 인내하여 예수를 향한 마음이 변치 않는다면... 영혼이 구원되는 예수의 백성으로써 천년왕국에 갈 수 있는 자격을 얻게 된다고 하신 것입니다.

"너희가 예루살렘이 군대들에게 에워싸이는 것을 보거든 그 멸망이 가까운 줄을 알라... .... 저희가 칼날에 죽임을 당하며 모든 이방에 사로잡혀 가겠고 예루살렘은 이방인의 때가 차기까지 이방인들에게 밟히리라."

예수께서 하신 말씀으로 이것은,
'로마에 의한 이스라엘의 멸망' '십자군 전쟁' 등을 거쳐 오늘까지 계속 진행되는 이스라엘 백성들의 역사를 예고하셨던 것이고... 동시에 이방인의 때를 예시하신 것이기도 합니다.
하여, 예루살렘이 온전히 회복되는 시기가 '천년왕국'의 시작이라는 것을 알 수 있으며... 그 때까지가 이방인에게 주어진 시간으로 '새 생명'을 찾을 수 있는 시간이라는 것도 알 수 있습니다.

그 당시 외식하는 자들에 대한 예수님의 염려는 오늘날에 성령의 염려로 이어집니다.
대속으로 죄사함을 구하는 구약에서와는 다른... 신약에서의 하나님 약속입니다.

이것은 백성으로가 아니고 하나님 아들이 되어야하는...
율법에 종지부를 찍고 하나님 생명으로 부활해야 하는...
하나님 생명이 직접 오셔서 완수하신... 새 생명으로... 즉 하나님 생명으로...
그래서 아들이 되는 부활...

이 사실을 알리고자 오셨고 돕고자 오신 보혜사 성령의 염려입니다.
그러나...
그 때나 지금이나 사람들은 진실을 외면한 채 외식하는 자들이 넘치고 있습니다.

신약의 '새 생명으로 부활된 믿음'과는 다른 구약 구시대의 믿음... 그것도 변질된 것으로 열성을 다하는 세상종교는...
그리스도예수를 통하여 '새 생명'으로 부활된... '성령의 자녀들'이 있음을 알아야 합니다.
그러하기 위해서는 십자가의 '참' 도를 깨달아야 할 것입니다.

"형제들아 너희는 이삭과 같이 약속의 자녀라. 그러나 그 때에 육체를 따라 난 자가 성령을 따라 난 자를 핍박한 것같이 이제도 그러하도다.
... 성경이 무엇을 말하느뇨 계집종과 그 아들을 내어 쫓으라 계집종의 아들이 자유하는 여자의 아들로 더불어 유업을 얻지 못하리라 하였느니라 그런즉 형제들아 우리는 계집종의 자녀가 아니요 자유하는 여자의 자녀니라." (갈라디아서4:28~31)

이삭은 아브라함의 혈육이 아닌 하나님께서 약속으로 주신 아들로써... 아담의 아들 '셋'과 같은 존재라 할 수 있습니다. 이렇게 세상의 혈육과 관계없이 태어난 존재가 셋, 이삭, 세례요한 그리고 예수가 있습니다. 더불어 현세에서는 '복음'을 통한 '새 생명'들로 하나님의 '약속의 아들'들이 나타나고 있는 것입니다.

우리가 세계사에서 보면...
예수께서 죽고 부활하신 후 100년쯤 지난 AD135년경에 로마통치에 반대하던 유대인들은 예루살렘에서 쫓겨나 그때부터 유랑생활을 해 왔으며... 세계 각국으로 흩어져 불과 5-60년전 까지도 모진 학대와 죽임을 당했습니다.
AD637년 아랍군이 팔레스타인을 정복한 이래 1,400여 년 동안 예루살렘은 팔레스타인의 터전이 되었던 것입니다.
19세기 말에 와서야 비로소 이스라엘이 회복되기 시작했으며... 때문에 오랜 기간 그 땅에 살던 팔레스타인들과의 분쟁이 시작된 것입니다.
중요한 것은...

이 같은 이스라엘의 멸망과 회복이... 온 지구상의 인류에게 장차 일어날 일들의 예표라고 할 수 있는 것입니다.
환란과 지구의 멸망... 천년왕국과 최후의 심판...
그 후에는 각 자 '새 하늘과 새 땅'이냐... 아니면 '영원한 암흑속이냐'... 정해지겠지요.

"이런 일이 되기를 시작하거든 일어나 머리를 들라 너희 구속이 가까웠느니라"
처처에 전쟁과 큰 지진... 기근과 온역... 무서운 일과 일월성신의 큰 징조들... 이 같은 징조가 시작될 때에는... 무화과나무에 싹이 나면 여름이 가까운 줄을 자연히 알 수 있듯이 하나님의 나라가 가까운 줄을 알라 하셨습니다.

"그 때에 사람들이 인자가 구름을 타고 능력과 큰 영광으로 오는 것을 보리라."
재림하시는 그리스도를 머리를 들고 보는 이들은 백성들이요 종들일 것입니다.
이 시대에 '새 생명으로 거듭나 교회가 된 자들'은... 환란에 이르기 전에 이미 휴거되어 재림하시는 그리스도와 함께 오게 될 것입니다.
'약속된 자녀들'로써 하나님의 기업을 물려받게 되는 것입니다.

"천지는 없어지겠으나 내 말은 없어지지 아니하리라"
스스로 조심하여 장차 다가 올 이 모든 일에 있어서 승리할 수 있도록 준비가 되어있어야 하겠습니다.

***

예수의 말씀을 들으려고 이른 아침부터 모여드는 백성들을...
가르치실 날이 얼마 남지 않았음을 아시는 예수님의 긴박하고도 안타까운 심정이 가슴을 울립니다.

예수님의 안타깝게 반복되셨던 가르침과... 죽음 앞에 순종하신 엄청난 역사에도 불구하고...
죽고 부활하심의 참 결과를 아직도 알지 못하고 헛되게 외식하는 자들의 멸망을...
어찌 불쌍타 하리요. 어찌... 어찌 불쌍타 하리요 !!!

그들 속에서 빼 내 주시고 양육해주시는 보혜사성령님께 감사드립니다.
끝.

(31) 신들과 인간

인간 스스로 개척한 최고의 학문이며 지혜인 '철학'은...
거대한 자연의 시간 앞에 속수무책인 허약한 인간의 동아줄인지도 모르겠습니다.
애초에 '신과 인간과의 관계'를 생각하다 발전된 학문이라 하며...
철학이 있음으로 해서, 짐승과의 격차를 확인하고 스스로를 신격화하기까지 하게 된 것이겠지요.

종교인들의 신에 대한 창조는, 스스로 만들어낸 '철학'을 덧붙여 미화하고 정당화합니다.
하나님께선... '헛된 속임수로 천한 학문'이라 단언하셨는데도 말입니다.
어쨌거나 이처럼 신의 존재는 알게 모르게 인간 삶에 밀접 되어 있음을 봅니다.

사람은 신에 의해 창조되었고 또 다른 신에 의해 오염되었고...
역시나 신에 의해 생명으로 인도되고... 또 다른 신에 의해 사망으로 조종되는 숙명을 벗어날 수 없는 것입니다.

그것을 이미 아시는 창조주 하나님께선...
공중권세 잡은 자에 의해 멸망으로 치닫는 인간을 빼 내기위해... 인간을 사이에 둔 신들과의 싸움을 운행하고 계십니다.
아니 어쩌면 이것이 창조주의...
원하시는 인간을 만들기 위한 절차이며 과정인지도 모르겠습니다.

신도 사람도 아닌... 그러나 신에 버금가는 멜기세댁(?)의 씨로 유추되는 '셋'...

하나님께서는 이 셋의 후손인 노아 가족을 제외한 모든 인간들을 멸하셨으나... 그러나 또 다른 신에 의해 편승된 존재들로 하여 세상은 다시금 죄악으로 뒤덮이고 맙니다.

그러하긴 해도 하나님께선 이미 아담에게...
아벨과는 다른 씨 '셋'을 주셔서 훗날에 있을 역사의 기틀을 놓으셨기에...
'인간구원'이라는 대 역사를 완성하실 수 있었습니다.
이것은 다름 아닌...
하나님의 생명을 잉태할 수 있었던 신에 버금가는 '셋'의 후손 '마리아'입니다.

하나님께서는 종 아브라함을 택하여 그의 권속들로 백성을 이루게 하시고... 그들을 죄악이 넘쳐나는 애굽에서 가나안으로 빼 내시며...
율법으로 죄를 깨우치게 하여 죄악에서 빼 내려하셨으나...
그들의 죄악은 날로 더 할 뿐이었습니다.
이처럼 사람의 몸으로는 사탄의 역사에서 벗어날 수가 없는 것을 깨우치게 하시고...
마침내 하나님 자신의 생명을 친히 내려 주셔서 획기적인 역사를 완성하십니다.

이 역사를 위하여 창조주께선,
"우리의 형상과 모양을 따라 사람을 만들자"하신 애초의 계획대로 사람을 완성 하시고자... 일찌감치 다른 씨 '셋'을 세상에 보내어 그의 후손들을 중심으로 역사를 이어가셨고...
하나님의 생명을 받을 수 있는 '마리아의 태'를 준비하셨습니다.

그렇게 세상에 오신 예수께서는...
사람의 몸으로 죽고 그리스도 몸으로 부활하심으로...
그의 몸이었던 사람을 '새 생명 그리스도몸'으로 거듭나게 하신 것입니다.

이렇게 하늘과 하늘들의 하나님께서 보내신 '하나님 생명'은...
한 알의 밀알이 되어 사람을 알곡으로 거듭나게 하셨으며... 이 알곡들은 하나님 족보에 '아들'이라 기록될 것이라 약속하신... '약속의 자녀'가 되는 것입니다.

여전히 사탄의 역사가 진행되고 있는 세상에서 참 하나님께서는,
신.구약의 다양한 신들의 역사를 통하여 우리에게 '참' 과 '가짜'의 존재를 분별할 수 있게 하심으로써...
오늘날 그리스도예수로 이룩하신 '은혜의 복음'으로 새 생명을 찾을 수 있게 하신 것입니다.

"나의 자녀들아 너희 속에 그리스도의 형상이 이루기까지 다시 너희를 위하여 해산하는 수고를 하노니..." (갈라디아서 4장 19절)
그리스도의 승천 후 하나님께서 보내주신 '보혜사성령'께서는 복음을 전하시며...
이 복음으로 '새 생명'을 깨우친 자들에게 '생명양식'으로 안보하시며...
온전한 '하나님형상과 모양'을 이루도록 임무수행을 하고 계시는 것입니다.

***

1세기 중반에 **그리스도의 사도 바울은** 바나바와 함께 비시디아 안디옥을 방문하여... 유대인들을 상대로 멋진 연설을 했습니다.
연설의 내용에 있어서 그 당시 베드로를 비롯한 **예수의 사도들이 전하는 가르침과는 차이가 있었습니다.**

차이의 핵심은...
역사속의 다윗을 비롯한 많은 사람들은 죽기까지 하나님을 섬겼으나... 그 당시 그들이 죽어라 섬기던 율법으로는 온전한 구원이 있을 수 없었기에 모두 썩임을 당했으나... 이제는 그리스도예수의 부활에 힘입어 **"우리 후손들에게는 거룩한 자로 썩음을 당하지 않게 하시리라"** 하는... 그리스도예수의 부활을 강조하며 신령한 몸에 대한 믿음을 제시하는 내용이었습니다. (행13:33~41)

예수를 전하는 바울의 위와 같은 연설은 열광적인 반응을 보이는 부류와... 반면에 시기와 두려움으로 박해를 가하는 유대인 지도층들이 있었습니다.

그들의 박해로 인해 바울과 바나바는...
"발의 티끌마저도 떨어버리고 그곳을 떠나라"는 성령의 계시를 받아 이고니온으로 향하게 되었고... '천년왕국 백성'을 위하여 사명을 받은 예수의 제자들과도 헤어지게 되었습니다.
"너희는 영생 얻음에 합당치 않은 자로 자처하기로 우리가 이방인에게로 향하노라"

하나님의 뜻을 따라 그리스도예수의 사도로 부르심을 입은 '바울'(고전1:1)은 보혜사성령의 전폭적인 지지와 인도하심을 받아...

전도의 초반에는 예수의 제자들과 별로 다를 바 없는 복음을 전도하였으나...
점차적으로 성령께서 전하고저 하시는 '합하여 함께 죽고 부활하는 새 생명의 비밀 즉 하나님의 아들이 되는 복음'을 깨달아가게 되면서... 스스로 깨닫게 되는 사실을 이방인들에게 전하게 되었습니다. 보혜사성령의 역사였던 것입니다.

사회의 지도층들이 모이는 유대인들의 회당에서 성공적으로 연설을 하여 자신을 얻게 된 바울을 기념하여... 그 회당자리에다 300여년이 지난 4세기에 기념교회를 세운 것이 비시디아 안디옥 교회라고 합니다.
그러나...
바울 당시의 유대인회당은 백성으로의 구원역사라도 있었겠으나...
후에 손으로 지어놓은 그 기념교회는 이 시대에 와서 이방인인 우리에게 무슨 의미가 있는 것일까... 상고해 보아야 합니다.

(1) 그 당시 그리스도의 사도 바울의 복음핵심을 이제는 파악이 되시는지...
(2) 바울복음의 핵심과 예수사도들 핵심의 차이점은 분별이 되시는지...
(3) 그도 아니고 오직 바울의 행적이 머물던 곳이라서 섬기는... 우상심리는 아닌지... 뒤돌아보아야 하겠습니다.

그리스도께서 승천하신 후 2000여 년간 이어온 보혜사성령님의 이 같은 역사에 의하여... 그리스도께서 이룩하신 새 생명들이 하나씩 둘씩 부활하여 교회를 이루었고 이루고 있으며...
그 일원으로 우리는,
우리 안에 새 생명의 눈이 틔어 싹이나고 잎이나고 꽃이피고 열매가

맺히며... 하나님의 형상과 모양이 되어갑니다.
허나 세상은, 이 중차대한 사실을 모른 채 허망한 믿음을 쫒고 있으니 안타깝습니다.

이렇게 된 작금의 상황에 근본적 원인을 제공하였던 것이...
인류역사상 가장 큰 페이지를 차지하는 로마라는 바벨탑이 아닌가 합니다.
인류 역사상 가장 위대했던 로마제국은 다신교를 섬기던 국가였는데 왜 기독교를 국교로까지 정했는가... ?

로마문명의 근간은 '황제숭배'와 '다신교정신' 이랍니다.
정치적으로는... 황제를 숭배함으로써 수직적으로 통합된 공동체 의식으로 통합하며,
종교적으로는... 여러 신들을 만들어 수호신 정도로 생각하며 섬기던 나라였습니다

3세기 후반부터 로마의 국세가 기울기 시작하면서 로마는 혼란에 빠지게 되고...
4세기 초에 콘스탄티누스 황제는 다신교로 인한 정치의 위기를 느꼈습니다.
군인의 아들이었던 황제는 모친의 영향을 크게 받았기에 어머니와 힘을 합쳐 그리스도교를 인정하게 되었습니다. 해서 예수의 모친 '마리아'가 더욱 성인의 반열에 오르게 되어 신처럼 섬김을 받게 된 것이 아닐까 생각해 봅니다.
어쨌든 로마는 정치의 안정을 위해 종교를 이용한 것입니다.
국민들의 마음을 모으기에는 다신교 보다 유일신을 주장하는 그리스도교가 더 유리했던 모양입니다.

이렇게 되어 그 때부터 그리스도교는 본격적으로 변질되기 시작한 것입니다.

로마를 선두로 하여 각 국은 그리스도교를 자신들의 구미에 맞게 창작하기에 이르렀고...
그렇게 그들은 자신들의 하나님을 만들어 세상의 복을 소망하며 섬기고 있습니다. 그들의 소망이 무엇인지는 가인의 소망으로... 해 아래 모든 선악과가 될 것입니다.

이렇듯 공중권세 잡은 자는, 사람을 이용하여 '십자가의 도' 를 왜곡시켜 버렸습니다.
가장 위대했던 로마제국이 현대의 변질된 그리스도교의 요람이 되었던 것입니다.

그러나 하늘과 하늘들의 하나님께서는,
해 아래 모든 것들은 모두 멸망으로 결론될 것을 이미 예고하셨습니다.
천지를 엎어버리고 새 하늘과 새 땅으로 인도하신다... 하신 말씀을 상고합니다.
'요람에서 무덤까지...' 그들에겐 그들의 구호가 이루어지려나 봅니다.

과거에 있었던 유대인 학대이유가 예수를 못 박아 죽였기 때문이라고도 합니다.
재미있는 것이...
현세에 와서 이렇게 변질되어온 그리스도교를 믿는 유럽인들이나 하나님의 백성이라는 이스라엘인이나... 유일신 이라는 하나님을 섬기면서 어떻게 유대인 학살이라는 참사가 있었을까... 를 생각해 보게 됩니다.

이것은...
예수님을 못 박아 죽인 종교인들에 대한 오늘날의 형벌이... 같은 애비의 후손들에 의해 치러진 것이 아닐까... 생각해 봅니다.
그들을 죽인 자나... 그들에게 죽은 자나... 같이 벌을 받은 것은 아닐까... 생각되는 것입니다.

아울러 생각해 봅니다.
(1) 그렇게 비극적으로 돌아가신 예수님을 슬퍼하면서도 그의 피로 죄 사함을 얻었다고 감사하며 좋아하는 심리는 어떻게 설명이 되는지...?
(2) 예수를 죽인 유대인이 있었기에 죄 사함을 얻었음에도 유대인을 학대하는 이유는 또한 어떻게 설명되는지...? 궁금합니다.

예수를 못 박은 사람들이나... 예수의 죽음을 감사하는 사람들이나... 다른 부류가 아닌 것 같습니다. 끝.

*** 은혜의 복음 ***

차례

(1) 하나님의 창조 (created) : (창1)

"태초에 말씀이 계시니라 이 말씀이 하나님과 함께 계셨으니 이 말씀은 곧 하나님이시니라" (창1:1)

첫째 날, 혼돈과 공허와 흑암으로부터 시작된 창세(시간의 시작)는 오직 어두움에 싸여있었으므로, 수면위에 운행하시는 하나님의 신이 빛이 있게 하사 빛과 어두움으로 나누시고 낮과 밤이라 칭하셨습니다. 창조의 말씀이 곧 하나님의 신이 되어 이행하십니다. (창1:2)

이렇게 흑암 속에서 시작된 창세는... 둘째날, 셋째날, 넷째날, 다섯째날에 걸쳐서 하늘과 하늘들의 하늘아래 지구를 비롯한 우주와 해와 달, 별들을 창조하시고... 바다와 땅을 나누시고... 그 위와 공중에 물속에 모든 생물들을 창조 하셨습니다. 이처럼 세상은 흑암 안에서 창조된 사실을 잊지 마십시오.

여섯째 날 창조의 맨 마지막에... "우리 형상을 따라 우리 모양대로 우리가 사람을 만들자"(창1:26)하시며... 하나님의 형상대로 남자와 여자를 창조하시고(created), "생육하고 번성하여 땅에 충만하고... 바다의 고기와 공중의 새와 땅에 움직이는 모든 생물을 다스리라" 하시며, 그 생명들을 위한 식량을 주시는 것을 끝으로 모든 창조를 마치시고 안식에 들어가셨습니다.

하나님이 자신의 형상을 따라 창조하신 남자와 여자는 하나님의 형상을 갖게 되었습니다. 벌거벗었으나 부끄럽지 않은 하나님 형상입니다. (창2:25)

하나님께선, 자신과 같은 존재를 창조하기 위해 우선 자신의 형상을 주어 사람남녀를 창조하시고 매우 기뻐하셨습니다. 하나님은 '스스로 계시다' 하신 자연이시며 창조의 원천인 생명이십니다. 또한 '빛'이라 하셨으며 오직 '하나뿐인 의'라고도 말씀하셨습니다.

하나님께서는, 끝없이 창조되는 영원불멸의 생명과... 빛의 형상과... 의의 모양이 결합된... 완전하신 존재라는 것을 상상할 수 있습니다. (디모전6:15~16) 끝.

(2) 여호와의 '아담' 지으심 (formed) : (창2)

하나님 창조의 말씀에 따라 하나님의 신 여호와(Lord God)는 지구라는 별을 중심으로 세상을 만드십니다. 그리고 그 때부터 오늘까지 운행하셨고, 앞으로도 '새 하늘과 새 땅'이 완성되고 하나님의 사람이 완성되는 그 날까지 운행을 이어가실 것입니다.

여호와 하나님이 만드신, 하늘들과 땅의 창조된 내력이 이러하니라. (These are the generations of the heavens and of the earth when they were created, in the day that the Lord God made the earth and the heavens.)

아직 여호와의 운행이 없어 땅에 오직 안개만 올라올 때... 여호와는 흙으로 사람을 지으시고(formed) 생기(breath of life)를 불어넣어 생령이 되게 하셨으며, 에덴에 동산을 창설하시고 아름답고 먹기에 좋은 각종 열매 맺는 나무들을 나게 하셨습니다. 동산 중앙에는 생명나무와 선악을 알게 하는 나무도 있었습니다. (창2:5-9)
여호와 하나님이 그 만든 사람을 동산에 두시고 이르시되... "동산 각종 나무의 실과는 네가 임의로 먹되, 선악을 알게 하는 나무의 실과는 먹지 말라 네가 먹는 날에는 정녕 죽으리라"하고 주의를 주셨습니다.

여호와는 사람이 독처하는 것이 안쓰러워 그를 돕는 배필을 지어주고자 각종 육축과 들짐승과 새들을 지어 아담에게 이끌었으나 아담은 이름만 지어줄 뿐이었습니다.

여호와는 여전히 독처하는 아담을 깊이 잠들게 하시어 갈빗대 하나를 취하고 대신 살로 채우시고, 그 갈빗대로 여자를 만들어 아담에게 이끄

시니, 비로소 아담은 "내 뼈 중의 뼈요 살 중의 살이라"하며 배필로 맞이하였습니다. (창2:18-21)
처음에는 흙의 몸이었으나... 배필을 얻기 위하여 죽었다가 살(빛)로 채워진 새로운 몸으로 다시 부활된 아담과 그 아내 두 사람은... 벌거벗었으나 부끄럽지 않았습니다.
하나님은 빛이라 하셨으니 하나님의 살은 빛이겠지요.

이렇게 하여 하나님 창조 말씀에 의한 하나님형상의 사람남녀가 여호와에 의해 만들어졌으며... 이들을 보신 하나님께서는 매우 기뻐하시며 "생육하고 번성하라" 하셨으니... 이는 "부모를 떠나 둘이 한 몸을 이룰지로다"라는 말씀으로 풀이 됩니다.

이와같이 아담은 깊은 잠에 들었다가 다시 깨어나면서 흙이었던 몸이 새로운 빛의 몸이 되었고 자신의 몸에서 배필이 된 여자를 얻었습니다.
(이것은... 훗날 이 땅에서, 예수의 사람몸이 죽어 그리스도의 새로운 몸으로 부활되시니... 이것은 그의 새로운 몸 즉, 새로운 사람을 얻으시는... 후에 있을 역사의 '예시(豫示)'라 할 수 있습니다.) 끝.

(3) 하나님의 형상을 잃어버린 사람남녀(창3)

여호와 하나님의 지으신 들짐승 중 가장 뛰어난 뱀이 여자에게 다가와 하나님의 역사를 방해하기 시작합니다.

하나님이 가라사대 "우리의 형상을 따라 우리의 모양대로 사람을 만들고..." 하신대로 형상을 따라 만들어졌고... 계속하여 모양(혼)을 만들어가는 과정으로(?) 뱀이 등장하여 여자를 유혹합니다. 이 뱀의 존재는 무엇일까요... ?

태초에 빛과 어둠이라는 존재가 있었던 것이나(창1:1~4), '에덴동산에 생명나무와 선악을 알게 하는 나무도 있더라' 라는 말씀을 상고해 볼 때... 빛의 존재이신 하나님께서 스스로 계신 분이라 하신 것처럼... 어둠의 존재 또한 스스로 있었던 것을 알 수 있습니다.

이미 선과 악의 존재는 스스로 공존하고 있었습니다. 하여 세상을 운행하시는 하나님의 신 여호와도... 선과 악의 두 존재로 공존한다는 사실을 유추해 낼 수 있습니다.

이를 상고해보면...
하나님 창조말씀에 의거하여 여호와께서 흙으로 사람을 지어 생기를 주었습니다.

(1) 여호와는 이 사람에게 각 종 짐승을 만들어 짝을 지어주려 하지만 실패합니다.
(2) 여호와는 사람을 깊이 잠들게 하여 그의 갈비뼈로 여자를 만들어 짝으로 성공시킵니다.

(1)과 (2)의 여호와가 같은 존재일까요... ?

각 여호와는 창조주 하나님의 말씀으로 만들어진 아담을 통해 각각의 형상과 모양을 따라 자신의 하나님과 같은 존재를 만들려 한다는 것을 알 수 있습니다.

수면(생명의 원천)에 운행하시는 하나님의 신 여호와가 사람을 만들어(formed) 하나님 형상의 사람남녀를 완성하려는 것처럼... 짐승을 만들어 그 사람과 짝지어 자신의 형상대로 만들려했던 존재가 있었습니다. 짐승여호와 즉 사망을 관장하는 여호와입니다.
그러나 아담은 짐승을 거절하였고, 깊은 잠(몸의 죽음)에 들었다 깨어나면서 자신의 갈비뼈로 된 여자를 얻어 비로소 기뻐하였습니다. 생명여호와의 역할이었습니다.

이렇게 하여 참 하나님형상의 사람남녀가 창조된 것이며, 이들을 보신 창조주하나님께서 기뻐하셨던 것입니다. (창조주하나님은 created, 여호와는 formed: 창조주하나님은 창조하시고 하나님의 신 여호와는 만드시고)

각종 짐승을 만들어 아담에게 짝지어 자신의 형상을 만들려던 짐승여호와는 아담에게 거절당해 실패했습니다. 그러자 이번에는 짐승 중 가장 간교한 뱀을 내세워... 아담의 갈비뼈로 창조된 여자에게 접근시켜 선악과를 먹일 정도로 친교하게 합니다.

뱀에게 미혹된 여자는 보암직 먹음직 탐스러운 선악과를 따서 먹고 아담에게도 먹입니다. 그렇게 해서 태어난 존재가 '가인'입니다.

짐승여호와는 마침내 뱀을 앞세워 사람과 짝 짓는데 성공하여 짐승의 형상대로 사람을 만든 것입니다. 이처럼 '참 여호와하나님'과... 그 분의 일을 방해하는 '또 다른 여호와'가 존재한다는 것을 성경을 통해서 몇 가지 살펴보겠습니다.

(a)
하와는 아담과 동침한 후 가인을 낳았음에도 "여호와로 말미암아 득남하였다" 하였습니다.   왜 일까요... ?
여자는 남자와 달리 자기가 낳은 아이가 누구의 씨 인가를 알 수 있습니다.

뱀은 처음부터 땅을 기어 다니는 모습이 아니었습니다. 선악과 사건 이후부터 그리된 것입니다. (창3:14)
아마도 뱀은 신의 모습으로 하와를 유혹했을 것이고... 여호와를 분별 못하는 하와는 그런 짐승을 여호와로 받아들인 것입니다.
그 때부터 뱀 또한 여호와로 불리며 참 여호와의 역사를 방해해 왔고... 오늘날에는 하나님이라는 이름으로 사람들을 미혹하면서 참 하나님의 역사를 방해하고 있는 것입니다.

"... 저 불법의 사람 곧 멸망의 아들이 나타나기 전에는 이르지 아니하리니 저는 대적하는 자라 범사에 일컫는 하나님이나... 숭배함을 받는 자 위에 뛰어나 자존하여 하나님 성전에 앉아 자기를 보여 하나님이라 하느니라."(데후2:4)

(b)
가인이 아우 아벨을 쳐 죽여 땅이 그 피를 받아 패괴하게 됩니다. (창4:8~12)
가인은 자기의 죄로 인하여 유리하는 자가 될 것이라고 여호와께서 말씀하셨습니다. 그러자 가인은 죄에 대한 회개는커녕 자신의 죄벌이 너무 중하다 하며 억울해 합니다. 아마도 울고불고 어거지를 놓았을 것입니다.
그러자 또 다시 여호와가 나타나 가인을 달래고 무슨 표까지 주며 보호할 것을 약속합니다. (창4:13~15)

생각해 보십시오. 참 여호와께서... 죄 없는 동생을 죽인 살인자가 울고불고 떼를 쓴다고 해서 위로하고 달래며 표까지 주시고 보호한다 약속하셨겠습니까... 혹, 회개라도 하면서 근신하고 있으면 모를까...

이 때 나타난 여호와는 짐승여호와입니다. 자신의 새끼가 어려운 처지에서 호소를 하니 그가 나타나 달래주고 자신의 아들이란 표를 주며 보호할 것을 약속한 것입니다.
그 표는 짐승을 상징하며... 훗날 666 의 예표입니다.
하여... 그의 보호를 받는 가인의 후손들은 이 세상을 주름잡는 세력으로 번창합니다. (창4:16~24)

(c)
하나님께서 세상이 타락함을 보시고 홍수로 생명의 기식 있는 육체를 멸하실 때... 하나님이 노아에게 당부하신 것과... 여호와가 노아에게 당부한 것에는 많은 차이가 있습니다. 그러나 노아는 그 두 존재의 명을 다 준행하였습니다. (창6:13~7:5)
두 여호와의 존재를 구별 못하는 노아는 그 분이 하나님인지 여호와인지... 혹은 선의 존재인지 악의 존재인지 알 수 없었으며... 그저 모두 한 분 하나님으로 알고 있었나 봅니다.

이 부분에 등장된 하나님이란 호칭은 하나님의 신 참 여호와를 말하며... 또 다른... 여호와라는 호칭은 짐승여호와로 유추됩니다. 절대로 같은 존재가 아닙니다.

이렇게 짐승여호와로 인하여 노아의 배에는 부정한 무리들도 합류하게 되었고, 때문에 홍수에서 구조된 후에도 다시금 세상은 타락하게 된 것입니다.

(d)

"나는 아브라함과 이삭과 야곱의 하나님이다." 하나님께서 몇 번이고 강조하신 말씀입니다. 왜 그 이름들을 꼭꼭 짚어 강조하셨을까… ? 야곱의 이름이 이스라엘이라 바뀐 후에도 그 후손들을 경영하는 존재가 같은 여호와 인가를 살펴보십시오.
아브라함의 후손으로 이삭과 야곱을 지난 그 후손들은… 언제나 아브라함의 후손임을 자랑스러워하고 아브라함의 하나님을 자신들의 하나님이라 합니다.
그러나 예수께서는… 아브라함의 자녀라 하는 그들의 주장을 이렇게 부정하셨습니다.

"나는 내 아버지에게서 본 것을 말하고 너희는 너희 아비에게서 들은 것을 행하느니라. 너희는 너희 아비 마귀에게서 났으니… 처음부터 살인한 자요…" (요8:38~47)

아브라함의 혈육자손이지만, 아브라함의 하나님이 아닌 또 다른 하나님을 구별하지 못하고 섬기는 자손들에게 하신 말씀으로… '아브라함 이삭 야곱의 하나님과, 그 후손들의 하나님은 존재가 다르다'는 것을 확인할 수 있습니다.
아브라함의 후손들이라 할지라도 이삭과 야곱을 지나서는 경영하시는 하나님이 바뀐 것입니다. 이로써…

참 여호와 하나님께서 자신의 역사를 위해... 아브라함과 이삭과 야곱을 특별히 보호하셨음을 알 수 있습니다.

우선 몇가지 a,b,c,d로 나누어 예를 들었으나...
이처럼 두 여호와의 모습은 성경말씀 곳곳에서 발견됩니다.

성경은 공개된 비밀이며... "하나님의 깊은 것까지 성찰하시는 성령이 아니면 알 수 없다" 하신 말씀을 기억합니다.

***

"하나님이 먹지 말라 하신 열매를 먹으면 절대 죽지 않고 하나님과 같이 되어 선악을 알게 되리라."하는 뱀의 꼬임에 넘어간 여자가, 그 실과를 따먹고 남자에게 주매 그도 먹은지라... 그들의 눈이 밝아 자기들의 몸이 벗은 줄을 알고 무화과 나뭇잎을 엮어 치마를 하였더라."

선악의 열매가 그들 몸에 들어가니...
하나님의 형상인 빛이 벗어지고, 추하게 변한 자신들의 형상을 깨닫고 부끄러워 몸을 감추게 되었습니다. 짐승의 몸이 된 것입니다.
혹 자는 눈이 밝아져서 벗고 있는 것을 알게 되어 감춘 것이라고 하더군요.
설혹 그렇다 하더라도 보인 모습이 추하지 않았다면 나뭇잎으로 가릴 이유가 없었겠지요
애초의 그들은 벌거벗었으나 부끄럽지 않은 하나님의 형상이었음을 기억하십시오. (창2:25)

하나님의 형상은 빛이시니 감출 수도 없을 뿐 아니라 감출 이유도 없습니다.
"정녕 죽으리라" 하신 말씀은...

하나님께서 주신 하나님형상이 없어져 하나님과 관계없는 자가 된다는 말씀입니다.

선악과를 먹으면 정녕 죽는다는 주의를 주셨음에도 불구하고 아담은 사단의 꼬임에 넘어간 것입니다. 하나님 빛의 형상이 벗어졌으니 "정녕 죽으리라" 하신 말씀처럼 하나님 앞에선 죽은 자 즉 하나님과의 유대가 끊어진 것입니다.
아담이 선악과를 먹지 않고 생명나무를 먹었다면...
영원한 생명을 얻어 절대 하나님형상이 죽지 않고 의의 모양(혼)을 이루어 영.혼.육의 온전한 하나님과 같은 존재가 되었을 것입니다. 사단으로 인해 인류의 운명이 불행 속으로 빠진 것입니다.

여호와 하나님께서는, 하나님의 형상을 잃어버린 아담과 그 아내를 위하여 가죽옷을 지어 입혔습니다. 어떤 가죽을 쓰셨을까요...?
아마도 괘씸한 그 뱀의 가죽을 벗겨 쓰시지 않았을까요...?
뱀과 투합하여 선악과를 먹었으니 뱀의 가죽으로 형상을 입게 되었고, 더불어 모양(혼)도 뱀의 모양으로 되어가는 것입니다. 일단은... 짐승여호와의 승리입니다.

하여... 아담과 하와의 후손들은 모두가 뱀(사탄)의 형상을 하고 모양까지 짐승으로 이루어가고 있습니다. 그래서 훗날 예수님은 회개치 않는 자들에게...
"뱀들아 독사의 새끼들아 너희가 어떻게 지옥의 판결을 피하겠느냐"(마23:33)
하셨으며...
세례 요한 역시 사두개인과 바리새인을 일컬어 "이 독사의 자식들아..."
(요3:7) 라고 말했습니다.

***

우리는... 영과 육의 관계를 생각해 볼 때 영은 육을 지배한다는 것을 알 수 있습니다.
하나님의 영(spirit) 없이 오직 생기(breath)만으로 지어진 사람남녀는 선을 쫒을만한 모양(soul)을 갖추지 못했기에, 하나님의 경고말씀을 지킬 여력이 없었습니다.

선악과가 들어간 사람은 육의 본능을 쫒아 '선과 악' 사이에서 갈등합니다.
우리는... **영의 선악에 따라서 육의 잘못된 욕망을 제어하기도 하고, 선에 충실하게도 할 수 있으며, 그 결과에 따라 모양(혼)이 형성된다는 것을 알 수 있습니다.**
하여...
태초에 사람남녀가 하나님의 생명(영)이 있었다면 절대로 선악과를 먹지 않았을 것입니다. 그러나 오직 형상뿐이었으므로, 먹음직 보암직 탐스러운 선악과를 앞세운 뱀의 미혹에 넘어가고 말았습니다. 그 결과... 주신 형상마저도 잃어버리고 짐승의 형상이 된 것입니다.

훗날 신약시대에 와서는...
사십일을 밤낮으로 금식하신 하나님의 두 번째 아담 예수에게...
마귀의 첫 번째 시험 역시 보암직 먹음직 탐스러웠을 떡덩이로 시작되었습니다.
굶주린 허기에 얼마나 먹고 싶었을까...?
그러나 예수께서는 하나님생명이신 영이 있으셨기에 육의 욕망을 물리칠 수 있는 모양이 갖추어지셨던 것입니다.(마태4:1~11))

선악과를 먹은 아담의 행위로 인하여 인간은 종신토록 일을 해야만 밭에서 식량을 취할 수 있게 되었고, **"흙에서 모든 것을 취하리니 결국은**

흙으로 돌아가라" 라는 말씀에 매이게 되었습니다. 뱀의 꼬임에 넘어간 순간부터... 아담은 하나님으로부터 받은 천지의 모든 것을 뱀에게 빼앗기게 되었고, 뱀의 소유가 되어 저주받은 땅의 소산으로 살아가게 되니 결국 그 몸도 땅의 주인에게 속하게 된 것입니다.
그래서 훗날...
십자가에서 흘려진 예수님 몸의 생명인 피와 물 역시 모두 땅의 소산이므로...
결국 모두 빼내어 땅(사단)이 가져간 것이고...
하나님께선 예수의 그 죽어 텅 빈 몸을 빛으로 채워 하나님 형상으로 다시 살리신 것입니다.

***

여호와께서 선악과를 먹은 아담에게...
"이 사람이 선악을 아는 일에 우리 중 하나같이 (as one of us) 되었으니 그가 그 손을 들어 생명나무 실과도 따 먹고 영생할까 하노라."하시며... 아담을 에덴동산에서 쫓아내시어 동산에 접근할 수 없게 하십니다. ('as one of us'... not 'just like us')
여호와께선... 사람이 선악을 아는 일에 **신들 중 어느 한 신**과 같은 존재가 되는 것을 원치 않으셨습니다. 그 존재는 신들 중에 있는 '사탄'을 뜻한 것으로 유추되며... 사람이 선악과를 먹고 그처럼 되었다는 말씀입니다. 하여 생명과까지 먹고 사단으로 영원한 존재가 되기를 원치 않으신 것입니다. "세상에는 많은 신들이 있다" 하나님께서 하신 말씀입니다.

아담이 사단으로 인해 선악과를 먹지 않고 생명과를 먹었다면, 하나님의 형상 그대로 영원한 생명을 얻어 온전하게 하나님의 모양까지 갖추게 되었을 것입니다. 그러나...

선악과를 먹어 짐승의 형상을 갖게 되었으니, 그 상태로 생명과 까지 먹는다면 영원히 죽지않는 온전한 짐승의 새끼들이 되겠지요.
하나님의 신 여호와는, 사람남녀가 그렇게 되는 것을 막기 위하여 아담을 에덴에서 쫓아내어 생명나무와 단절시키셨던 것입니다.
사람남녀가 비록 짐승의 형상이 되었으나 온전히 짐승이 되는 것을 막아야 했습니다.
여호와하나님은... 사람을 짐승이 아닌 하나님의 형상과 모양으로 완성하셔야 하기 때문입니다.

이렇게 선악과 사건으로 인하여 인간에게는 선과 악이 함께 존재하며 모양(혼)이 형성되게 된 것입니다.
선과 악을 크게 나누자면, 선은 하나님께 가고자하는 양심이며, 악은 하나님을 거부하고 짐승(사탄)과 친교하는 것입니다.
안타깝게도 아벨이 가인을 당할 수 없었던 것처럼, 사람의 힘으로는 세상을 지배하는 사탄에게서 벗어나지 못하므로...
결국 하나님께서 '자신의 생명(예수)'을 이 땅에 보내셨던 것입니다.

"이 모든 권세와 그 영광을 내가 네게 주리라 이것은 내게 넘겨 준 것이므로 나의 원하는 자에게 주노라 그러므로 네가 만일 내개 절하면 다 네 것이 되리라."(눅4:6-7)
훗날, 사탄이 세상 꼭대기에서 세상의 영광을 보여주며 예수님을 시험하던 유혹의 말입니다.
애초에 하나님께서는, 창조하신 천.지.만물을 아담에게 주셨으나, 선악과 사건으로 결국 사탄에게 넘겨졌던 것입니다. 즉, 이 세상은 사탄이 지배하는 세상이 된 것입니다.

에덴동산에서 아담은 사탄에게 미혹되어 선악과를 먹었으나...
훗날 신약에서, 하나님의 두 번째 아담 예수께서는 하나님의 생명(영)이 함께 하셨으므로... 그 사탄의 시험에서 모든 유혹을 물리치고 이길 수 있었던 것입니다.

***

에덴동산에는 생명나무와 선악을 알게 하는 나무도 있더라. (창2:9)

하나님께서는 하나님형상으로 만든 사람에게 이어서 하나님모양을 만들기 위하여 생명나무와 함께 선악과를 창조하셨는지...
아니면 빛과 어둠으로 스스로 존재했던 것인지...

생명나무 열매는, 누구든 먹으면 있는 그대로 영원한 생명을 얻게 되는 것이며...
선악의 열매는, 선과 악이 공존하는 존재가 되어 선과 악 사이에서 자신의 선택과정을 거쳐 선의 모양이 되거나 악의 모양이 형성되는 것으로 유추합니다.

아담이, 선악과를 먹음으로써 하나님의 형상이 없어졌으니 하나님과 연이 끊어지게 되었고...
이것이 하나님 보시기에 죽은 모습인 것입니다.
하여 아담에게 주셨던 모든 세상의 권한이 사탄의 손에 넘어가고...
아담은 선악이 공존하는 존재가 되어 선과 악 두 여호와의 역사 안에서 살게 된 것입니다.

***

지금까지 말씀드린 내용만 보아도... 세상에 이미 주입된 성경상식과 지혜로 납득하기는 어렵습니다. 그러나 언젠가 성경의 핵심이 와 닿는다면... 누구라도 이 정도는 유추해 내실 수 있습니다.
알아진 사실을 언어로 표현하기에는 좀처럼 한계가 있음을 고백하면서 덧붙여 말씀드린다면...
크고 웅장한 숲의 존재의미가 파악되면...
숲 속 나무들 하나하나의 섬세한 부분까지도 보고, 느끼며...
깊고도 높은 하나님의 뜻을 감지할 수 있다는 말씀을 드릴 수 있습니다.

즉, 성령이 당신과 함께하셔서...
성경의 핵심이 자신에게 이루어져 참으로 하나님의 은혜를 깨달은 날부터...
하나님께서는 모든 말씀들의 토씨 하나하나까지도 의심이 될 만한 여지를 남겨두지 않으십니다.
성경은 배우는 것이 아니요 연구하는 것이 아니요...
철학과 같은 헛된 인간의 초등학문으로 알 수 있는 것이 아니라는 말씀을 상고합니다.

하여... 그동안 장님과 귀머거리와 벙어리로 살면서 얼마나 많은 세월 감각 없는 문둥병에 걸려 있었는가를 깨닫게 되실 겁니다. 이 병자들을 위하여 예수께서는 이 땅에 오신 것입니다. (누5:31~32) 끝.

(4) 하나님의 역사 (구약)

태초로 거슬러 올라가면,
가인은 에덴동산을 떠나 '생명 없는 놋 땅'에 거하며 아들을 낳아 성을 쌓고 아들의 이름을 붙여 '에녹'(번역하면 교회) 이라 이름 하였습니다.
생명 없는 놋 땅이란,
선악과 사건 후에 아담의 소유에서 뱀의 소유로 넘어가 참 생명의 역사가 없는 곳으로... 가인을 선두로 인간들의 거주지가 된 사단의 소유지인 지구를 말합니다.

사람은 성을 쌓으면 본능적으로 제단을 만들어 자신의 신에게 제를 올려 소원하는 바를 빕니다. 가인은 무슨 소원을 빌었을까... ?
에덴에서 쫓겨나며 울부짖었던 것처럼 세상 선악과를 달라며 죄의 소원(세상복)을 빌었을 것입니다. 세상복에 대한 탐욕은 죄를 생성하지요.

짐승여호와의 보호를 받는 가인은 동생을 때려죽인 살인자임에도 엄청나게 번성하여 세상의 번영을 주도해가고 있습니다.(창4:16~22) 그러나...
인류의 번영을 주도하게 되는 자 임에도 아담의 계보에는 들어가지 못합니다. (창5:3)
하나님께서 인정하지 않으신 것입니다.

하나님께서는 가인에게 죽임을 당한 아벨 대신에 '다른 씨'를 주셔서 아담의 후손으로 태어나게 하셨습니다. '셋'입니다. (창4:25~26)
하나님이 인정하신 아담의 계보는 셋에 의해 이어집니다.
아마도 아벨처럼 '아담의 씨'는 '뱀의 씨'를 당할 수가 없었기에 사람씨가 아닌 '다른 씨'를 주셨나 봅니다.

셋이 태어나고 아들 에노스가 태어난 이후에야 사람들은 비로소 여호와를 불렀다하였으니... **그 동안은 사람들이 참 여호와를 알지 못했다는 사실을 알 수 있습니다.** (창4:26)
그렇다면...
가인이 에녹을 낳고 성을 쌓아 제를 올리며 섬긴 여호와는 어떤 존재였을까... ?
참 여호와가 아닌 자신의 애비 짐승여호와였음을 알 수 있습니다.

잠시 생각해 보겠습니다.
"멜기세덱에 관하여는 우리가 할 말이 많으나 너희의 듣는 것이 둔하므로 해석하기 어려우니라. ... 아비도 없고 어미도 없고 족보도 없고 시작한 날도 없고 생명의 끝도 없어 하나님 아들과 방불하여 항상 제사장으로 있느니라. 예수께서 멜기세덱의 반차를 좇아 영원히 대제사장이 되어 우리를 위하여 들어 가셨느니라." (히5장~7장) 이 말씀을 상고해 볼 때...
'셋'은... 하나님 아들과 방불하다 하신 '멜기세덱'과 같은 존재의 씨로 유추해 볼 수 있습니다.

먼 훗날... '셋'의 후손인 '마리아'에게 하나님의 생명이 임하셔서 예수가 태어나셨습니다.
아담의 생명이 아닌... 셋의 생명을 이어받은 마리아는... 하나님의 생명이 안착할만한... 신에 버금가는 생명이었던 것입니다.
하여... 세상 사람들은 뱀의 씨, 아담의 씨, 멜기세덱과 같이 신에 버금가는 셋의 씨로 나뉜다고 유추할 수 있겠습니다. 그러나, 오늘날에는 모두가 희석되어 희석된 분량에 따라 각 자 다른 성향을 띄겠지요.

***

태초에 천지를 창조하시며 아담을 만드실 때의 하나님 계획은...
사람을, 하나님 형상대로 창조하시고 모양(신격)까지 갖추게 하여 완전한 하나님으로 창조하고자 하셨던 것입니다. 하여...
먹어선 안 될 선악과를 먹고 짐승의 형상이 되어 세상과 친교하며 모양까지도 짐승이 되어가는 사람을 그대로 둘 수는 없습니다.

하나님께서는 애초의 계획을 달성하시기 위해...
<u>선악과로 변질된. 형상을. 다시 되돌려. 본래의 하나님형상으로. 찾아놓기 위한 역사가 시작됩니다.</u>

선악과로 인해 죄가 세상에서 왕 노릇하므로...
'홍수'로써 노아를 비롯한 각 종 몇몇의 의로운 생명만을 제외한 지구상의 모든 생명들을 멸하려 하신 것입니다.

홍수에서 구원된 셋의 후손 노아에게 복을 주시고 번성하게 하시며 또다시 구원으로 인도하셨습니다.
그러나 위에서 언급한 <u>(3)</u>의 <u>(c)</u>에서처럼... 노아는 **참여호**와 그리고 **짐승여호와** 두 존재의 명을 다 준행하였기에... 노아의 배에 합류된 부정한 무리들로 인하여 또다시 오염되었습니다. (창6:13~7:5)
그들은, 다시금 성과 대(사탑)을 쌓아가며 힘을 합해 하나님께 반역하며 우상숭배 하는 것을 보시고 한탄하셨습니다. 하여...
인생들의 수가 많아져 그룹을 이루면 그 악행이 도를 더해가므로...
그들의 언어를 혼잡케 하셔서 온 지면에 흩어 놓으셨습니다.

***

창조주의 신 여호와하나님께서는 목적달성을 위하여 이번에는 아브라함을 선택하십니다.
셋의 후손이며 노아의 후손인 아브라함에게...
직접적으로 대면하여 믿음과 확신을 주시고 이에 순종하기를 요구하며 인류 구원의 역사를 이어가십니다.

아브라함을 하나님의 종으로 택하여 그의 후손들을 백성으로 삼으시고 모세를 통하여 법(율법)을 주셔서...
짐승의 형상이기에 어쩌지 못하는 인간능력의 한계와 죄 성을 깨우치게 하려는...
창세전부터의 역사 주관자로써 인간들과의 관계를 실증으로 보이며 인도하셨습니다.
그러나 여전히... 매 번...
하나님의 뜻을 거역하며 틈만 있으면 그분께 반항하는 백성들에게...
드디어... 획기적인 새로운 법을 선포하십니다. '신약' 입니다.

선악과에 의해 죄 성을 갖게 된 인간은 그 선악의 형상을 벗기 전에는 죄에서 해방될 수 없다는 것을 하나님은 아셨습니다.
하여 하나님께서는,
인간들에게 보여주시는 오랜기간의 역사를 통하여...
자신들 주제의 실체와 무능... 그리고 하나님의 전지전능하신 능력과 구원을 위한 사랑을 깨달아... 앞으로 주실 획기적인 새로운 법(신약) **앞에 순종하기를 원하셨던 것입니다.**

하나님 뜻 앞에 양과 같은 순종으로 거듭나기를 원하시기에 오랜 기간 인내로써 역사해 오셨던 것입니다.

즉, 세상에 속한 사람의 지식과 철학과 의에 의존하여 사단에게 속지 말고...
오직 하나님 말씀을 따르라는 뜻이기도 합니다.

하여 마침내, 백성에게 주셨던 율법에 마침표를 찍고, 모든 인류에게 새 생명으로 태어나는 새로운 법을 주셨습니다.
'그리스도의 복음'이며 은혜로 주신 '하나님의 복음'입니다.

***

오늘날에 와서...
하나님이 분노하시는 근본적인 이유는, 하나님에 대한 부인과 거짓예배입니다.
하나님의 존재와 이룩하신 십자가 역사의 의미를 바르게 알지 못한 잘못된 예배를 드리는 것입니다. 모두가 사단의 방해 때문이지요.

사람이 생각하는 선과 악의 종류는 무한하겠으나 하나님이 보시는 선과 악은 사람의 생각과 다르다고 말씀하십니다.
"선이 어디 있느뇨 의가 어디 있느뇨... 하나도 없다." 하나님께서 하신 말씀입니다.

하나님의 생명에서 비롯되는 것이 선이며 의이고... 그 이외의 모든 것은 악인 것입니다.
세상은 흑암 속에서 탄생되었다는 것을 잊지 마십시오. (창1:1)
세상창조 최초에 어둠 속으로 빛을 부르셨으니... 그 빛만이 선인 것입니다.

하나님의 형상을 잃어버리고 뱀의 형상을 쓴 사람이란 동물은, 짐승의 몸으로 혼을 형성해가는 짐승일 수밖에 없습니다.
자신 속에 숨어있는 악을 감추기 위해 누구나 선과 의로 가장합니다. 어쩌다 선의 모양으로 나타날 때도 있으나 결국 순간뿐인 가증으로 들어납니다.

그러므로 결국 하나님 복음에 대한 깨달음을 얻을 때... 비로소 악으로부터 자유를 얻게 됩니다.
하나님 구원의 역사를 깨닫지 못하는 자 즉, 복음을 깨닫지 못하는 자는...
복음이 전달하는 하나님의 형상을 찾지 못하므로... 죄의 형상에서 영원히 벗어날 수 없는 것입니다.

***

하나님께서는 선민 이스라엘에게, 놀라운 인내와 자비로써 구원의 역사를 펼치셨으나...
그들은 기회만 있으면 여호와께 반역하며 이방신들에게 돌아섰고... 하나님의 율법을 저버리는 불충을 연속적으로 저질렀습니다.
구약 안에서 그들은...
율법에 의거한 자신들의 죄 사함을 얻기 위하여 죄 없는 짐승들을 죽여왔음에도... 유전적으로 갖게 된 죄 성은 죄의 행위를 계속 요구합니다.
악이 들어가서 변질된 악의 몸을 갖고 있으니 그 몸의 욕구를 충족시키기 위한 인간은... 악을 행할 수밖에 없습니다.

인간들이 있는 곳의 추악함은 이루 말할 수가 없으며...
간혹 선으로 보이는 행동마저도 돋보기를 쓰고 들여다보면 모두가 계산

된 위선이라는 것을 어느 누구도 부인 못할 것입니다.

하나님께서는...
이처럼 죄에게 얽매어있는 인간들을 죄로부터 자유롭게 만들기 위하여...
완벽한 구원의 방법(복음)으로 새로운 약속(신약)을 하십니다.
과거 '모세'나 '다윗'에게 언약하신 물리적 단순회복이나 실현이 아닌, 획기적인 사실입니다. **(예레미야 참조)**

"율법은 장차오는 좋은 일의 그림자요 참 형상이 아니므로 날마다 늘 드리는바 같은 제사로는 나아오는 자들을 언제든지 온전케 할 수 없느니라."(히10:1)
"... 하나님이 제사와 예물을 원치 아니하시고 오직 나를 위하여 한 몸을 예비 하셨도다."(히10:5)

땅의 아담과 하와를 조상으로 선악과의 피를 물려받은 인간들은 죄에서 자유로울 수 없었고... 그 죄로 인한 값을 흠 없는 짐승이 죽어 대신하게 하였으나...
인간의 몸이 살아있는 한, 몸의 욕구에 의한 죄 짓기를 반복하지 않을 수 없습니다.
하여, 죄의 대가는 죽음이라는 하나님의 율법대로...
끊임없이 죄를 요구하는 인간의 몸을 죽이고...
새로운 몸을 주시고자 하나님께서는 '그리스도의 법'을 선포하셨습니다.

율법의 완성이란, 죄의 대가를 지불하는 것을 뜻합니다.
하여 계속 선악과를 요구하며 죄를 짓는 인간의 몸을 죽여 율법을 완성하시는 것입니다.
짐승으로 대신하는 것이 아니라 직접 사람을 죽이기로 하신 것입니다.

마침내 하나님께서는, 새로운 약속(신약) '은혜의 역사'를 통하여 인류를 온전히 구원하기로 하시고... 그 일을 위하여 하나님생명을 세상에 내어 주십니다.

그 생명을 통하여 우리는 하나님의 생명을 받고... 잃었던 하나님의 형상을 되찾아... 그 분의 모양을 이루어... 진정한 그 분의 아들이 될 수 있는 자격을 갖게 됩니다. 아멘. 끝.

(5) 하나님의 새로운 역사 (신약)

멜기세덱과 같이 신에 버금가는 씨로 추정되는, '셋'의 후손이며 에녹과 노아와 아브라함과 다윗의 자손 '마리아'에게 성령으로 잉태되시고, 그녀의 몸을 빌려 인간의 모습으로 태어나신 예수님은... 이 세상에서는 유일하신 하나님의 독생자로 오셨습니다.

하나님의 생명과 인간의 몸을 입고 태어나신 예수님은 근본 하나님의 본체이시나,
"사람의 모양으로 나타나셨으매 (짐승의 형상을 입었으매), 자기를 낮추시고 죽기까지 복종하셨으니 곧 십자가에 죽으심이라."(빌2:6-8)
"율법의 행위로 의롭다 하심을 얻을 육체가 없나니 율법으로는 죄를 깨달음이니라."(로3:20)
"내가 율법이나 선지자나 폐하러 온 줄로 생각지 말라. 폐하러 온 것이 아니요 완전케 하려 함 이로라."(마5:17)
"우리가 알거니와 우리 옛 사람이 예수와 못 박힌 것은 죄의 몸이 멸하여 다시는 우리가 죄에게 종노릇 하지 아니하려 함이니..." (로6:6~11)

구약(옛약속)에서는 지은 죄의 벌을 면하기 위하여 짐승이 대신 죽었으나...
신약(새약속)에서는 죄를 야기하는 사람의 몸이 직접 죽어서 더 이상 죄가 머물지 못하게 하시는 것입니다.

***

사람의 몸을 입고 세상에 오신 예수께서는...
하나님 나라를 증거 하시며 자기 백성을 위한 천국복음을 선포하시고, 하나님을 믿는다 하는 거짓 종교인들(사단을 하나님으로 알고 섬기는)

에 의해 죽임을 당하실 것과, 삼일 만에 다시 살아나실 것을 증거 하셨습니다.

그리스도가 되어서는...
자신의 승천 후에, '보혜사성령에 의한 은혜의 시대'가 올 것에 대하여 증거 하셨습니다.

비록 사람의 몸으로 오셨지만...
창세전부터(요17:5) 하나님과 함께 계시던 생명을 갖고 오신 예수님은...
하나님의 영이 함께하시므로 사탄의 모든 시험과 유혹을 물리칠 수 있었을 뿐 아니라, 하나님 뜻에 순종하실 수 있었습니다.
십자가에 달려 몸이 죽으며 **"다 이루었다"**하신 말씀으로, 그 분의 임무가 완성 되었다는 것을 알 수 있습니다. 이렇게 예수께서는 자신의 임무를 끝내시고 돌아가셨습니다. 그러나 장사된 지 삼일 만에, 잠시 낙원으로 피하셨던 예수의 생명이 무덤으로 돌아와 죽었던 예수의 몸이 다시 살아나셨습니다.
이것은 성령의 역사로써...
예수의 몸이 하나님의 몸이 되어 그리스도가 되신 것이며...
사람이 하나님형상이 된 것입니다 즉, 선악과로 죽었던 하나님형상이 다시 살아났습니다.

선악과를 먹은 인간의 몸은 죄의 원천이기에 그 몸은 죽게 버려두시고... 다시 하나님형상을 찾도록 하신 것이 '하나님의 인간구원 대 역사'인 것입니다.
예수 또한 사람의 몸이었기에 그 몸은 죽어야했고...
죽은몸이 하나님형상으로 다시 살아난 것이 그리스도이며...

이렇게 해서 사람이 그리스도의 몸이 되었습니다.

즉... 그리스도 안에서 인간의 유전자가 하나님의 유전자가 되었으니...
이 일 이후 사람의 옛 유전자는 죽고 새로운 유전자가 되었다는 것을 알 수 있습니다.
'새 생명'입니다. 아멘.

***

예수는 하나님생명과 인간의 몸.
그리스도는 하나님생명과 하나님의 몸.
이것이 몸을 만드는 역할을 하는 어머니 '인간마리아와 성령의 차이'입니다.

이러한 하나님의 역사 이후에 태어난 사람들은 모두가...
예수와 함께 죽고 다시 부활된 유전자 즉, 그리스도하나님의 씨로 태어났다는 것...
옛 것은 죽고 새 것으로 태어난 것입니다. 아멘.

이 사실이 참으로 깨달아 믿어졌다면... 당신도 하나님아들이라는 확신을 갖게 될 것입니다.

"... 너희가 죽었고 너희 생명이 그리스도와 함께 하나님 안에 감취었음이니라 우리 생명이신 그리스도께서 나타나실 그때에 너희도 그와 함께 영광중에 나타나리라.
그러므로 땅에 있는 지체를 죽이라 곧 음란과 부정과 사욕과 악한 정욕과 탐심이니 우상 숭배니라." (골3:1~5)

***

참으로 깨달아진 '하나님생명'으로 하여...
이제부터는 현재의 내 몸이 요구하는 우상숭배 곧 세상 선악과에 대한 욕구를 죽이려는 마음이 생기게 될 것입니다. 이것은 내 안에 계신 '하나님의 영'이 시키시는 일이며...
이러한 과정을 거쳐... **세상에 태어나 현재까지 형성되어 왔던 나의 형상과 모양은 죽어가고 새로운 형상과 모양이 자라가는 것입니다.**

죽는 만큼... 숨겨져 있는 나의 새 형상은 자라게 되고,
또한 자라난 만큼의 하나님형상은 그리스도가 나타나실 때 함께 영광중에 나타나게 될 것입니다. 아멘 !!
"너희가 다 믿음으로 말미암아 그리스도 예수 안에서 하나님의 아들이 되었으니 누구든지 그리스도와 합하여 세례(부활)를 받은 자는 그리스도로 옷 입었느니라."(갈3:26-7)

***

참고해야할 것은...
하나님의 생명 예수님은, 그 당시 유대인들에게는 미래 천년왕국의 '왕'으로...
이방인들에게는 '새 생명'으로 오셨다는 것입니다.
즉 복음에는,
이스라엘에게는 천국의 백성이 되는 '천국복음'과
이방인에게는 하나님의 아들이 되는 '은혜의 복음'이 있다는 사실을 인지하셔야 합니다.

(1) "아들을 낳으리니 이름을 예수라 하라 이는 그가 자기 백성을 저희 죄에서 구원할 자이심이라"(마태1:21)
(2) "처녀가 잉태하여 아들을 낳을 것이요 그 이름은 임마누엘이라 하리라." 하셨으니 이를 번역한 즉 하나님이 우리와 함께 계시다 함이라.(마태1:23)

'예수'는 하나님의 백성 이스라엘을 위한 구원으로 천년왕국의 백성이 되게 하는 사명을 띈 이름이며...
'임마누엘'은 사람이란 존재를 구원하여 하나님 아들이 되게 하는 사명을 띈 이름입니다.
그러므로, 우리 이방인들은 임마누엘과 관계를 맺게 되는 것입니다.
'예수'와 '임마누엘' **이라는 두 이름은,**
그 분의 두 가지 사명**을 의미한다 함을 알 수 있겠습니다.**

여자의 태는 몸을 만드는 능력으로 세상 모든 인류의 형상을 만들어냅니다.
하나님의 생명이 마리아 안에 오셨을 때,
사람의 유전자는 마리아의 태안에 세포분자 형태로 있었으며... 그 안에서 서로 만났던 것입니다.
하나님의 생명과 사람유전자가 마리아의 태안에서 만나 그 때부터 사람은 그 분과 함께 한 것이며...
사람유전자가 하나님생명의 몸을 만들었으니 결국 사람이 임마누엘의 몸이 된 것이죠.
이렇게 임마누엘(예수)은 하나님의 생명이지만 사람의 몸으로 태어나셨습니다.

우리의 유전자가 마리아의 태 안에서 하나님생명을 만났으니...
그 때부터 우리는 임마누엘의 몸을 만들어 세상에 태어났고,

그분과 합하여 온갖 고난 끝에 십자가에 못 박혔으며,
그분의 몸이 죽은 지 사흘 만에 그리스도가 되었으니... 즉, 우리가 그 안에서 그리스도가 된 것입니다. 아멘.

그러므로 우리 이방인들은 마땅히 '임마누엘'이라는 이름에 더욱 의미가 크다 하겠으나...
그러나 이미 '예수'라는 이름이 사람들에게 더욱 익숙하므로
이 글에서도 쉽게 이해를 도모하고자 앞으로도 모두 '예수'로 표현하겠습니다. 끝.

(6) 예수(임마누엘)의 임무 완성

하나님께서는 마침내 때가 이르러,
흠 없는 예수님을... 종교인들 (그 당시 예수의 신분을 인정치 않고 비방하는 사두개인과 바리새인 서기관과 같은 율법 추종자들) 손에 내어 주시고, 십자가에 못 박혀 죽도록 버려두셨습니다. 즉, 사탄이 지배하는 세상에서 사탄의 권세에 예수님의 몸을 내어주신 것입니다.

예수님이 죽음을 앞두고 고통스러워하며 드리신 간절한 겟세마네기도(마가14:32-36)를 하나님께서는 들어주지 않으셨습니다.
예수의 몸인 사람의 몸을 죽게 버려두시고... 새 몸으로 다시 살리시려는 것이 하나님의 계획이었던 것입니다.
이것은, **선악과의 형상을 없애고 하나님의 형상으로 다시 주시는 것입니다.**

사람의 몸을 입은 예수... 선악과로 형성된 그 몸의 피와 물은 땅에게 돌려주고...
하나님의 빛의 몸으로 부활시키고자 하시는 하나님의 대 역사인 것입니다.

십자가에 못 박혀 영혼이 잠시 낙원으로 떠나시고(마태27:50~51, 누23:43)... 몸과 영혼이 나뉘어... 몸은 죽어 물과 피가 모두 쏟아져 버렸습니다.
몸의 생명을 유지하는 피는 저주받은 땅으로부터 취한 사탄의 것이므로 땅이 가져가고...
죽은 몸을 그리스도의 몸으로 다시 살리신 성령의 역사는...
예수의 몸이었던 사람이... 그리스도의 몸으로 부활되는... 불과 성령의 세례였던 것입니다.

이것은... 본래 아담의 것이었던 하나님형상을 다시 찾게 된 대 역사였습니다.
사람이 예수의 몸으로 죽고... 그리스도의 몸으로 부활되었습니다.

예수의 몸이 죽으신 것은 사람이란 종자가 죽은 것이며...
그리스도 몸으로 살아나실 때는 그리스도종자로 부활된 것입니다.

이렇게 되어...
뱀에게 하나님형상의 사람남녀를 잃으셨던 하나님께서,
예수그리스도의 죽음과 부활의 역사를 통하여 하나님형상뿐 아니라 하나님생명의 사람으로 다시 찾게 되신 것입니다. 이번엔 하나님의 완전승리이며 계획의 완성이십니다 아멘 !

그 일 이후 태어난 사람은 모두가 하나님의 생명과 몸으로 태어나게 된 것입니다.
사람이란 종자가 하나님의 종자로 바뀌었으니까요.
즉, 하나님의 그 역사이후 옛 사람은 세상에서 없어진 것입니다.

이러한 하나님의 역사를 깊이 상고하여 참으로 믿어지게 되면,
자신도... 새롭게 부활된 하나님의 씨로 탄생되었다는 것을 깨닫게 되고,
아울러 동시에... '하나님의 아들이라는 권세'가 주어지는 것을 알게 됩니다. 아멘.

"너희가 다 믿음으로 말미암아 그리스도 예수 안에서 하나님의 아들이 되었으니 누구든지 그리스도와 합하여 세례(부활)를 받은 자는 그리스도로 옷 입었느니라."(갈3:26-7)

그렇게 되어, 세상인류 중 한 사람인 나도...
세상에 나오기 오래전에 이미 유전자 상태에서 예수와 함께 죽고 그와 함께 살아나서...
마침내 하나님의 '새 생명 유전자'로 하나님의 아들이 되는 권세를 갖게 된 것입니다.
하나님께선 나에게 '새 생명과 새 몸'을 주셨으니 틀림없는 나의 아버지가 되십니다. 아멘 !!

"너희가 죽었고 너희 생명이 그리스도와 함께 하나님 안(생명)에 감취었음이니라.
우리 생명이신 그리스도께서 나타나실 그 때에 너희도 그와 함께 영광중에 나타나리라. (골3:3-4)
"아담 안에서 모든 사람이 죽은 것같이 그리스도 안에서 모든 사람이 삶을 얻으리라."(고15:22)
"너희가 아담 한 사람으로 인해 죄인된 것 같이 예수 한 사람으로 하여 구원된 것을 알지 못 하느뇨 ?"(롬5:12~21)(고전15:20~22)

*** 아담과 하와의 유전자로 죄인 되었던 몸이... 죽고... 하와가 아닌 성령으로... 그리스도 몸이 되어 다시 살아난 것입니다.
예수님(임마누엘) 안에서 우리는 함께 못 박혔으며...
또한 그리스도와 합하여 함께 부활의 경지에 이르게 된 것입니다.
태초에 아담 안에서 우리가 그와 함께 선악과를 먹었듯이... (유전자 상태로)

예수그리스도 안에서 함께 죽음의 세례와 부활의 세례를 받은 것입니다.
이것이 세례 요한이 말했던 '불과 성령의 세례'입니다. ***

세례 요한은 말했습니다.
"나는 너희로 회개케 하기 위하여 물로 세례를 주거니와 내 뒤에 오시는 이는 나보다 능력이 많으시니 나는 그의 신을 들기도 감당치 못하겠노라 그는 성령과 불로 너희에게 세례를 주실 것이요..."(마태3:11) 성령은 생명이며 불은 사망입니다.

하나님 생명이 마리아의 태를 통해 사람 형상으로 태어나신 분이, 바로 예수님 이십니다.
그래서 예수님은 하나님의 영과 사람의 몸으로 이 땅에 태어나셨습니다.

한편, 마리아 안에 있었던 우리의 유전자는...
그 태 안에서 하나님 생명을 만나 함께하며 예수의 몸이 되어 태어났으며...
예수의 몸으로 하나님과 그 나라를 증거하고...
또 예수가 온갖 고초를 겪으실 때 그의 몸으로 함께 고초를 겪었으며...
결국,
율법사 바리새인 사두개인 서기관과 같은 종교인들에 의해 십자가에 못 박혀 예수의 몸으로 죽었습니다. 그러나,
예수의 죽은 몸은 다시 그리스도의 몸으로 살아났습니다.
다시 말씀드리자면...

우리의 옛 유전자가 죽었다가 하나님의 유전자로 다시 살아난 것입니다. 은혜시대인 오늘날엔, 이 사실을 깨닫는 것만으로도 새 생명으로 거듭나게 되는 것입니다. 아멘.

"우리 옛사람이 예수와 함께 십자가에 못 박힌 것은 죄의 몸이 멸하여 다시는 우리가 죄에게 종노릇하지 아니하려 함이니… … 만일 우리가 예수와 함께 죽었으면 또한 그와 함께 살줄을 믿노니…"(로6:6-8)
"또 그 안에서 너희가 손으로 하지 아니한 할례를 받았으니 곧 육적 몸을 벗는 것이요 그리스도의 할례니라."(골2:11)

이처럼 우리의 구원은,
선악과 원인으로 입게 된 '짐승의 형상'이 죽고 '하나님 형상'으로 거듭 살아나는 '몸의 구원' 이며… 더불어 '하나님 생명'까지 얻게되어 그 분의 아들이 되는 것입니다. 끝.

(7) 하나님 계획의 완성 (예수가 그리스도로 부활, 동시에 인류가 새 생명으로 부활)

예수님께서는 십자가에 못 박혀 물과 피를 모두 땅에게 돌려줌으로써, 사탄으로부터 받은 악의 몸을 돌려준 것입니다.
선악과로 만들어진 피로 가득 차있던 몸에서 물과 피를 모두 돌려주고, 그 몸을 빛으로 채워 예수 본체의 모습으로 되살리신 것입니다. "혈과 육은 하나님나라에 갈 수 없다" 하셨으니... 이처럼 우리의 혈과 육도 모두 하나님형상으로 거듭나야 하는 것입니다.

이로써, 예수님 몸의 피(선악과)는 땅으로(사탄에게) 돌려주고, 원래 아담의 몸이었던 하나님형상으로 거듭나게 하신 것입니다.
하나님생명과 인간의 몸이었던 예수께서 성체이신 하나님 몸으로 부활되신 것입니다.

"아담 안에서 모든 사람이 죽은 것같이 그리스도 안에서 모든 사람이 삶을 얻으리라." (고15:22)
인류가 아담 한 사람으로 인해 그 몸 안에서 모두 죄인이 된 것같이, 예수님 한 사람으로 인해 그 몸 안에서 모두 죽었으며,
그리스도로 부활 하실 때 그 몸 안에서 함께 부활되어 그 분과 한 몸이 된 것입니다. 즉,

아담과 하와 안에서 하나님형상의 유전자가 죽은 것 같이,
예수 안에서 '짐승형상의 유전자'가 죽고, 그리스도 안에서 다시 '하나님의 유전자'로 부활된 것입니다.

"너희가 다 믿음으로 말미암아 그리스도예수 안에서 하나님의 아들이 되었으니 누구든지 그리스도와 합하여 세례(부활)를 받은 자는 그리스도로 옷 입었느니라."(갈3:26-7) 아멘.

이제 생각해봅시다.
예수가 십자가에서 돌아가실 때 당신은 어디에 있었습니까 ?
그리스도로 부활하실 때 당신은 어디에 있었습니까 ?
(예수가 태어나실 때부터 나는 몸의 유전자로 예수 안에 있었기에, 그가 돌아가실 때 나 또한 같이 죽었고... 그리스도로 다시 사실 때 나 또한 그 안에서 같이 살아났습니다.)

당신은 옛 생명으로 태어났습니까... 새 생명으로 태어났습니까... ?
(내가 육신으로 태어난 시기에는 이미 옛 유전자는 죽어 없었고, 새롭게 부활된 새 생명 유전자로 태어난 것입니다.)

그렇습니다. 참으로 믿어지십니까... ?
아담과 하와가 선악과를 먹을 때 나의 유전자 또한 그들 안에서 함께 먹었듯이...
하나님의 생명이 마리아에게 오셨을 때...
예수로 태어나실 때...
고난을 받으시며 십자가에서 죽으실 때...
그리고 그리스도로 부활하실 때...
나의 유전자 역시 그와 함께 모든 과정을 거쳐 그리스도의 유전자가 되었던 것입니다.

***

오늘날 세상에서 흔히 말하는 '믿음'이란...
하나님 존재에 대한 인정이나 숭배, 기타 율법에 따른 선한 행위 등을 말하고 있습니다. 그러나 그것은 구약시대에 백성들에게 해당되었던 천국복음입니다.

신약 이후 은혜시대에서의 '믿음'이란...
은혜로 역사하신 '하나님 복음'에 대한 진리를 깨달아 '새 생명'을 찾게 되는 것을 뜻합니다. 하여 **믿음이란 '하나님의 생명'을 뜻하기도 합니다.**
해서...
믿음이 있느냐 하는 것은 하나님의 생명이신 '새 생명'이 있느냐... 하는 뜻일 것입니다.

"모든 사람이 죄를 범하였으매 하나님의 영광에 이르지 못하더니 그리스도 예수 안에 있는 구속으로 말미암아 하나님의 은혜로 값없이 의롭다 하심을 얻은 자 되었느니라."
(로3:23~24)

이처럼,
어떤 의로운 노력이나 희생의 고난을 겪어 도를 닦음으로써 의로운 자가 되는 것이 아니라...
오직 하나님께서 이룩하신 구원의 역사를 깨달아 믿음(새 생명)을 찾음으로써...
세상종교에서 하듯 손으로 하는 세례가 아닌...
'불과 성령세례'를 이미 받았음을 깨닫게 될 때 비로소 '참 의로운 자'가 됩니다.

의로우신 분은 오직 하나님 한 분 뿐이시니 그 분의 생명을 이어받은 아들이 되어야 만 의로운 자가 되는 것입니다.

불합리하지만 한 때 세상에 적용되었던 인간사회의 이치로 예를 들자면,
상놈은... 아무리 의로운 행위와 노력을 해도 상놈일 뿐 양반이 되지는 못했습니다. 양반은 양반 아버지와 양반 어머니 사이에 태어난 자식이어야 만 양반이라 했습니다.
즉, 어떤 생명과 몸인지가 중요하다는 것으로... 의로운 생명과 몸에서 의로움이 나온다는 뜻이기도 할 것입니다.

사람은... 아무리 의로운 척 해도 몸속에 흐르는 선악과의 피를 바꿀 수는 없으므로 결코 선해질 수도 없을뿐더러... 하나님의 아들이 될 수가 없습니다.

그러므로 하나님은,
사람의 몸인 예수의 몸에서 피와 물을 모두 쏟아내고...
빛으로 채워 하나님형상으로 살려내셔서 그리스도가 되게 하셨으니,,.
결국 사람을 그리스도가 되게 하신 것이고...
그래서 아들이라 칭하시고 의롭다 하시는 것입니다.

*** **하나님의 생명과... 성령으로... 하나님의 형상을 찾아주신 것입니다.**
이 역사를 이루기 위하여 예수를 이 땅에 보내셨고...
겟세마네 동산에서 있었던 예수님의 애절한 눈물의 기도를 들어주지 않으셨으며...
십자가에 달려 몸이 죽도록 버려두셨던 것이며...
성령으로 다시 살려내신 것입니다. *** **이것이 몸의 구원입니다.**

"사람이 의롭게 되는 것은 율법의 행위에서 난 것이 아니요 오직 예수 그리스도를 믿음으로 말미암는 줄 아는 고로..."(갈2:16)
"율법이 우리를 그리스도에게로 인도하는 몽학 선생이 되어 우리로 하여금 믿음으로 말미암아 의롭다 함을 얻게 하려 함이니라."(갈3:24)

이 하나님의 역사는 이미 이천 여 년 전에 실행하신 일이었으며...
오늘날엔 이러한 역사의 사실에 대하여 보혜사 성령으로 전해지는 복음 말씀을 듣고...
자신이란 존재 역시, 예수그리스도와 함께 죽고 다시 새롭게 거듭난 근본에서 비롯되었음을 믿게 되는 자에게...
하나님께서는 '아들'이라 인치시며 '새 하늘과 새 땅'에서의 삶을 약속하셨습니다.

***

아덴에서 활동하던 많은 철학자들이 바울과 쟁론할 새, 이 말 장이가 무슨 말을 하고자 하느뇨 네가 무슨 이상한 것을 우리 귀에 들려주니 무슨 뜻인지 알고자 하노라 하니 <u>이는 바울이 예수와 또 몸의 부활 전함을 인함 이러라.(행17:18-21)</u>

혹, 하나님이나 그리스도께서는 영적인 존재이며 하나님 나라에는 영으로 가는 것이라 생각한다면... 예수님의 부활은 괜한 일이 될 것입니다.
하나님 나라에는 하나님의 생명과 몸을 갖추어야 갈 수 있지 않겠습니까... ?

***

"십자가의 도가 멸망하는 자들에게는 미련한 것이요 구원을 얻는 우리에게는 하나님의 능력이라."(고1:18)
"누가 철학과 헛된 속임수로 너희를 노략할까 주의하라 이것이 사람의 유전과 세상의 초등 학문을 좇음이요 그리스도를 좇음이 아니니라"(골2:8)

세상에선 옛 부터 내려오는 관습에 순종하기를 좋아하며... 여러 학문 중 철학이라는 학문을 높이 여깁니다.
그러나 하나님께서는... 철학과 같은 인간의 학문은 '헛된 속임수이며, 사람에 의해 유전되는 초등학문'이니 유전과 관습에 매이지 말라 하셨습니다.
하나님께서 역사하신 구원의 방법이 사람의 학문으로는 미련하게 들리겠으나...
듣고 깨달아 구원을 얻은 우리에게는 '하나님의 능력이 나타나신 것'이라고도 하셨습니다.

"이 비밀은 만세와 만대로부터 옴으로 감취었던 것인데 이제는 그의 성도들에게 나타났고..."(골1:26)
이 귀한 복음은 성경말씀대로 이미 오래전에... 아마도 창세 시에 예정되었던 일일지도 모릅니다. 그러나 이제...

하나님이 "우리의 형상과 모양대로..." 라고 뜻하신 사람창조의 역사가,
그리스도예수를 통하여 이미 이천 여 년 전에 완성되었고,
세상역사의 끝자락에 다 달은 현재에 와서는...
듣고 깨닫는 그의 성도들에게 나타나 몸의 거듭남을 알게 하십니다.

“다른 복음은 없나니 다만 어떤 사람들이 너희를 요란케 하여 그리스도의 복음을 변하려 함이라. 혹 하늘로부터 온 천사라도 우리가 너희에게 전한 복음 외에 다른 복음을 전하면 저주를 받을 지어다.”

다시 한 번 주의 할 것은,
인간들이 당연히 인정하는 세상의 모든 지식과 지혜는... 그것이 바로 어리석은 초등학문이라고 하셨음을 잊지 마십시오. 그러므로...
세상의 지식과 지혜로 갖게 된 세상 성경지식을 조심하십시요.

“너희가 지혜로운 줄 알거든 어리석은 자가 되어라 그리하여야 구원을 얻으리라.”
“십자가의 도가 멸망하는 자들에게는 미련한 것이요 구원을 얻는 우리에게는 하나님의 능력이라.”(고1:18)

‘십자가의 도’를 미련하게 여기는 자는 멸망할 것이요, 깨닫는 자는 하나님의 승리 안에 거하게 될 것입니다.

***

창조주 하나님께서는 바로 당신에게...,
과거와 현재를 통해 친히 경영하시는 이스라엘과 인류 우주의 진행중인 역사를 증거로 하여, 하나님의 전지전능하심으로 완성하신 ‘은혜의 복음’ 앞에 순종하여, 거저주신 ‘새 생명’을 찾아 거듭나기를 원하십니다.
구약의 역사 속에서 유난히도 순종을 강조하셨던 것은, 바로 이때를 예비하셨던 것이기도 합니다.

하나님께서는 완전한 사랑의 대상으로 사람을 만들기 시작하셨으나...
완성되기 전에 사탄에게 빼앗겨 버렸습니다.

그래서, 하나님은 그 짐승이 된 사람을 죽이시고, 다시 본래대로 살려내신 것입니다.

짐승이 되어가는 사람 유전자가 예수와 함께 합하여 그리스도와 함께 합하여... 이 하나님의 역사 속에 포함되어 거저 하나님의 유전자가 된 것입니다.
예수와 함께 죽이시고 그리스도와 함께 살리신 하나님의 이 역사를 깨달아 믿게 되는 사람들은... 아들이라 칭하심을 받게 되는 것입니다.

이렇게 일단 선악과로 잃었던 하나님의 형상이 찾아졌으면, 이번엔 모양이 완성되어져야 합니다. "우리의 형상과 모양대로 사람을 만들자." 하나님께서 계획하신 말씀입니다.

현 시대는 성령의 시대로써...
하나님께서 보내주신 보혜사성령에 의해 복음으로 '새 생명'을 낳고, 어머니 같은 보살핌으로 의인의 길로 인도하시며 하나님의 모양을 만들어 가십니다.

"... 그러므로 땅에 있는 지체를 죽이라 곧 음란과 부정과 사욕과 악한 정욕과 탐심이니 우상 숭배니라." (골3:1~5)

사람의 몸이었으나 하나님생명이었기에 사탄의 시험을 거뜬히 승리하시고 불세례 죽음 또한 담담히 감당하실 수 있었던 예수처럼...
'새 생명'을 찾게 되면 새 생명으로 하여 옛 지체(몸)를 죽일 수 있게 되는 것입니다.

즉, 옛 생명으로 이미 형성되어있는 나의 추한 모양(혼)은 차츰 죽어가고...
믿음의 신앙생활로 하여 새로운 모양으로 형성되어 가는 것입니다.

그리스도예수의 죽음과 부활을 통하여 '새 생명'을 찾게 하시고,
믿음에서 믿음... 생명에서 생명... 씨에서 알곡으로 모양을 만들어 가시며,
눈에 보이지 않는 교회 즉, 손으로 짓지 아니한 성령의 교회가... 보혜사성령에 의해 알게 모르게 완성되어가고 있습니다.
또한 하나님께서는...
하나님의 생명으로... 형상으로... 모양으로... 만들어질 자신의 아들들을 위하여 '새 하늘과 새 땅'을 준비하고 계십니다. (계21:1)

하나님께서는 당신에게...
예수와 합하여 함께 죽고 그리스도와 합하여 함께 사는 거듭 태어남의 비밀을 깨우쳐 믿게 되고, 보혜사성령의 보살핌 안에서 하나님의 모양이 완성되기를 기다리고 계십니다.
그리하여 영광의 그 날,
'새 하늘과 새 땅'에서 영원히 함께할 수 있기를 원하고 계십니다.

구약에서 '율법'을 주셔서 천년왕국백성으로 구원하려 하신 것처럼...
신약에서는 그리스도의 복음이라는 '은혜의 법'을 주셔서 아들로 구원하시는 것입니다.

***

"거룩한 것을 개에게 주지 말며 너의 진주를 돼지 앞에 던지지 말라 저희가 그것을 발로 밟고 돌이켜 너희를 찢어 상할까 염려하라." (마7:6)
거룩한 것은 이 복음이며, 복음 전함으로 인한 핍박과 회유에 오히려 넘어질까 염려하시는 말씀을 상고하면서... 끝을 맺겠습니다. 감사합니다.

이상 '은혜의 복음'은,
하나님께서 인간들에게 전하고자 하시는, 신.구약을 통한 진리로써 성경말씀의 핵심이며, 또한 저의 간증이었습니다.

(이 글을 쓸 수 있게 하신 성령님께 감사드립니다.) 끝.

*** 내 사랑하는 아들들아 ~ (참 믿음생활)

세상 고정관념에서 벗어나 깊이 상고하기 바란다.

2001년 어느날... 믿음으로... 예수그리스도와 합하여 죽고 다시 살고 보니... 비로소 진리 앞에 눈을 뜨기 시작해 참 하나님을 알아보게 되었다.

예전에 하나님을 믿는다 했을 때는...
그의 존재를 믿고 의지하고 숭배하며 진실되게 사는 것이 믿음생활의 전부인 줄 알았는데 그러나 그것은...
세상을 미혹하는 공중권세 잡은 자에게 속아 살아온 생활이란 것을 비로소 깨닫게 되었다.

하나님께서 원하시는 '믿음'은...
하나님의 생명이지만 인간으로 몸을 입으신 예수께서...
선악과로 빚어진 몸을 멸하고자 십자가에서 몸이 죽었으며... 장사된 지 삼일 만에 그리스도몸으로 다시 사셨으니... 결국은 인간몸이 죽어 그리스도몸으로 다시 살아 '새 생명'의 몸이 되었다는 것을 깨닫는 것이다.

이것은 선악과로 죽은 태초의 하나님형상을... 다시 살려내시는 일이었으며...
이것은 사람의 유전자가 죽고 그리스도의 씨로 거듭난... '새 생명'이 된 것이다.
그래서 지금의 사람 씨는 예전의 그것이 아닌... '새 생명의 씨'라는 것을 깨닫는 것이다.

그 일 이후에 태어난 사람은 모두가 거듭난 '새 생명'으로 태어났다는 것을 알게 되었고... 그 사실을 깨달아 믿게 된 사람들은...
이미 각자의 안에 있는 '그리스도의 생명으로 그리스도의 몸을 이룰 수 있다'는 사실이 믿어지는 것이다.

이것은...
사단의 꼬임에 넘어간 아담과 하와로 인해 인간 모두가 짐승이 된 것처럼...
예수의 죽고 부활하심을 통해 예수 안에 있던 인간의 유전자는 죽고 그리스도의 생명과 몸의 씨로 부활된 것이며...
이 몸은 하와가 아닌 성령께서 하신 역사이고...
이 사실을 깨닫는다는 것은 그리스도가 될 수 있는 '새 생명의 씨'를 찾게 된 것이다.

"사람이 아담으로 인해 모두 죄인된 것 같이... 예수로 인해 모두 살리라."
성령으로 사람을 그리스도가 되게 하신...
이와 같은 하나님의 구원방법은 하나님의 새로운 약속이었으며...
진리의 이 길을 통해 '약속의 자녀'가 되는 것이다.

'그런가 ~~~ ?' 하는 마음으로 상고하여 깨닫게 된 이 '새 생명'을...
'믿음' 이라 칭하기도 한다.

이와 같은 하나님의 대 역사는 태초부터 숨겨진 비밀이었으나... 그리스도 승천 후에 오신 보혜사 성령에 의해 하나님의 뜻이 비로소 알려지고 깨달아지게 되어...
'씨에서 알곡' 이라 일 컷 는 '새 생명'으로 이루어가는 '참 믿음생활'이 시작되는 것이다. 즉, 하나님의 형상과 모양 즉, 육과 혼이 만들어 지는 것이지.

다시 말하면,
하나님의 영으로 하나님의 형상과 모양을 이루어 내는 것이 '참 신앙생활' 이란 것이다.

우선은 '새 생명을 찾는 것'이 첫번째요 그 다음이 '참 믿음생활' 이 되는 것이다.
믿음에서 믿음으로... 즉 생명에서 생명으로... 하여 씨에서 알곡으로...

모든 '씨' 안에는 존재의 형상과 모양이 내재되어 있다는 것을 생각해 보면...
그리스도로 거듭난 사람의 씨는 결국 그리스도의 형상과 모양으로 자라게 되어있다는 것을 알게 된다.
하여 신앙생활이란... 하나님의 형상과 모양으로 자라가는 과정이라고 보면 될 것이다.

이러한 참 복음을 어찌하면 너희들도 깨닫게 될 수 있을까 생각 끝에...
간단명료한 설명이 될까 하여 정리하고 또 정리해 보았다만...
이 역시 보혜사의 뜻이 함께 하셔야 한다는 것을 알기에... 오직 간절한 마음으로 기도 드린다.

***

오늘까지 이어져 온 인간사엔 시대 관계없이 누구나 갖는 공통점이 있지.
'허무하다 슬프다 괴롭다'

내 의지와는 관계없이 숨을 쉴 수 있으면 사는 것이고 숨을 못 쉬면 죽는 것으로 기어 다니는 벌레와 다를 것이 없는데... 아니 사후를 생각해보면 그보다도 더 불행한 존재이건만...
그 사실을 외면한 채 허무한 꿈과 찰나의 행복에 속고 또 속으면서...
환상을 좇아 한정된 시간을 흘려버리고 있는 것이 아니던가...
이것 또한 사단의 농락이 아니더냐...
인간의 철학이나 지식 예술 꿈 희망 할 것 없이...
이들 태양아래 것들은 모두가 헛것에 지나지 않는 '초등학문' 이요 '속임수'라 하셨거늘.... !

복음을 깨달아 새 생명을 찾게 된 자들은 그냥 인간이 아니다. '반신반인' 이라 할 수 있지 마치 예수처럼...
그는... 하나님생명과 인간몸으로 태어나셔서 30여 년간 자라시며 하나님의 모양을 이루어 하나님의 아들로써 부족함 없이 순종하실 수 있었고 또한 승천하실 수 있었다.

복음으로 하나님의 새 생명을 찾은 자들 또한 이와 같으니...
하나님의 생명과 인간의 몸을 가졌으니 반신반인 이라 표현되는데 무리가 없다고 본다.
다른점이 있다면,
예수는 사람을 죽이기 위해 몸이 스스로 죽어야 했고...
우리는 예수몸이 죽을 때 이미 죽어 새 생명으로 태어났기에 다시 못박혀 죽을 필요는 없는 것이다. 단지, 현재까지 갖추어진 나의 모양을 죽이고 새로운 모양을 만들어 가야 하는 것이다.
"... 너희에 대한 나의 자랑을 두고 단언하노니 나는 날마다 죽노라."(고전 15:31)

"그리스도 예수의 사람들은 육체와 함께 그 정욕과 탐심을 십자가에 못 박았느니라. (갈5:24)

사랑하는 아들들아... !
너희 앞에 빛이 있을 때... 즉,
복음을 전하시는 성령이 계시고... 목숨이 살아있어 빛을 볼 수 있을 때...
무엇을 버리고 내려놓고... 무엇을 잡아야 하는지를 생각하면서...
이 복음을 읽고 또 읽어 너희에게 주신 '하나님생명'을 찾게 되기를 소망하며...
"이 말씀이 참 진리라면 깨닫게 하소서 !" 하는 기도를 멈추지 말고...
하나님께... 그리고 성령님께 가고자 하는 양심 즉... '선한마음'을 잃지 말기 바란다.

"성령님, 살펴 주소서...!!!"　　끝.

*****

이상 저의 아들들에게 보내는 서한을 끝으로...
극히 미약하나마 저에게 알게 하신 성경의 핵심을 정리해 보았습니다.
지금까지 올린 말씀을 처음부터 잘 숙독하셨다면...
이제는 참 빛에 대하여... 그리고 세상교회와 성령교회에 대하여... 어느 정도 분별하실 수 있는 성령의 지혜가 오셨을 것입니다.
저도 아직은 미약하기 그지없으나 생명은 계속 자라가는 것이니...
성령의 인도하심으로 온전한 하나님의 형상과 모양으로 성장하게 해 주실 것을 기원합니다.

참고로 이 귀한 복음은,
사랑하는 사람들에게 전해주고자하는 간절한 마음으로 쓰게 되면서... 신들의 역량을 사람의 글로 표현하고자 하니 감당하기 어려웠고 부족하기 이를 데 없으나... 성령의 뜻을 최대한 이해하기 쉽게 표현하고자 온 정성을 다 하였습니다.
한 번 읽어서 이해가 안 되신다면... 두 번 세 번 아니 열 번이라도 집중하셔서 내 안에 계신 '새 생명'을 깨달음으로 복 받으시기를 간절히 바랍니다.
하면...
이 풍진 세상을 마치는 날... 새로운 희망으로 영원한 새 삶을 찾아가시게 될 것입니다.

저에게 보혜사성령의 말씀을 전해주시고 또 인도해 주시는 성령의 사도 박○○ 은사님께 감사문안 드립니다.

(2010.4. ~ 2020.4.)　　황경자(은초).

글쓴이 프로필

황경자
1949년 서울 출생
1973년 결혼
1978년 그리스도교 입문
2001년 '은혜의 복음'을 접하여 거듭남
2010~2020년 집필

나는 이렇게 거듭 났습니다

발행일 2021년 5월 4일
글쓴이 황경자
펴낸곳 세창문화사
주소 경기도 수원시 장안구 천천로 233, 5층
전화번호 1544-1466 **팩스** 031-269-6366
가격 18,000원